Inhalt

Luis Buñuel

Max Aub

Max Aub
Ein persönliches Vorwort

Max Aub während eines Interviews kurz vor seinem Tode

Auch Cineasten haben eine Biographie

Es ist merkwürdig, daß Bücher über Cineasten – in den letzten Jahren waren es nicht wenige – alle mehr oder weniger der gleichen Linie folgen: der ihrer Filme. Aber wenn es sich um einen Dichter, einen Schriftsteller, einen Dramaturgen handelt, dann spricht man auch von seinem Leben, und häufig werden Roman oder Gedicht aus seinem Leben erklärt. Warum ist das mit den Filmen nicht so? Wahrscheinlich, weil die Autoren den Film als eine Art Industrie ansehen. Das Leben dessen, der ihn dreht und fertigstellt, scheint für das Produkt keine Rolle zu spielen.

Aber auch Cineasten haben eine Biographie, und jeder Mensch, der lebt, beginnt, einen Roman zu schreiben. Im Laufe meiner allmählichen Annäherung an Leben und Werk Luis Buñuels und des Vertrautwerdens mit beiden ist in mir der Wunsch gediehen, das vorliegende Buch als Roman zu bezeichnen. Nicht weil es damit ein Roman würde, sondern weil das fast immer meine Methode gewesen ist. Was bedeutet es schließlich, ob mein Salomar nun gelebt hat und ob mein Torres Campalans nun Dichtung ist? Bisweilen sind Biographien – auf Papier oder Zelluloid – die falschesten Geschichten, die ich je erzählt habe.

Buñuel: Okkulte Figur

Für mich als Romanschreiber, der die Wahrheit durch die Literatur erfahren möchte, sind persönliche Reaktionen von großer Bedeutung: Sie skizzieren meine Figuren und durch sie eine Welt. Die Geographie und die Geschichte an sich interessieren mich weniger. Um

zu verdeutlichen, worin die so persönliche Filmkunst von Luis Buñuel besteht, interessiere ich mich dafür, wer dieses wundersame
Wesen ist, das sich durch die Welt bewegt und dem beim Anblick
von Spinnen die Haare zu Berge stehen. Noch dazu ein Insektenken-
ner, das heißt einer, der weiß, um welche Tiere es sich handelt; ein
seltsamer Atheist, der ununterbrochen von der katholischen Kirche
redet, ein Waffennarr, der nicht mutiger ist als jeder andere Mensch,
der sich jedem Streit entzieht, obwohl dieser seinen Ideen förderlich
sein könnte. Vorher oder nachher kann man sein Werk unter die
Lupe nehmen und es mit denen der anderen vergleichen. Aber um es
zu erkennen, muß man versuchen zu verstehen, wer dieser Mensch
ist.

Genau dies verbirgt er mit großem Eifer. Luis Buñuel ist es gelungen, trotz der Tatsache, daß er – seines Berufes wegen – Gegenstand
Tausender Fragen über seine Person war, trotz seiner Lebens- und
Arbeitsweise, einen Dunstschleier auszubreiten und in Erklärungen
und Gesprächen fast immer das gleiche zu sagen. Es ist ihm gelungen, sein Privatleben zu verbergen, und er hat sein Leiden dazu benutzt, sich fast alle vom Leibe zu halten, die ihn stören. Und im Alter
stört ihn fast alles.

Buñuel: Mein Werk

Niemand kann anders beschrieben werden als aus dem Blickwinkel
dessen, der ihn sieht. Und wem gleicht der Buñuel so vieler verschie-
dener Beschreibungen? Einem idealen Luis Buñuel, der nirgendwo
existiert außer im Geiste dessen, der sagt: Luis Buñuel.

Wie sehen diejenigen Buñuel, die ihn kennen?
(Eine Methode)

Denn wenn niemand über sich selbst Bescheid weiß, wie können es
dann die anderen wissen? Jedoch könnten wir uns vielleicht seinem
»Umriß« nähern, wenn wir Aussagen über das, was die anderen

glauben, einander gegenüberstellen, so wie es bei der Polizei üblich ist, jener größten Organisation, die es heute in den hochzivilisierten Ländern gibt. Niemand bleibt, was er ist – was er war –, sondern er ist, wie ihn die anderen sehen – wie sie ihn gesehen haben. Deshalb habe ich mich an Leute gewandt, die ihn kennen oder gekannt haben – hier oder dort, heute, damals, nur zur Hälfte, im Beruf, als Freund, Tischgenosse, Vorgesetzten, Partner, Studenten. Es sind Facetten – zehn- oder fünfzehntausend brauchte man, wie bei den Augen mancher Insekten, um ein ungefähres Bild zu liefern, selbst wenn ich es wagen würde, das zu drucken, was seine Neider über ihn sagen. Vielleicht wird es irgendwann einmal einem Computer gelingen, sich seinem Porträt anzunähern. Bislang haben nur die Romanfiguren deutliche Umrisse, und sie sind, wie sie sind, weil sie von ihrem Erfinder beschrieben wurden. Buñuel entgleitet mir nach allen Seiten hin. Er ist nicht irgendein Torres Campalans. Die Menschen schweigen aus Überzeugung, aus Vorsicht, aus Gründen der Kunst, aus Gusto, aus Unwissenheit, oder sie reden aus den gleichen Gründen. Stellt man Ansichten gegenüber, wird das Bild eines Menschen – obgleich immer noch verschwommen – vielleicht etwas klarer (abgesehen von Fotografien, die nur das sagen, was sie sehen). Ich bin viel herumgereist, um Personen zu treffen, die mir bei der Rekonstruktion des Bildes von Luis Buñuel behilflich sein sollten, wie bei einem Rätsel. Ich habe zwei Jahre meines Lebensabends damit verbracht, und ich habe mich kurz gefaßt – sowohl was die Zeit als auch was das Geld angeht. Es blieb beim Versuch. Sollen andere es besser machen – das System ist gut.

Die Leute vergessen, sie lügen.
Dokumente ebenfalls

Wir waren. Wir sind nicht Geschichte. Die Geschichte besteht aus Staub. Wir sind nicht alt, nicht einmal verlassen und vergessen; die Leute vergessen leicht. Wir sterben, und die Klage- und Loblieder überdauern nur zufällig. Die Malerei, wenn man sie pflegt und wenn sie gut ist, hinterläßt Spuren von Patina. Die Geschichte ist zur Hälfte Erfindung, die mit der Zeit zu einer veränderlichen Wahrheit wird, je nachdem wie die Gegenwart aussieht. Die Unwissenheit überwiegt, die Gelehrten sind Müllmänner und Schrotthändler, die ihre Funde in Schaufenstern ausstellen. Die Geschichte trägt Lumpen. Die Musik hat immer gespielt, und sie klingt nach der Mode, der einzigen Geschichte der meisten Menschen. Kann man einen Wohlstand, der möglicherweise morgen aufhört, nur weil er existiert, schon als Fortschritt bezeichnen? Ich habe nichts dagegen, aber er ist kein Allheilmittel. Die Menschen töten und töten sich gegenseitig für Dinge ohne größere Bedeutung und wissen nicht, was sie wollen. Sie träumen und vergessen. Die Dichter, soweit sie diese Bezeichnung verdienen, haben dies in allen Schattierungen gezeigt. Sie vergessen die Menschen, weil die Menschen vergessen.

Das Schlimmste: um nicht als kleine Lichter zu erscheinen, erfinden sie Ungenauigkeiten oder glauben allen Ernstes, sich daran zu erinnern. Aus dieser Masse habe ich versucht, den Verlauf einiger Ereignisse im Leben Luis Buñuels nachzuzeichnen. Wenn zwei oder drei übereinstimmten, ließ ich sie als richtig gelten. Eine Aussage allein ließ mich im Zweifel, es sei denn, das entsprechende Ereignis lag noch nicht weit zurück.

Öffentlicher Prolog

Dieses Buch ist also ein Plagiat der Geschichte, wie sie von anderen gesehen wird, und des Lebens, wie es von vielen gedeutet wird. Wie schön, wenn es eine billige und gute Kopie wäre. Ich bin kein Maler: Ich übertrage, lasse aus, ahme nach, und – im Extremfall – überzeichne ich auch (was Verfälschung ist und was ich nach Möglichkeit vermieden habe). Aber wie die Kopie an das lebende Original anpassen?

»Ich habe gestohlen...« Es ist alles wahr

Weil ich nicht erfinden wollte, habe ich gestohlen. Ich habe kopiert, betrogen, übertragen. Die Leser dieses Buches werden, wenn sie es zugeschlagen haben, einen Menschen vor sich sehen – eine Figur –, wer es auch immer sein mag, mit all seinen Eigenheiten: Jugend, Reife, Alter, und sie werden ein klares Bild dessen haben – zusammengesetzt aus vielen tausend Steinchen –, was seine Epoche ausmachte. Was sonst lieferte mir diese Figur als das, was man als Nachricht aus einer Zeitung, einer Konferenz, einem Buch, einem Bericht, einer Lüge erfahren kann? Ich bemühe mich, nicht von dem abzukommen, was ich für die Wahrheit hielt. Aber wer versichert mir, daß es auch so ist? Am Anfang glaubt man, man dürfe sich nicht einen Millimeter von dem entfernen, was wirklich geschehen ist. Später dann, als ich mir klar darüber wurde, daß es kein Mittel gab, das Geschehene zu ergründen (weil es nicht ein Geschehnis gibt, sondern so viele, wie es Augenzeugen gibt), zuckte ich die Achseln und beschloß, immer wenn ich den Leser unterhalten konnte, die verschiedenen Versionen zu liefern. Nicht damit er eine darunter auswähle, sondern damit er sie allesamt für die Wahrheit hielte, über die Gott allein Bescheid weiß. Aber ich glaube nicht, daß man sich mit dieser Art und Weisheit aus zweiter Hand – der Erinnerung nämlich – die Zeit vertreiben kann. Gott ist reine Zukunft.

Das Göttliche und das Menschliche

Buñuel ist nicht Gott. Luis Buñuel ist ein Mann, der eine Vorstellung vom Leben hat, die der seiner Zeit entspricht, und er hat versucht – es ist ihm bisweilen auch gelungen –, diese in einem einzigartigen Werk zu gestalten. Aber er ist nicht Gott. Er ist es für einige wenige, aber daraus ist keine Religion entstanden – allerhöchstens eine Sekte.
Buñuel ist nicht Gott, was bedeutet, daß er existiert. Ich weiß es nicht. Aber es gibt Götter: Picasso, zum Beispiel, oder Leonardo da Vinci oder Shakespeare oder Cervantes. Man erkannte es an allem, womit sie sich beschäftigten. Zweifel können vorkommen und – vor

allem – Fälschungen. Bei Buñuel ist es anders. Er drehte viele Filme, die nicht wie seine aussehen. Er wußte es, aber er tat es, um leben zu können. Keiner dieser Filme – das hat er immer wieder betont – ist Verrat an seiner Weltanschauung, aber sie geben sie auch nicht wieder. Aus dieser Sicht ist sein Werk – so wie das Werk jedes Schaffenden – nicht besonders reichhaltig, erschöpfend für das menschliche Auge. Das Problem Lope de Vegas, Federicos – wenn er es erlebt hätte – ist ein anderes: Sie waren Götter, aber verschwenderische, so wie Picasso. Als ob es ihnen genügte, wenn man in einem Pinselstrich, in einem Detail, einer Szene ihr Genie erkennt. Buñuel ist anders: Er macht sich entschlossen ans Werk: »Das ist zum Essen« (und es genügt, daß es einigermaßen anständig ist, bürgerlich gesprochen), oder: »Das ist etwas, was ich für mich behalte«. Das haben wir alle erlebt. Es sei denn, man prostituiert sich so wie Dalí.

Drehbuch, schlecht gesagt: Kino

Dies ist ein schlecht aufgebautes Buch – wenn nicht gar eine Ruine – und sogar schlecht geschrieben, weil es gar nicht geschrieben ist, sondern gesprochen. Abgesehen von ein paar Privilegierten, die als Pedanten gelten und es vielleicht auch sind, sprechen wir überhaupt sehr schlecht, und jeden Tag schlechter. Buñuel wollte nie – oder fast nie – Gespräche aufzeichnen, obgleich sie – es sind wenig genug – dabei an Wert gewinnen. Die Dialoge – daran führt kein Weg vorbei – haben auch noch in korrigierter Fassung etwas von einem kontinuierlichen Entwurf, der allein das Leben beseelt, das sie darstellen. Dieses Buch, das wie ein Film gemacht und gesehen wird, wäre vielleicht noch nicht einmal schlecht. Beide sind nicht Existenz, sondern Bewegung.

Buñuel, Roman: Eine höhere Wahrheit

Wenn ich das Buch als einen Roman bezeichnet habe, so deshalb, weil ich trotz allem so nah wie möglich an der Wahrheit bleiben möchte. Anekdoten, Erzählungen, die über eine Person oder eine Tatsache erfunden wurden, sind viel besser als ein Dokument, um sie kennenzulernen. Werden Sie Buñuel besser kennenlernen, wenn ich seine Geburtsurkunde wiedergebe oder wenn ich einige Ungeheuerlichkeiten aus seiner Jugend wiederhole, auch wenn diese weniger gewiß sind als ein Auszug aus dem Pfarregister, in dem Taufdatum und Namen der Taufpaten verzeichnet sind?

Die nachfolgenden Generationen (sie kommen und gehen nicht) können, wenn es sie denn geben sollte, hier Material aus erster Hand bekommen. Ich selbst hafte nur für meine eigenen Äußerungen. Zum ersten Mal habe ich hier, soweit sich die Möglichkeit dazu ergab, ein Tonband benutzt, das selbstverständlich diesem Buch keinen größeren Wahrheitsgehalt verleiht als anderen. So wie man einem Dokumentarfilm nicht deshalb vertrauen kann, weil er einer ist. Abgesehen davon war Luis Buñuel und mir weniger an der Wahrheit als an der Gerechtigkeit gelegen.

Die »Pequeña Historia«, besser als die Geschichte

Worüber man diskutieren müßte, ist die Frage: »Was ist Geschichte?« (oder das, was die Franzosen »Petite Histoire« – »Kleine Geschichte« nennen?) Welche Geschichte schreiben die Historiker? Selbstverständlich jeder seine eigene. Manchmal sind sie so verschieden, daß sie sich in nichts mehr gleichen. Die »Petite Histoire« hat den Vorteil, die Tatsachen besser zu beschreiben, es dem Berichterstatter unmöglich zu machen, seine allgemeinen Betrachtungen und seine über die Anekdoten hinausgehenden Interessen dem Leser aufzuzwingen und es ihm zu überlassen, sein eigener Geschichtsschreiber zu sein. Mir kommt es mehr auf dieses »unbedeutende« Leben an, das man vergißt: die Person. Ich weiß nicht, ob es Aragon mit Matisse ebenso ging.

Buñuel, Roman: Eine neue Gattung

Vielleicht wird es keine Geschichte über Luis Buñuel, es wird sicher keine Studie über das zwanzigste Jahrhundert, sondern eine Mischung; das, was heute im allgemeinen aus Kunstwerken geworden ist: Theater, das kein Theater ist; Roman, der kein Roman ist; Poesie, die keine Poesie ist.

Zwischen Wahrheit und Lüge:
Noch einer von meinen Romanen

Es steht fest, daß ich Buñuel betrachtete wie meine anderen Figuren. Nieremberg versicherte allen Ernstes, daß »man einen Edelmann anders foltern müsse als einen Bauern«. Ich bin kein schlimmerer Henker als die meisten, aber dennoch schwöre ich, daß diese Art von Klassenkampf mich befremdet. Nicht aber die Freundschaft, die eine andere Art Reichtum ist. Im allgemeinen konzediert man wohlhabenderen Menschen aus Voreingenommenheit eher einen Schimmer von Wahrheit bei dem, was sie versichern – ein Schimmer, der mit der Wahrheit selbst nur wenig zu tun hat. Was folgt, mag sehr wohl eine Anreihung von Lügen oder Halbwahrheiten sein – was auf das gleiche herauskommt. Ich habe dennoch die Hoffnung, daß das Ergebnis den Vermutungen – den eigenen und den fremden – darüber, weshalb wir so waren, wie wir waren, Rechnung tragen wird. Na ja, mögen die Leser, wenn sie das, was ich sage, für bare Münze nehmen – dann wäre ich der Urheber des Ereignisses gewesen –, dies auf alle Fälle mit Vorbehalt tun. Alles ist Verschiedenheit von Scheinbarkeiten, und jede Sache kann ebenso gut eine andere sein. Bilder betören ebenso wie Worte. Etwas vor Augen zu haben heißt nicht, daß der Fotograf, der Schriftsteller, der Maler in der Lage wäre, es zu übertragen. Es hängt nicht allein vom Gegenstand ab, sondern von dem, der sieht oder liest. Der Gegenstand ist eine Sache, die andere ist der, der ihn betrachtet und kopiert, wieder eine andere der, der die Kopie betrachtet. Und so will man die Wahrheit sehen? Es gibt aber keinen anderen Weg. Sicher ist es schwierig, in dieser Welt zu leben oder in jener. Es ist relativ einfach, ohne Blick zu schauen und ohne Gehör zu hören. Letztlich ausschlaggebend ist der andere. »Ich bin der andere«, sagte Rimbaud. Er log. Niemand ist ein anderer. Immer ist er unendlich weit davon entfernt, ein anderer zu sein. Manchmal wundere ich mich. Es gibt keine Möglichkeit, sich zu verstehen, nur die, sich zu zerstören (es sei denn, sich zu zerstören bedeutete, sich zu verstehen; »Zerstörung oder Liebe«, dies könnte der Titel eines der besten Bücher der spanischen Gegenwart sein). Immer schon hieß es, Schein und Sein hätten viel miteinander zu tun. »Zwei Gegensätze passen nicht in ein Individuum«, versichert der Hl. Johannes vom Kreuz. Er kannte Buñuel nicht, er kannte auch mich nicht, er kannte niemanden. Schließlich war er ja ein Heiliger. Ich fahre fort mit diesem gottesfürchtigen Mann, der in seiner eigenen wundersamen »Besteigung des Berges« folgendes schreibt: »Wir wissen nicht, was zwischen der Rechten und der Linken liegt.« Was soll das heißen, »wir wissen es nicht«? Die Welt. Los, rudern wir zu, auf gut Glück, seinem Willen folgend und ohne Widerruf.

Dieses Buch, ich wiederhole es, kann nur ein weiterer Roman sein, denen gleich, die ich bereits geschrieben habe: ein Sack voller Ausschnitte, Erinnerungen, Witze, Geschehnisse, ausgeleert auf den Boden seiner Epoche. Was werde ich daraus machen, wenn ich nicht auf andere Weise, über eine andere Sache zu schreiben verstehe? Ich lüge, es sei denn, mich interessiert, über eine andere Sache zu schreiben.

Ich wählte mir Luis Buñuel nicht aus. Er wurde mir zur Ehe angeboten. Ich glaubte, er würde zu mir passen: als ein Mittel, um mich womöglich an das Beste aus meiner eigenen Vergangenheit zu erinnern – intellektuell betrachtet. Dieses Buch wird deshalb nur die Alten und Studierten interessieren; wenige also. Ich bedaure dies. Aus dem einen oder anderen Grunde ging es mir mehr oder weniger immer so. Immer wenn ich gefragt wurde: »Für wen schreibst du?«, antwortete ich: »Für meine Freunde.« (Nebenbei gesagt, Buñuel hatte auf diese Frage stets die gleiche Antwort, und ich glaube, wir haben versucht, die Wahrheit zu sagen.) Das Schlimme ist nur, daß es heute nur noch wenige sind.

Buñuel ist das normale Leben seiner Zeit

Das Ergebnis meiner Arbeit an diesem Buch ist, daß meine Figur Luis Buñuel seine Zeit ist, das heißt das, womit seine Zeit Einfluß auf ihn ausübte: die Religion, die Jesuiten, die Dirnen, Federico García Lorca, der Rotwein, Calanda, seine Mutter, Fritz Lang, Dalí, Wagner, Freud, Breton, Benjamin Péret, der Surrealismus im allgemeinen und der Kommunismus im besonderen. Die heißen Kriege, der kalte Krieg beeinflußten sein Leben ebenso wie das aller anderen. Es ist seine Zeit, unsere Zeit, die, die sich in ihm widerspiegelt auf eine privilegierte und tiefgreifende Art und Weise, und die, die sein Werk und sein Leben in absoluter Normalität deutlich macht. In der vollkommenen Normalität – alles muß gesagt werden –, die im zwanzigsten Jahrhundert zu der des Surrealismus wird.

Generationen ohne gemeinsamen Nenner

Die Frage ist nicht, zu welcher Generation wir gehören: selbstverständlich zu denen, die vor oder nach 1903 geboren wurden, sagen wir zwischen 1898 – wie Guillén – und 1910 – wie Hernández. Was soll das? Schließlich, so sagte Ortega, zeichnet sich eine Generation durch gemeinsame Überzeugungen aus. Was haben meine oder die von Luis Buñuel mit denen von García Lorca oder Cernuda, die von Masip mit denen von Quiroga Pla, die von Ayala mit denen von Gaos oder Larrea zu tun? Wenig! Möglich, daß Gaos, Medina, Chabás und ich als Jugendfreunde im Alter von fünfundzwanzig Jahren sehr ähnliche sozialistische und humanitäre Vorstellungen hatten. Aber heute fühle ich mich einigen Jüngeren viel näher als den meisten in meinem Alter, vor allem, wenn es sich bei diesen um Spanier handelt. Der Begriff Generation sollte präzise definiert werden im Zeitalter der Massengesellschaft – aber gibt es sie denn überhaupt, die Generation? Es gibt eine achtundneunziger Generation und eine siebenundzwanziger, aber das bedeutet keinesfalls, daß Baroja etwas mit Unamuno zu tun hätte oder Azorín mit Valle-Inclán. Und auch nicht – in den darauffolgenden Generationen –, daß Manuel Bueno etwas mit Canedo, Ortega mit d'Ors, Pérez de Ayala mit Muñoz Seca zu tun hätten. Auch nicht in meiner Generation. Dámaso mit Alberti, Federico mit Prados, Altolaguirre mit Domenchina. Wir haben noch nicht einmal einen gemeinsamen Nenner. Vielleicht war meine Generation mehr von der lüsternen Sehnsucht nach Lockerung der Sitten geplagt – es wurde auch Zeit! Daß wir alle die beiden Weltkriege erleben sollten und den spanischen Bürgerkrieg, war kein Grund, uns zusammenzuschließen, sondern uns voneinander zu entfernen. »Wie schlecht sind wir geworden, wir achtundneunziger!« sagte Baroja, als ihn Moreno Villa 1937 in Paris traf. Aber das würde er nicht über Antonio Machado und nicht einmal über Unamuno gesagt haben. Und wenn man wie Ortega behauptet, daß jede Generation ein gewisses Lebensniveau verkörpert, von dem aus man das Vorhandensein eines festgelegten Seinsmodus spürt, was hat dann Picasso mit Ricardo León oder Buñuel mit Pemán zu tun?

Parallelen Buñuel – Aub

Man wird nicht geboren, wann man will. Das läßt sich nun mal nicht ändern. Ich kam um zwölf Uhr am 2. Juni 1903 in Paris zur Welt, laut Urkunde der Verwaltung des neunten Bezirks. Meine früheste Erinnerung an meine Mutter ist mit der Beerdigung von Victor Hugo verknüpft; vielleicht auch noch mit der Heimführung der Asche Napoleons. Die Namen von Baudelaire und Rimbaud mußte ich auf natürliche Weise entdecken, aber ich war immer ein Mann der Bücher und nicht, wie Buñuel, ein Herr im Haus und Mann der Fäuste. Er kam vom Land in die Stadt, ich machte in den Ferien den umgekehrten Weg. Ich muß so etwa sieben oder acht Jahre alt gewesen sein, als ich das Meer und die Gezeiten in Berck-Plage entdeckte – und das im Winter. Luis verbrachte die Sommer in San Sebastián. Er war aus reichem, ich aus stockbürgerlichem Hause. Sein Vater lebte im Alter von den Erträgen seines Vermögens, meiner arbeitete als junger Mann. Sein Vater reiste zu seiner Zeit nicht mehr, meiner war kaum einmal zu Hause. Es gab keinen Zeus als den mit Blitz und Donnerschlag. Ich bin nicht einmal drei Jahre jünger als er; alles in allem: nichts. Wir ähneln uns in vielem, so wie wir uns in vielem unterscheiden. Unsere Charaktere sind verschieden, aber unsere

»parallelen« Lebenswege haben viele Berührungspunkte, was für den Geschmack keine Rolle spielt. Schließlich und endlich wuchs er in einem anderen Land als dem auf, in das er hineingeboren wurde – wie ich. Der größte Teil unseres Werkes entstand im Ausland, und trotzdem werden wir allgemein – ich glaube zu Recht – als Spanier angesehen. Wir müssen in den gleichen Jahren begonnen haben, »Verse« zu schreiben. Viele unserer Jugendbekanntschaften, wenn nicht gar -freunde, waren die gleichen. Die Schulen der »Avantgarde« formten mich früher als ihn, und ich ließ sie hinter mir. Trotzdem blieben wir beide bei Galdós stecken, und außerdem ist unser Verhältnis zum Film gar nicht so weit entfernt. Der größte Unterschied ist die Religion. Wir sind beide Atheisten. Aber er hat katholische Ursprünge, ich »freidenkerische«. Dies zählt mehr als die Gleichheit der Madrider, der Pariser oder der mexikanischen Gesellschaftskreise.

Er Spanier, verheiratet mit einer Französin, die Mexikanerin wurde. Ich Franzose, verheiratet mit einer Spanierin, die Mexikanerin wurde. Er hat einen französischen und einen amerikanischen Sohn. Einer von ihnen ist mit einer Amerikanerin jüdischer Herkunft verheiratet. Ich habe drei Töchter, von denen eine mit einem Engländer, eine andere mit einem Spanisch-Kubaner und die dritte mit einem Mexikaner verheiratet ist.

Soviel zu unserem Leben. Möglicherweise müssen wir beide in Mexiko sterben. Es wäre nur gerecht. Für das Werk und um seinetwegen sind wir Spanier. In Spanien lernten wir fürs Abitur, und beide wurden wir auf der Iberischen Halbinsel zu Männern. Aus dem Blickwinkel der Kultur sind wir abhängig von der spanischen und der französischen Kultur. Das Angelsächsische berührte uns wenig in der Sache, ziemlich stark in der Form.

Unser grundlegendster Unterschied liegt im Politischen. Ihm geht es mehr um die Gerechtigkeit als um die Wahrheit. Mir nicht. Ob er Kommunist war oder nicht, ist eine Frage, die mich nichts angeht, die ich nicht beantwortet habe und auf die es mir auch nicht ankommt. Er stand zweifellos im Dienste der Kommunisten. Seine besten Freunde waren und sind Kommunisten, und als solche – als Freunde – sind sie für ihn so wichtig wie für mich. Ich war und bleibe – leider – Sozialist, das heißt viel liberaler als er. All das macht sich bemerkbar: Uns beiden ist es oft schlecht bekommen.

Wir heirateten sehr hübsche Frauen, die absolut nichts mit unserer Arbeit zu tun hatten. Wenn er auch von Haus aus reicher war als ich, so stellte das Geld doch niemals, weder für ihn noch für mich, ein Problem für das Fortkommen dar. Als Begüterter hatte er vielleicht einen stärkeren Hang zum Geld als ich. Aber wahrscheinlich hätte ich in seiner Lage nicht viel anders gehandelt. Er hatte größere Angst vor den Ereignissen als ich, doch spiegelt sich diese Tatsache nicht in seiner Arbeit wider, und nur die zählt. Der größte Unterschied – der aber keine entfremdenden Auswirkungen hatte – war unsere religiöse Erziehung. Bei ihm eine Folge des unnachgiebigen Katholizismus seiner Mutter, die ihn anbetete. Meine war eine vollkommene Agnostikerin, und meine Eltern beeinflußten in keiner Weise meine Entwicklung, soweit dies in einer bürgerlichen Familie möglich ist. Wir reisten viel, wir sahen ziemlich viel, wir bemühten uns zu erfahren, was in der Welt vor sich ging. Er hatte die bessere Gesundheit von uns beiden, obwohl meine nicht schlecht war. Er war Sportler, mir fehlte es an Kraft. Wie alles, was ihn aus sich herauslocken konnte, war ihm die Liebe – ganz bestimmt aus Angst vor Sünde und Verdammnis – ziemlich fremd. Uns verband vor allem die Sehnsucht nach Gerechtigkeit und Wahrheit.

Er hatte Erfolg, ich nicht. Aber das spielt höchstens eine kommerzielle Rolle. Und sowohl für ihn als auch für mich zählte das nicht. Der Ruhm ist etwas anderes. Er sagt, ihm sei das egal, aber da lügt er.

An Büchern, Zeitungen oder Nachrichten fehlte es uns nicht. Aber sie bildeten uns nicht. Es war etwas anderes. Ich strebe nicht nach Vollkommenheit oder Perfektion. Wenn ich die vergangenen Jahre damit verbracht habe, sein Milieu zu rekonstruieren, so deshalb, weil es parallel zu meinem verlief. Schon immer hatte ich Freude daran, aus reiner Niederträchtigkeit oder aus natürlichem Schamgefühl oder aus beiden Gründen zugleich mich hinter anderen zu verstecken. Die Zeitungen von 1920 wieder durchzublättern, die Filme von 1930 wiederzusehen, neuere Bücher und Studien über die vergangene Zeit zu lesen bedeutete, in ein vergessenes Land zurückzukehren. Möglicherweise täuschte ich mich und müßte in weiteren Romanen deutlicher werden, in denen die Ereignisse nicht die Rolle spielen, die ich ihnen fast in allem, was ich geschrieben habe, zugedacht habe. Aber es macht mir größeren Spaß, Tag und Nacht zu verschmelzen, Traum und Verstand, Wahrheit und Lüge, um mich getarnt der unerreichbaren Wahrheit zu nähern. Die Romane ohne jeden Kontext, wie sie heute von einigen geschrieben werden, scheinen mir allerhöchstens rhetorische Übungen nach Art einer Einbalsamierung zu sein, die leicht, umfangreich und vielleicht auch manchmal unterhaltsam zu schreiben, gar zu lesen sind.

Trotzdem trennen mich Welten von Sartre und seiner Behauptung, sein Werk sei nichts wert gegenüber einem am Hungertod gestorbenen Menschen, aber ich kann mir nicht vorstellen, daß ein Roman, mein Roman, sich über das – vielleicht unnütze – Auf und Ab der Geschichte hinwegsetzen kann, das ihn zeitlich relativiert. (Ich hatte nie die Flaubertsche Geduld, die Vergangenheit zu rekonstruieren, während mir die Zeitungen jeden Tag meine Pflichtration Brot lieferten.)

Ich habe zu viele Dinge gesehen, um sie entbehren zu können. Schon 1898 ging mein Vater auf Geschäftsreisen nach Spanien, und ich glaube nicht, daß ihn die spanische Niederlage in Kuba mehr beeindruckt hat als der russisch-japanische Krieg oder der Burenkrieg. Nicht einmal zwanzig Jahre nach dem Ende des Ersten Weltkrieges begann der Spanische Bürgerkrieg, der nur wenige Monate vor Beginn des Zweiten Weltkrieges endete. Eine Revolution folgte der anderen, wobei die Russische der Französischen in nichts nachstand. Die Entstehung und Ausbreitung des Faschismus, verbunden mit dem finanziellen Ruin Amerikas 1929 – auch ein Krieg –, davor, zur gleichen Zeit oder danach das Verschwinden der Hohenzollern in Deutschland, der Habsburger in Österreich und Spanien, der Manchu-Dynastie in China, der Romanows in Rußland und der glanzlose Untergang des türkischen Imperiums. Danach kam die Herrschaft der beiden Großen, der Zusammenbruch der europäischen Weltreiche, der zeitlich mit dem Abwurf der ersten Atombombe und der Eroberung des erdnahen Weltraums zusammentraf. Das Auseinanderdriften des kommunistischen Imperiums, das hartnäckig an einer einseitigen, bürokratischen und konservativen Interpretation der Marxschen Theorien festhält. Der hoffnungslose Überlebensversuch der katholischen Kirche. Der unaufhaltsame Aufstieg der Theorien Einsteins, Bohrs und Freuds. Die teilweise Ersetzung des Rationalismus durch sein Gegenteil. Der Zusammenbruch der Königreiche in Italien und Griechenland. Die Entstehung fünfzig neuer Republiken und das Auftauchen Mao Tse-tungs in China. Die vollkommene Veränderung der Kommunikations- und Werbemedien, wobei die Menschen, zumindest die meisten, nicht auf dem laufenden bleiben konnten, ohne das Vergangene zu vergessen. Das zwanzigste Jahrhundert hat zugesehen, wie das wertvollste unseres kulturellen Erbes zu Grabe getragen wurde. Die Wende begann gegen Ende des neunzehnten Jahrhunderts, aber die neue Ästhetik – und die neue Politik –, die die Gestalt dieses Jahrhunderts verändern mußte, kam Anfang der dreißiger Jahre auf: Das Goldene Zeitalter trifft zusammen mit der Krise in Amerika und den Prolegomena des Stalinismus. Das alles ist nichts Neues, Diskrepanzen und Widersprüche gehören zu jeder Epoche. Die Worte klingen von überstürzt bis aufgeblasen, sie haben ihr Leben und ihren Tod. Sie werden gestürzt, sie sind natürlicher Dünger, sie dienen einem anderen Geist. Wenn die Menschen ihr Leben aufs Spiel setzen, so gewöhnlich um der Wahrheit wegen, aber die ändert sich wie das Wetter. Woran es unseren müden Augen vielleicht am meisten fehlt, ist Nachsicht, denn jeder ist auf seine Weise hinterlistig. Wer ständig in die Zukunft starrt, vergißt den Menschen, wie er war. Normalerweise sagt man, was man nicht weiß, und das alles stand doch schon in den besseren Büchern zu lesen. Aber sie werden nicht gelesen, obwohl sie jedermann zugänglich sind. Ich mache keine Geschäfte und leugne nicht, daß man Spaß am Leben haben kann, wenn man immer gesund und ausgeruht ist: das ist des Pudels Kern. Aber Luis Buñuel scheint nicht geboren zu sein, um »nie gekannte Ahnungen zu verspüren«, wie es sein Namenspatron wollte, ihm macht es vielmehr Spaß, in einer verrauchten Lasterhöhle auf Brotkrumen herumzukauen. Auch glaubt er nicht wie Fra Luis, »daß der Blick die Augen ergötze«, sondern umgekehrt, daß nämlich die Augen für den Blick verantwortlich sind. Nicht umsonst haßte er die Blindheit, und seine erste Filmaufnahme war ein Auge, das in der Mitte durchgeschnitten wurde.

Gespräche mit Luis Buñuel

Luis Buñuel mit einem bevorzugten Spielzeug

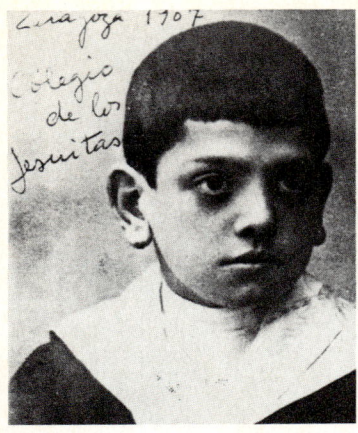

1907 als Jesuitenzögling in Zaragoza

Der Vater Leonardo

Leonardo Buñuel in Kuba

Der Lieblingssohn seiner Mutter

Ein anarchischer Surrealist aus guter katholischer Familie

Es hat eigentlich wenig Sinn, diese Frage zu stellen, denn vielleicht antwortet er mir nicht, oder er tischt mir Lügen auf, kleine oder große, je nach Laune:

Max Aub Wenn du einen Film schreibst, tust du das für dich oder für die anderen? Um auch ein wenig die Welt zu verändern oder dem Bankier um die Ecke ins Gesicht zu spucken?

Luis Buñuel Um Geld zu verdienen. Mich nicht zu langweilen. Etwas zu tun.

A Um Spuren zu hinterlassen?

B Filme sind aus wenig haltbarem Material. In fünfzig Jahren, wenn wir alle alt und grau sind, werden sie zu Staub zerfallen sein.

A Es sind schon viele Bücher über deine Filme geschrieben worden, und ich will hier nicht noch eins zusätzlich über sie schreiben, sondern über Luis Buñuel, den Filmautor. Wenn ich mir das vorgenommen habe, so also nicht um dich mit Chaplin oder Fellini zu vergleichen, und auch nicht, um *Viridiana* mit *Simon in der Wüste* zu vergleichen. Auch möchte ich keine Biographie schreiben. Was ich möchte, ist ein lebendes Porträt zu zeichnen, um zu sehen, inwieweit ein Leser dazu in der Lage ist, in jenem Bild Luis Buñuel zu erkennen, wie er leibt und lebt, und unser Zeitalter – in Bruchstücken, aber vollständig –, wenn nicht für immer, so doch zumindest für eine gewisse Zeit.

B Das wird dich ein schönes Stück Arbeit kosten.

A Nicht die Arbeit, die Zeit macht mir angst. Wir sind schon alt, und ich möchte fündig werden. Und um das zu erreichen, was man sich vornimmt, irrt man sich immer wieder in der Richtung. Mit den Romanen – den anderen – ist es etwas anderes. Man kann seine Figuren hinbringen, wohin man will, und niemand widerspricht. Du wirst natürlich protestieren, vielleicht mit Recht. Wir werden ja sehen.

B Es stört mich, daß die Leute über mich reden. Schon immer hat mich das gestört.

A   Ich habe ja schon gesagt, daß es nicht darum geht, ein Buch über dich zu schreiben, sondern ein Buch über unsere Generation, die merkwürdige Zeiten durchgemacht hat. Wer hat wie wir zwei Weltkriege erlebt und dazwischen auch noch den Spanischen Bürgerkrieg?

B   Nicht zu vergessen all die anderen. Aber Spanien bleibt Spanien, und das ist schon eine ganze Menge. Du brauchst übrigens nicht so laut zu reden. Mit dem Apparat höre ich ganz gut, du kannst also ruhig leiser reden.

A   Was ich herausfinden möchte, ist, wie es möglich war, daß in unserer so rationalen Zeit – wir sind Kinder des 19. Jahrhunderts – eine Strömung wie der Surrealismus, begründet auf dem Irrealen, hat entstehen können und wie diese Bewegung einen so anhaltenden und nachdrücklichen Einfluß hat ausüben können. Oder glaubst du, daß die Ereignisse vom Mai '68 in Paris nichts mit dem Surrealismus zu tun hatten?

B   Unbedingt. Ich bin vor Freude in die Luft gesprungen, weil ich da eine wirklich surrealistische Zeit erlebte. Es war reinster Surrealismus. Aber als Arrabal mir sagte, sie würden meinen Namen gern auf die Liste derer setzen, die das, was sie als die Eroberung der Universität bezeichneten, guthießen, sagte ich ihm nein, ich sei absolut dagegen, denn die Polizei war im Anmarsch, um sie auseinanderzutreiben. Ein andermal, wenn sie wirklich Revolution machen wollten, wäre ich gerne bereit, mit der größten Freude. Selbstverständlich haben sie darauf keinerlei Rücksicht genommen, und mein Name kam auf die Liste.

A   Findest du das nicht merkwürdig? Eine Lüge mehr, die sie dir anhängen.

B   Du hast ja keine Ahnung, vor kurzem hat eine französische Zeitung geschrieben, ich würde hier in Mexiko jeden Samstag in die Messe gehen, um mir geweihte Hostien zu holen, ich würde sie mit nach Hause nehmen, sie in einen Grillenkäfig legen und sagen: »Sing, Hostie, mach schon! Oder du kannst was erleben!« Und dann würde ich sie ins Klo werfen und runterspülen. Als sie es veröffentlichten, war ich gerade in Spanien und dementierte alles. Es ist alles Lüge, was sie an Unsinn auf meine Kosten erfunden haben.

A   Dein Vater lebte lange Zeit in Havanna?

B   Ja, mein Vater war dreißig Jahre lang in Havanna. Das heißt von 1868 bis 1898, als er wieder nach Spanien zurückkam, dann heiratete er, und ich wurde geboren.

A Welche Fabrik hatte bei deinem Vater in Kuba Waffen bestellt?

B Smith war es.

A Smith, der berühmte Smith.

B Ich glaube, es war Smith, und Remington auch, beide. Er hat nämlich Waffen verkauft, Schiffszubehör, ich weiß nicht genau. Schiffsteer, Taue und Segel. Er hatte eine große Eisenwarenhandlung, in der es von allem etwas gab, weißt du. Und manchmal schenkten sie ihm – so von Fabrikant zu Verkäufer – einen Smith-Revolver mit seinen Initialen; später ein Winchester-Gewehr. Er hatte nicht nur eine einzige Marke, sondern verschiedene.

A Hat er dir nie erzählt, wie das war, als die »Maine« in die Luft flog?*

B Doch, doch. Na klar hat er mir davon erzählt. Er war nämlich gerade in seinem Büro. Der Laden lag an der Lamparilla Nr. 3. Es war die Straße, in der der Eisenwarenladen lag, der später den Namen Casteleiro y Vizoso trug, das waren die beiden Partner meines Vaters.

A Ein Eisenwarenladen?

B Ja, ein Laden für Eisenwaren und Schiffszubehör. In der Calle Lamparilla Nr. 3, unten im Hafenviertel. Ich bin nie in Havanna gewesen. Als mein Vater meinte, er hätte genug Geld, überschrieb er das Geschäft seinen Angestellten. Das Haus »Casteleiro y Vizoso« blieb eine bekannte Adresse in Havanna. Der eine war Galizier, der andere Asturier.

A Offensichtlich hatten sie Erfolg mit dem Geschäft.

B Sie hatten angefangen als Angestellte. Bis Castro war das eines der reichen Häuser in Havanna. Und unheimlich berühmt. Die Zeitgenossen meines Vaters werden wohl gestorben sein, aber die Kinder haben das Geschäft übernommen. Die Calle Lamparilla Nr. 3 (ich bin nie in Havanna gewesen); ich glaube, sie war im Ha-

---

* 1898 explodierte im Hafen von Havanna der US-amerikanische Kreuzer »Maine«. Für die USA war dies der Anlaß zur Kriegserklärung an Spanien. Im nachfolgenden Friedensvertrag verlor Spanien seine letzten überseeischen Kolonien. Kuba wurde unabhängig, die Philippinen wurden eine Kolonie der USA.

fen, eine Straße, die direkt im Hafenviertel liegt. Man kann die Schiffe sehen, glaube ich, und er konnte die Explosion der »Maine« hören. Er sah sie in die Luft fliegen. Eine Katastrophe, die viel Aufsehen erregte, wie geschaffen für Corveras berühmten Ausspruch: »Lieber Schiffe und keine Ehre, als Schiffe mit Ehre«, oder so: »Lieber Schiffe mit Ehre, oder in Ehre untergegangene Schiffe, als Schiffe ohne Ehre«, oder so ähnlich.

A   Ja, aber das war in Santiago.

B   Nein, nein. Ich glaube, es war Admiral Corvera im Kubakrieg.

A   Ja, aber in Santiago de Cuba.

B   Na gut, du hast recht, ich weiß es nicht. Willst du eine Tasse Kaffee?

A   Ja.

Er steht auf und bewegt sich mit jenem für ihn charakteristischen Gang, mit nach vorne herunterhängenden Armen, so als ob er die Füße mitziehen und in sich hineinkriechen wollte. Er kommt zurück mit dem Buch von Kyrou.

B   Da, ich leihe es dir.

Wir sehen uns die Bilder an: er, als Soldat, vor dem Porträt, das Dalí 1923 von ihm gemalt hat. Ein ganzes Leben in Bildern. Wie man einen Menschen in Einzelbilder zerlegen kann. Mit den Werken, auf die es ankommt, ist das nicht so einfach. Warum nur?

A   Nachdem dein Erzeuger so lange in Kuba gelebt hat, glaubst du da nicht, daß du dort noch Halbgeschwister hast?

B   Nein, ich glaube nicht, daß ich Halbgeschwister in Kuba habe. Mein Vater war wie ich, aber den Frauen ergeben.

A   Aber wie lange hat dein Vater in Kuba gelebt?

B   Dreißig Jahre.

A   Seit er siebzehn war?

B   Ja.

A   Na und?

B   Ja, natürlich. Aber ich glaube nicht, daß er einer von denen war, die mit Negerinnen oder Mulattinnen ins Bett gingen. Du weißt ja, daß ich Rassist bin *(er zwinkert mit den Augen)*. Nein, nein, ich und mulattische Geschwister – das kann ich mir nicht vorstellen. Andererseits, er war auch keiner von denen, die heiraten und, während sie ihre Frau schwängern, von den Eingeborenenfrauen träumen. So wie der Vater von Ugarte. Der war so einer... Ugarte lachte, als ich ihm das sagte.

A   Gab es einen großen Altersunterschied zwischen deinem Vater und deiner Mutter?

B   Als er heiratete, muß mein Vater so ungefähr zweiundvierzig gewesen sein und meine Mutter siebzehn.

A   Sie war aus Alcañiz, nicht wahr?

B   Nein, aus Calanda. Aus einer Familie, die aus dem Alto Aragón stammte. Meinen Vater nannten sie »Weyler«. Erinnerst du dich?

A   Natürlich.

B   Hör mal, das ist vielleicht komisch, ich, der Sohn von Weyler.

A   Es wäre genauso komisch, wenn es wahr wäre, auch als Märchen: Luis Buñuel, der Sohn von General Weyler.*

Wir lachen und trinken.

A   Weißt du, bei allem Interesse und bei aller Genauigkeit in bezug auf die Filme bringt das Buch von Kyrou, was den biographischen Teil angeht, doch nur falsche Daten?

B   Red nicht, das ist unmöglich.

A   Ich will dir mal was sagen: Du hast es nicht gelesen.

B   Doch, vor langer Zeit. Besonders spannend fand ich es nicht, aber das wundert mich auch nicht. Wir haben niemals ernsthaft miteinander gesprochen, wir haben uns mehrere Male getroffen, und ich erinnere mich nicht, ob er sich Notizen gemacht hat oder nicht.

A   Es wäre auch nicht so wichtig, wenn es nicht mit seiner uneingeschränkten Zustimmung veröffentlicht worden wäre und wenn nicht der eine oder andere seine Ungenauigkeiten wiederholt hätte.

B   Welche denn, zum Beispiel? Denn ich kann mich wirklich nicht mehr ganz genau erinnern; das Wahrscheinlichste ist, daß ich es, wie all diese Bücher, nur ziemlich oberflächlich gelesen habe.

A   Am Anfang sagt er, daß dein Vater als Soldat in Kuba war und daß er sein Geschäft erst nach dem Krieg eröffnet hätte. Das hieße, wenn es wahr wäre, daß du Kubaner wärst, denn die Daten lügen ja nicht. Er hörte Hochzeitsglocken läuten, aber nicht in Calanda.

---

* Für seine rücksichtslose Kriegführung berüchtigter spanischer General im kubanischen Unabhängigkeitskrieg; später spanischer Kriegsminister.

Dann behauptet er, daß deine Mutter in Havanna war und daß ihr erst 1914 endgültig nach Calanda zurückgekommen seid.

B   Aber meine Mutter ist nie in Kuba gewesen!

A   Ich hab dir ja gesagt, daß es voller grober Fehler steckt, was die Daten betrifft. Er behauptet steif und fest, daß dein Vater 1899 nach Kuba zurückgegangen ist.

B   Mein Vater ist mit zehn aus Calanda weg... Das müßte jetzt hundert Jahre her sein. Ja, genau, 1868, plus die dreißig Jahre, die er dort lebte; 1898, das Jahr, als er nach Spanien zurückgekehrt ist. Er heiratete 1899, und 1900 kam ich auf die Welt. Außerdem, ich hab es dir ja schon erzählt, sah er auf dem Balkon seines Hauses, in einem Schaukelstuhl sitzend, wie sie die »Maine« in die Luft jagten. Mein Vater ist abgehauen und hat nur dank seiner guten Schrift überlebt. Er hatte eine wunderschöne Schrift. Oben habe ich noch Briefe von ihm... Er war das, was man einen Schreiber nannte. Die Sache ist nämlich die: Als er seinen Antrag geschrieben hatte, sagte jemand: »Der Kerl hat eine gute Schrift. Der muß hier bleiben.« Die anderen neun aus dem Dorf gingen ins Landesinnere, um gegen die Aufständischen zu kämpfen, und sie starben alle neun am Gelbfieber. Nachdem sie ihn entlassen hatten, muß er in einem Eisenwarenladen gearbeitet haben, und später machte er sich selbständig.

A   Wie hieß er?

B   Leonardo. 1912 wollte er nach Havanna zurückkehren. Er roch, daß in Europa was passieren, wahrscheinlich ein Krieg ausbrechen würde, und er wollte sein Geld ins Ausland bringen. Aber drei Monate später kam er zurück, ernüchtert und wütend, weil ihn seine Exangestellten nicht mehr haben wollten. Niemals zuvor hatte ich ihn so enttäuscht gesehen.

A   Das wundert mich überhaupt nicht.

B   Und so beschloß er also zurückzukommen. Er setzte keinen Fuß mehr auf kubanischen Boden, wie ich dir neulich schon gesagt habe, bis 1912. Und er kam dann, ganz geknickt, wie du weißt, ein paar Monate später wieder zurück.

A   Das einzig Kubanische in deinem Leben ist das Geld, das dir deine Mutter für den *Andalusischen Hund* gegeben hat. Das seltsame ist, daß vielleicht das Geld, das Picabia beisteuerte, für all die dadaistischen und vordadaistischen Fantasien auch kubanischer

Herkunft war. Woraus sich ergibt, daß im Grunde ohne Kuba – und ohne Spanien, natürlich – weder der Dadaismus noch der Surrealismus das gewesen wären, was sie waren. Welches Instrument magst du am liebsten?

B   Alles, nur kein Violoncello. Für mich ist Casals große Scheiße; das kannst du ruhig schreiben.

A   Und Geige?

B   Na ja, Geige... Mir gefallen Trompeten; die Trompeten bei Wagner! Horn, Oboe.

A   Aber du hast doch Geige gespielt.

B   Ja, aber aus Opposition: Als mein Vater gern wollte, daß ich Klavierspielen lernte – ich war elf –, wollte ich lieber Geige spielen, weil alle Klavierspielen lernten. Meinem Vater gefiel das. »Außerdem«, sagte er, »kannst du sie überall mit hinnehmen... Im Gegensatz zum Klavier.« Und ob ich sie mitgenommen habe!

A   Sogar nach Paris.

B   In Paris? Nein.

A   Doch.

Er überlegt ein paar Sekunden lang.

B   Ja, doch! Du hast recht! Ich konnte mich gar nicht mehr erinnern. Witzig. Ich mit meiner Geige in Paris. Auch Klavier fand ich ganz gut. Ich sage fand, weil ich, seitdem ich taub bin, keine Musik mehr hören kann. Darin bin ich ein Surrealist geworden jetzt gegen Ende meines Lebens: Die Surrealisten mochten keine Musik.

Er wurde am 22. Februar 1900 in Calanda (Provinz Teruel) geboren, in der Calle Mayor, gegenüber der Placeta de Manero. Sein Vater hieß Leonardo, seine Mutter Maria, geborene Portolés. Sein Taufpate war Gaspar Homs, aus Mallorca, der in Havanna lebte; ein Freund und Geschäftspartner seines Vaters, der mit Schwämmen handelte. Seine Taufpatin war Panchita Homs, Ehefrau von Gaspar. Die Taufe fand am 9. März statt. Seine erste Reise führte ihn über Barcelona nach Palma de Mallorca, ins Haus eben dieser Taufpaten, wo er 1907 einheinhalb Monate verbrachte.
Damals hatte er auch seine erste »Braut«: Pilar Urazandi. Seine Erste Heilige Kommunion empfing er am 17. April 1910 im Colegio del Salvador in Zaragoza. Mit dreizehn betrank er sich zum ersten Mal in einer Kneipe in Zaragoza, zusammen mit Martin Sante und den drei Barazas-Brüdern. Die Kneipe hieß »El Velódromo«. Es war an einem Donnerstag. Sie beschlossen, die Schule

zu schwänzen. Es war halb acht Uhr morgens. In dem kleinen Kaffeehaus
saßen Arbeiter, die auf dem Weg in die Fabrik waren.

B   Wir bestellten belegte Brote und Schnaps. Ich muß ungefähr
einen Viertelliter Schnaps getrunken haben. Mantecón, der damals
eine Löwenmähne hatte, war auch dort. Mir wurde hundeelend, und
ich erbrach alles, was ich nur konnte, und wachte erst in der Kranken-
station wieder auf, wo ein paar Nonnen mir Wickel machten. Es ging
mir so schlecht, daß sogar mein Vater nichts zu mir sagte.

A   Das mit dem langen Haar von Mantecón wußte ich nicht.

B   Die blonde Mähne von Mantecón... Das werde ich nie vergessen. Wenn ich ihn wütend machen will, erinnere ich ihn daran, wie
Pater Marcelo ihn auf die Knie nahm – ganz artig – und ihm ins
Ohrläppchen biß. Aber das war doch nichts Schlimmes, oder? Die
Jesuiten waren darin die Allervorsichtigsten. Soviel ich mich erinnere, ist in den ganzen Jahren, die ich bei ihnen verbracht habe,
nicht das geringste vorgekommen, bei niemandem. Immer gab es
irgendeinen Bruder, der uns auf Schritt und Tritt bewachte. Wir
wechselten vom Blickfeld des einen zu dem des anderen.

A   Mantecón hat mir gesagt, du warst nicht länger als vier Jahre
bei den Jesuiten.

B   Nein, nein. Ich war sieben Jahre dort. Ab meinem sechsten Lebensjahr.

A   Nun gut. Ihr habt beide recht, denn er hat die Jahre als Ober-
schüler gemeint.

B   Ja, stimmt, ich habe mein Abitur in dem Institut gemacht.

A   Na, und die genauen Daten?

B   Bei den Herz-Jesu-Brüdern in Zaragoza, von 1906 bis 1908. Im
Colegio del Salvador bei den Jesuiten, in Zaragoza, von 1908 bis
1915. In den beiden letzten Klassen vor dem Abitur, also in den
Schuljahren 1915/16 und 1916/17 – Mai 1917 –, im Instituto de
Segunda Enseñanza in Zaragoza. Im Herbst 1917 war ich zusam-
men mit meiner Mutter in Madrid, um für mich ein Zimmer in einer
Pension zu suchen.

A   Es gibt eine Reihe Bücher über dich voll mit Wahrheiten und
Lügen, was die Dinge ziemlich durcheinanderbringt. Irgend jemand
behauptet, daß du in Madrid Malerei studiert hast.

B   Niemals.

A   Sie sagen auch, daß dein Atheismus damit anfing, daß du »Die Entstehung der Arten« gelesen hast.

B   Ja. Mit sechzehn lieh mir Morquecho, ein Junge aus Logroño, der im ersten Jahr Jura studierte, die drei Bände der Sempere-Reihe und Bücher von Spencer und Haeckel. Bis zu meinem vierzehnten Lebensjahr war ich praktizierender Katholik: Messen, Rosenkränze, Beichten; ich ging sehr oft zur Kommunion. Wie alle aus meiner Familie, mein Vater ausgenommen.

A   Dein Vater...

B   Mein Vater war ein Liberaler aus dem neunzehnten Jahrhundert. Er ging zur Messe, um ein Beispiel abzugeben, weil er es für notwendig hielt. Er sagte, einmal pro Jahr nähere er sich den »Sakramenten des Altars«. Wer's glaubt, wird selig!

A   Deine Mutter war sehr katholisch?

B   Sehr.

A   Und bis zu deinem vierzehnten Lebensjahr habt ihr die Ferien in Calanda verbracht.

B   Ja, und später in San Sebastián. Ich war noch sehr jung, als wir nach Zaragoza umgezogen sind. Das Haus steht heute nicht mehr. Es stand in der Calle de la Independencia, Nr. 19, in der ehemaligen Calle de la Capitanía General. Ein Eckhaus mit zwei Stockwerken und vielen Balkons zu beiden Straßen hin. Wenn ich's versuchte, würde ich mich sicher noch erinnern, wie viele es waren. Der Besitzer hieß Rafael Pamplona.

A   Es ist seltsam, wie man sich so an bestimmte Sachen erinnern kann. Wie hast du den Glauben verloren?

B   Ich nehme an, auf die normalste Art von der Welt. Das heißt, wie die meisten zwischen fünfzehn und siebzehn. Mit siebzehn habe ich an nichts mehr geglaubt. Zunächst war da ein Zweifel, ein unterschwelliges Mißtrauen in bezug auf die Existenz der Hölle. Die Jesuiten bestanden sehr auf der Existenz der Hölle im Zusammenhang mit den ewigen Qualen als Strafe für die Sünden, die vor allem mit der Sexualität zu tun hatten. Mein bester Freund war Tomás Pelayo (der Vater des heutigen Regierungsvertreters von Barcelona). Wir waren ständig zusammen und redeten. Einen Teil des Sommers verbrachte er gewöhnlich in Vega de Pas in Santander, wo Doktor Madrazo, der eine Art Marañón de la Montaña war, ein großes Sanatorium für Tuberkulosekranke hatte. Er gehörte zur Familie. Der Familie von Don Marcelino. Wir schliefen zusammen, das heißt im selben Zimmer. Tomás und ich redeten und redeten, und ich weihte ihn in meine Zweifel an der Existenz der Hölle ein, und daß ich gerade deswegen so große Zweifel hätte, weil unsere sexuellen Sünden doch so geringfügig seien, denn selbstverständlich masturbierten wir wie alle spanischen Jungen in unserem Alter. Warum um alles in der Welt sollten wir für etwas derart Unbedeutendes die ganze Ewigkeit in der Hölle schmoren und immerwährende Qualen erdulden müssen? Damit hat alles begonnen. Bis ich vierzehn oder fünfzehn war. Es war ein langer Prozeß. Ich glaube, ich habe den Glauben vollkommen verloren, als ich siebzehn geworden bin. Mal ganz abgesehen davon, daß ich schon damit begonnen hatte, die Bücher von Morquecho zu lesen, der damals im ersten oder zweiten Jahr Jura studierte. Und dann kamen noch Darwin und Nietzsche hinzu.

A   In Wirklichkeit lag die Schuld bei Blasco Ibañez.*

B   Aber ja. Genauer gesagt die Buchreihe »Prometeus«, denn wie wir alle habe ich zunächst einmal die Soziologen und Philosophen gelesen, bevor ich mit der Literatur angefangen habe. Bis ins Jahr 1915 und 1916 oder 1917 begeisterte uns schon allein die Tatsache, daß es Gesellschaft gab und wie sie aufgebaut war. Wenn ich heutzutage darüber mit Dominikanern oder Jesuiten rede, dann geben sie mir recht, daß nämlich in der Tat der Verlust des Glaubens bei der christlichen Jugend vor allem auf die Überbewertung der Hölle zurückzuführen ist, vor der ihre Ordensschulen nur so strotzten. All das trifft zusammen mit dem Verlust der Unschuld auf eine für damalige Zeiten ganz normale Weise. Was für eine Angst wir ausgestanden haben!

A   Wir sind wirklich die letzte Generation gewesen, die vor lauter Angst vor Geschlechtskrankheiten nachts nicht ruhig schlafen konnte.

B   Allerdings. Es geht mir heute noch so.

A   Und dein Hang zur Liturgie?

B   Das ist eine künstlerische Neigung, so wie die Musik, die Orgel. Für sie habe ich immer eine besondere Vorliebe gehabt.

A   Arturo Sáinz de la Calzada erzählte mir, wie erstaunt er war, daß du soviel von Theologie verstehst…

* *Vicente Blasco Ibañez* (1867–1928), spanischer Romancier.

B   Ach was, das sind alles Sachen, die ich in den letzten Jahren für den *Simon in der Wüste* gelesen habe. Auf jeden Fall habe ich immer schon gerne Geschichten über das Leben von Heiligen und über das Christliche Jahr gelesen, obwohl eine Heiligengeschichte wie die andere ist.

A   Gab es irgendeinen besonderen geistigen Einfluß?

B   Nein. Ein Onkel meiner Mutter war Pfarrer, Onkel Santos. Er war mein Lateinlehrer. Das hat mir sehr geholfen, als ich nachher Philosophievorlesungen gehört habe. Er war der Gutsverwalter meines Vaters in Calanda.

A   Du hast mir erzählt, daß du Lautréamont nicht vor neunundzwanzig gelesen hast. Aber glaubst du, die Menschen sind für Gut und Böse verantwortlich?

B   Ich habe dir schon gesagt, daß der vom Menschen geschaffene Gott der Geist des Bösen ist.

A   Als Dorf gefällt dir dein Heimatort nicht, aber du kannst nicht leugnen, daß du ihn magst.

B   Calanda... Vor zwei oder drei Jahren waren ein paar Studenten von der Universität Zaragoza bei mir zu Besuch. Drei Jungen, zwei Mädchen und ein Wahnsinniger, der vor meiner Haustür stehenblieb. Ich habe mich schon gewundert, als ich den Bürgermeister und die Guardia Civil kommen sah. Auf einmal schrie der Wahnsinnige: »Mao wird uns Waffen schicken! Und dann geht's hier aber rund!« Und dann noch: »Genosse Buñuel ist mit uns!« Sie haben ihn natürlich festgenommen. Der Bürgermeister protestierte: »Herr Buñuel ist hier im Ort eine sehr angesehene Person.« Zu der Zeit wollten sie eine Straße nach mir benennen, ich habe dir's schon erzählt. Aber vierzig Nachbarn haben dagegen gestimmt. Da schrieb der Regierungsbeauftragte von Teruel: »Gestrichen. Zudem ist Herr Buñuel Mexikaner.« Und das Ende vom Lied: Heute gibt es doch eine Calle de Don Luis Buñuel, und zwar heißt die Gasse neben der Kirche heute so, in der Nähe unseres Hauses, die wir als Kinder »Scheißgasse« nannten, weil dort immer drei oder vier Scheißhaufen auf der Straße herumlagen. Es ist schon seltsam, auch wenn du es gar nicht willst, zieht es deinen Blick auf sich. Heute hat sich das alles sehr verändert. In größeren Straßen siehst du heute nicht selten einen Haufen, den ein Besoffener hingemacht hat, oder in einer klei-

41

neren Nebenstraße einen Polizisten von der Guardia Civil, wie er nach dem Pinkeln seinen Hosenlatz zumacht. Die »Scheißgasse« umbenannt in Calle de Don Luis Buñuel! Und so wie die Ratsherren der Falange mir das verpaßt haben, würden sie mich natürlich auch erschießen, wenn die Dinge sich ändern sollten.

A Erinnerst du dich an Ferrer?*
B Ja, natürlich erinnere ich mich an Ferrer.
A Am 20. August 1909 wurde seine Familie festgenommen und nach Alcañiz deportiert.
B Das wußte ich nicht.
A Beinahe hätten sie sie euch nach Calanda gebracht.
B Ich habe nur davon gehört, das ist alles. Anarchisten... Gesindel, Abtrünnige, die nicht an Gott glaubten. Einer, der aus Barcelona kam, erzählte Schauermärchen.
A Und der Generalstreik von 1917?
B Keine Ahnung.
A Und der von 1923?
B Das war schon was anderes. Ich hatte meinen Wehrdienst schon hinter mir. Es muß mich an dem Tag in San Sebastián überrascht haben. Wir waren jeden Sommer in San Sebastián. An Katastrophen bin ich immer vorbeigekommen.
A Ja, wir haben schon davon gesprochen, daß du sie geradezu witterst.
B Ich kam an dem Tag in Madrid an, als sie Dato** umgebracht hatten. Ich nahm mir ein Taxi an der Estación de Atocha und sprach mit dem Chauffeur darüber, als wir gerade an der Puerta de Alcalá waren. Stell dir vor, ich erinnere mich noch, wie ich sagte: »Hör mal, das ist doch gut, einer weniger.« »Ja, eine Kanaille weniger.« Damals war man fast schon ein Anarchist. Als das mit Canalejas*** passiert ist, war ich in Zaragoza. Auch das schien mir in Ordnung so. Du weißt ja, daß ich ›was arrangiert‹ habe, um nicht in den Marokko-Krieg zu müssen, das habe ich dir ja schon erzählt.

---

  * Spanischer Lehrer und Anarchist; wurde 1909 hingerichtet.
 ** *Eduardo Dato*, Parteichef der spanischen Konservativen und Ministerpräsident. Das Attentat geschah am 8. März 1921.
*** Gemeint ist das Attentat, dem 1912 *José Canalejas* zum Opfer fiel, der Anführer der spanischen Liberalen, der seit 1909 als Ministerpräsident regiert hatte.

A Was für einen Eindruck hattest du vom Aufstand Primo de Riveras?*

B Das ging mir ganz schön gegen den Strich. Ich war damals ein ziemlicher Gewerkschafter, und da störte mich das schon sehr. Ich war gerade in San Sebastián.

A Und ich in Zaragoza. Ich war dabei, als das Kriegsrecht ausgerufen wurde. Dabei drehte sich mir der Magen um. Aber du warst ein feiner Herr und hast nichts getan.

B Du doch auch nicht.

A Mal was anderes: Hat deine Mutter deine Filme gesehen?

B Nein, nicht einen.

A Ich hatte vollkommen vergessen, dich zu fragen, welche Eindrücke der Krieg in Europa, der Erste Weltkrieg, also der von vierzehnachtzehn, bei dir hinterlassen hat.

B Ich war vierzehn.

A Ja, aber du warst über achtzehn, als er zu Ende ging, und in dem Alter kann man sich schon über einiges bewußt werden…

B Nein, gar nichts. Doch, ich erinnere mich an Diskussionen zwischen den Anhängern der Alliierten und denen des Deutschen Reiches. Aber ich kann nicht sagen, daß das bei mir irgendeine bleibende Wirkung hinterlassen hätte, an die ich mich ganz genau erinnern könnte.

A Mir ist es ganz anders gegangen. Das war auch normal, obwohl ich jünger war. Aber ich war schließlich in Frankreich geboren und mein Vater war Deutscher. Der Manichäismus der Franzosen verletzte mich sehr bis zu dem Tag, als ich die Grenze nach Spanien überschritt. Ich ging hinüber, wir gingen hinüber. Elf Jahre, ich war elf Jahre alt, und ich erinnere mich an vieles aus jener Zeit, als ob es gestern gewesen wäre. Es sind nicht die Erinnerungen, wie man sie vielleicht an die Schulzeit, an Freunde oder die Familie hat. Nein. Es sind brutale Bilder. Ich will sagen, ohne Schnörkel und ohne Beschönigungen. Das Dorf, in dem wir in jenem Sommer die Ferien verbrachten, die Bahnstation in Zentralfrankreich, wo ich zum ersten Mal einen Zug mit Verletzten sah. Das Hotel in Barcelona, die Ramblas, Valencia…

B Mich hat nichts von alledem interessiert. Ich wußte, daß da ein

---

* 1923, Beginn der Diktatur des Generals Miguel Primo de Rivera, die 1930 zu Ende ging.

Madrid, Calle Alcalá, Ecke Gran Vía

Krieg war und daß er nicht bis zu uns kommen würde. Ich las keine Zeitungen – zum großen Ärger meines Vaters, der immer sagte: »Es ist nicht zu fassen! Wie ist es möglich, daß ein Junge in deinem Alter sich nicht dafür interessiert, was in der Welt vorgeht! Sag, wie heißt der spanische Ministerpräsident?« Natürlich, mein Vater hatte recht. Aber mich interessierte nichts, absolut gar nichts. Für mich war der Krieg absolut null.

A Was hast du beim Arbeiteraufstand empfunden?
B Der von den Sozialisten?
A Ja, der von 1917.
B Keine Ahnung. Ich kann mich nicht erinnern, daß er auf mich einen besonderen Eindruck gemacht hätte.
A Auf mich schon. Ich sehe sie heute noch vor mir, die Guardia Civil zu Pferde in der Calle de las Barcas...
B Ach ja, das schon, der Paseo de la Independencia mit Sand bestreut. Das muß noch vor 1917 gewesen sein. Mehrmals kamen Lastwagen an, und schaufelweise wurden Sandhaufen auf das Pflaster geworfen. Und die Warnsignale, die Trompeten. Beim ersten Signal gingen die zwei- oder dreitausend Arbeiter noch in der Straßenmitte

44

weiter. Beim zweiten und dritten Signal hieß es, nichts wie weg. Ich stand auf dem Balkon und sah alles. Es war leicht, durch die Querstraßen zu entkommen.

A   Aber du hattest keine politische Meinung?

B   Nein. Ich glaube sogar, ich habe nicht einmal heute eine. Daß ich auf der Seite der Armen stehe, da gibt es keinen Zweifel. Daß ich gegen die Gesellschaft bin, so wie sie organisiert ist, ist auch keine Frage... Aber damals waren die Mädchen und die, die keine mehr waren, das einzige, was für uns zählte.

A   Und die Insekten.

B   Ja, wenn du so willst. Damals warteten wir voller Ungeduld auf den Tag, an dem das Madrider Orchester kommen und Beethovens »Neunte« spielen sollte. Es gab noch keine Schallplatten mit so langen Musikstücken. Und Schumann hörte ich, als ob es die »Verbena de la Paloma« oder »Agua, azucarillos y aguardiente« wäre. Ich ging mit der Partitur unterm Arm hin. So wie ich später zum Marktplatz ging, um Wagner zu hören.

A   Das ist etwas, was ich nicht verstehe, deine Vorliebe für Wagner.

B   Bis ich taub geworden bin.

A   Das wundert mich.

B   Ich habe dir doch gesagt, daß Auric dasselbe passiert ist. Und Brahms und Strauss.

A   Gut, einverstanden mit Brahms; aber Strauss... Na, da wir schon einmal so weit zurückgegangen sind: Erzähl mir was von Pilar Bayona. Ich glaube, sie war einige Jahre älter als du.

B   Nein. Bestenfalls ein oder zwei Jahre. Sie müßte jetzt so um die siebzig sein. Sie war die Tochter von Don Julio, einem Assistenzprofessor für Mathematik am Institut. Ich werde fünfzehn Jahre alt gewesen sein und war sehr verliebt, wahnsinnig verliebt, etwa zwei Jahre lang. Ich ging Don Julio nach, kam an sein Haus und hörte, wie jemand wunderbar Klavier spielte. Ich hab ihr nie gesagt, daß ich sie liebte. Einmal, ein oder zwei Jahre später, waren wir allein auf einem Balkon. Es war beim Fest der Schutzpatronin von Zaragoza. Wir standen und schauten einfach hinunter. Ich bin sicher, daß sie wußte, daß ich sie liebte. Aber wir haben darüber nie gesprochen.

A   Eine deiner Freundinnen hatte ich ganz vergessen. Sie hat hier in Mexiko gelebt, viele Jahre, und arbeitete in einer Apotheke am Puente de Alvarado.

B Ah, ja! Conchita Martinez Conde. Die Frau von Galarza.

A Ja, die Witwe von Galarza. Wo hast du sie kennengelernt?

B In Santander, in Vega de Pazo. Ihre Familie war recht wohlhabend. Sie handelten mit Molkereiprodukten, weshalb sie immer in die Berge fuhren. Wie es sich damals schickte, erklärte ich mich ihr während der letzten Tage des Sommers. Ich sagte: Señorita, ich möchte Ihnen etwas anvertrauen, etc., etc. Jedenfalls verlobten wir uns und trafen uns später in Madrid. Ich war siebzehn. Und dann kam sie eines Tages und sagte, sie hätte mit ihrer Mutter gesprochen und die habe überhaupt nichts dagegen, aber wir müßten unserer Beziehung einen formellen Anstrich geben, und es wäre eine gute Idee, wenn mein Vater ihren Eltern schreibe. Ich bitte dich! Mit meinen siebzehn Jahren sollte ich meinen Vater um so etwas bitten. Er hätte mich verprügelt und zum Teufel geschickt, das kannst du mir glauben. In unserem Dorf hieß es, wir seien sehr reich; viel reicher, als wir tatsächlich waren. Wir haben nicht mehr davon gesprochen.

A Und nach dem Abitur...?

B Ich wollte Agronom werden.

A Experte?

B Ach was. Das hätte mir gerade noch gefehlt! Das Schwierigste, was man damals machen konnte, war Tiefbau oder Landwirtschaft zu studieren. Das fehlte gerade noch. Was mir am besten gefallen hat, was mir auch heute noch gefällt und was mir immer noch wie ein unfaßbares Wunder vorkommt, sind die Insekten. Ich kann einer Fliege stundenlang zusehen. Ich verstehe es nicht. Für mich ist das das Geheimnis des Lebens. Das Unbegreifbare. Das Übersinnliche.

A Wie viele Geschwister wart ihr?

B Sieben. Ich war der Älteste.

A Erinnerst du dich an dein Zuhause?

B Meine Schwester Conchita hat ein herrliches Bild von uns gemacht. Jemand hat einen Abzug davon machen lassen. Ich muß es mal suchen.

A Das mit der Verlobung, waren das Anwandlungen von Don-Juanismus, oder war das ernst gemeint?

B   Ich tauge als Don Juan nichts. Wir waren wirklich verlobt. So mit Küssen und zusammen Weggehen, gemeinsamem Frühstücken und Mittagessen. Sie hat mir alles erzählt. Ich kenne ihr Leben in- und auswendig. Aber sie ist eine frigide Frau. Das erste Mal, als wir zusammen waren, alleine, das war in der Metro, dicht nebeneinander sitzend. Die Metro war überfüllt. Und wir küßten und küßten uns... Das Ganze dauerte so ungefähr zwei Jahre. Einmal saß sie auf meinen Knien, wir waren alleine bei mir zu Hause. Und es passierte nichts.

A   Ich weiß. Ich habe dir ja gesagt, daß sie krank war.

B   Wer hat dir das erzählt?

A   Du, wer sonst! Nachher gehst du noch hin und sagst, ich spioniere dir nach.

B   Ach, weißt du. Ich werde ihr wohl gesagt haben: »Um so besser.« Aber nein. Ich sage es noch einmal, ich bin kein Don Juan.

A   Aus dem Grunde gefielen, gefallen dir Huren so sehr.

B   Vielleicht.

A   Du hast eine Schauspielerkarriere gemacht. Du hast in vielen deiner Filme und in denen anderer mitgewirkt. Du hast immer gerne den Priester gespielt.

B   Wahrscheinlich, weil Verkleidung mir so gut steht. Du weißt ja, daß es mir Spaß macht, mich zu verkleiden. Vor kurzem habe ich in Spanien in einem Film von Saura den Henker gespielt. Sieben Menschen habe ich hingerichtet. Pepe Bergamín war noch in Madrid, er und Aleixandre* sollten die Angeklagten spielen. Der Assistent kam zitternd vor Angst angelaufen und sagte nein, das wäre ganz ausgeschlossen. Aber ich spielte den Henker, auf der Plaza de Colmenar Viejo. Den anderen haben wir nichts davon gesagt.

A   Auch in *Der andalusische Hund* hast du mitgewirkt.

B   Aber mein Debüt habe ich 1923 mit niemand Geringerem als

---

* *Vicente Aleixandre* gehörte gemeinsam mit den Lyrikern *José Bergamín, Jorge Guillén, Pedro Salinas, Dámaso Alonso, Gerardo Diego, Federico García Lorca, Rafael Alberti, Juan Larrea, Luis Cérnuda, Emilio Prados, Manuel Altolaguirre, José Moreno Villa* und *Fernando Villalón* zur berühmten »Generation von '27«, der wichtigsten spanischen Literaturbewegung des zwanzigsten Jahrhunderts. Zu ihren unmittelbaren Vorläufern und auch Vorbildern gehören *Antonio Machado* und die beiden häufig von Buñuel erwähnten Dichter *Juan Ramón Jiménez* und *León Felipe.*

Raquel Meller in »Carmen« von Feyder gegeben. Peinado wurde zum technischen Assistenten ernannt oder etwas in der Richtung. Er kam völlig außer Atem ins »La Rotonde« und nahm unsere ganze Gruppe mit. Woran ich mich nicht mehr erinnere, ist, ob es in einem Aufnahmestudio oder im Zirkus Medrano war.

A   Du mußt damals unendlich viele Bekanntschaften und neue Freundschaften gemacht haben.

B   Ich habe Dámaso [Alonso] kennengelernt. Er war gerade fertig mit der Übersetzung des »Portrait of the Artist as a Young Man« von James Joyce, die in der »Biblioteca« veröffentlicht werden sollte. Er starb fast vor Angst.

A   Warum?

B   Daß seine Mutter etwas merken könnte. Er hatte furchtbare Angst vor ihr: »Wenn sie etwas merkt, bringt sie mich um.«

A   Aber warum?

B   Sie war eine von den ganz Strengen.

A   Aber kannte sie Joyce denn?

B   Dasselbe habe ich ihn auch gefragt. Da hat er nur gesagt: »Wenn sie zu Hause das Manuskript entdeckt, ist sie imstande und liest es.«

A   Wenn es der »Ulysses« gewesen wäre...

B   Nein, es war »Portrait of the Artist«. Er hat die Übersetzung unter einem Pseudonym geschrieben. Nicht Amado Alonso, aber so was Ähnliches. Er war ganz krank vor Angst.

A   Erzähl mir etwas von Paris!

B   Ich kam 1925 nach Paris. Ich vertrieb mir die Zeit zusammen mit Hernando Viñes, der sehr katholisch war, und mit Peinado und anderen spanischen Malern und natürlich beim Weintrinken. Drei oder vier Mädchen, die irgendwo in der Nähe rhythmische Gymnastik lernten, kamen vorbei, um Viñes Modell zu stehen. Der Vater von Jeanne war Buchhalter, Monsieur Rucart. Wir kamen immer gut miteinander aus. Aber da hatte ich plötzlich die Idee, ihnen ein Schlafmittel zu geben, um sie zu vergewaltigen. Viñes protestierte und war zutiefst empört.

A   Das ist der Ursprung für eine Szene in *Viridiana*.

B   Schon möglich. Wir zogen von einer Kneipe zur anderen, von einem Kabarett zum anderen, zusammen mit Juan Vicens. Juanito war einziger Sohn und hatte viel Geld. Meine Mutter schickte mir, soviel ich wollte. Wir lebten wie die Türken, wie die Franzosen sagen. Wir gingen in eines jener Bistros, in denen die Flaschen alle nebeneinander in einer Reihe stehen, und fingen bei der ersten an und hörten weit hinter der zwanzigsten auf. Damals kam uns die Idee, ein Kabarett zu eröffnen. Vicens hatte Geld, und ich fuhr nach Zaragoza zu meiner Mutter, die absolut dagegen war. Damals begann ich auch, zusammen mit Uzelay in die Schule von Madame Epstein zu gehen. Außer uns waren dort fast ausschließlich Weißrussen. Damals begann ich davon zu reden, ich würde gerne Filme drehen, und weil Epstein zur Gruppe und zur Schule gehörte, nahm er mich mit als Assistent bei »Mauprat«. In Wirklichkeit gab es aber für mich im »Mauprat« nichts zu tun. Und ich war dann zweiter Assistent von Mario Nalpas und Etievant in »La sirène des tropiques«. Der Star dieses Films war »cette salope« Josephine Baker. Aber auch hier gab es so gut wie nichts zu tun. Es war das Jahr von Sacco und Vanzetti.

A   Manchmal glaube ich, du bist kein Surrealist.

B   Ich bin heute surrealistischer denn je. Die einzige Literatur, die einzige Poesie, die mir gefällt, ist die surrealistische. Die einzige Malerei, die mir gefällt, ist die surrealistische. Ich war kein Surrealist, als ich nach Paris kam. Für mich war das alles ein Haufen von Schwulen. Ich habe ihre Sachen gelesen, um mich zu amüsieren, so wie ich Jahre später »Ultra« gelesen habe, um mich in der Straßenbahn in Madrid nicht so zu langweilen. Und dann ist mir das gleiche passiert: Ich habe mich schließlich darauf eingelassen. In Wahrheit gehörte ich nicht länger als bis 1929 oder 1930 zur Gruppe. Von *Ein andalusischer Hund* an bis Aragon von seiner Reise nach Rußland zurückkehrte. Bis die Diskussionen begannen, die Ausschlüsse aus der Gruppe. Ich blieb bei Aragon und ein paar anderen. Aber wenn ich die Augen schließe, bin ich Nihilist. Wirklich, restlos Nihilist, ohne jeden Vorbehalt. Aber wenn ich sie wieder öffne, wird mir klar, wie unmöglich es ist...

A   Gutbürgerlich, wie du nun mal bist.

B   Wenn du so willst...

A   Du hast nie eins von den surrealistischen Manifesten unterzeichnet. Oder vielleicht das eine oder andere. Dalí hat sie im Gegensatz zu dir fast alle unterzeichnet.

André Breton, Salvador Dalí, René Crevel

B   Nein. Dalí auch nicht. Wir Ausländer haben nur die unwichtigen Dokumente unterzeichnet oder die, die sich ausschließlich auf künstlerische Themen bezogen. Wenn es um etwas Ernstes ging, Familie, Vaterland oder Fahne zu besudeln, dann haben nur die Franzosen unterzeichnet. Da haben die genau aufgepaßt. Willst du einen Whisky?

A   Ja, mit Wasser, halb und halb.

B   Ich bleibe dem Martini treu, ein ziemlich ungewöhnlicher Martini, schmeckt so ähnlich wie Campari. *Wir trinken.* Nein. Die Surrealisten waren beileibe kein Haufen von Schwulen, im Gegenteil. Breton haßte sie. Keiner aus der Gruppe war schwul. Na ja, keiner wäre zuviel gesagt: Crével war einer, aber er tat alles, um davon wegzukommen. Er versuchte sogar, sich eine Geliebte zuzulegen. Ein paar Monate später stellte ich Dalí der Gruppe vor. Vorher hatte ich ihnen Fotos von seinen Bildern erklärt, aber sie interessierten sich nicht besonders dafür. Na ja, so halb und halb. Aber im nächsten Jahr gingen Paul Eluard, Gala, Magritte und einer, der später surrealistische Bilder verkaufte, nach Cadaqués. Und Dalí sagte zu mir: »Ich werde dir die phänomenalste Frau vorstellen, die du je in deinem Leben kennengelernt hast…«

50

A Ach ja, Luis, was willst du mir von Dalí erzählen? Wie soll das im Buch erscheinen? Wollen wir wirklich alles erzählen, so wie es war?

B Wir werden kurz und bündig die Wahrheit sagen: woran er sich beteiligt hat, wie wir den *Andalusischen Hund* geschrieben haben. Die Rolle, die er beim *Goldenen Zeitalter* spielt, ist sehr klein, weil er zu der Zeit schon unter dem Einfluß von Gala stand, der Frau, die ich mehr hasse als alle anderen. In Wahrheit wäre es ein Genuß für ihn, wenn wir ihn beschimpfen würden. Wenn ich nach Madrid fahre oder irgendeinen Preis bekomme, schreibt er mir Telegramme: »Du mußt unbedingt nach Cadaqués kommen«, oder: »Jetzt werden wir wundervolle Dinge zusammen machen«, oder: »Ich küsse dich auf den Mund.« Oder in Venedig, wohin er sie mir auf Italienisch schickte wie auf Französisch nach Paris. Nur einmal, als ich wirklich rot sah, weil er mir schrieb, daß entweder ich nach Cadaqués fahren oder er nach Madrid kommen würde, antwortete ich ohne große Emotionen: »Wasser, das über die Mühle geflossen ist, bewegt sie nicht mehr.« Und ob du's glaubst oder nicht, ich hätte nicht übel Lust, ihm einmal Auge in Auge gegenüberzutreten, ihm das ins Gesicht zu sagen und ihm ganz gehörig den Marsch zu blasen. Und dann vielleicht mit ihm ein paar Gläser zu trinken. Er ist ein Hurensohn. Er war schuld, daß sie mich in New York auf die Straße gesetzt haben. Aber viele Jahre lang, in den zwanziger und dreißiger Jahren, war er mein bester Freund. Wir waren gute Freunde, wirklich gute Freunde.

A Und nur das zählt.

B Ja, wenn man so sentimental ist wie ich, allerdings. Aber ohne Gala. Nicht einmal als Gemälde. Ich habe noch nie jemanden getroffen, der so griesgrämig war. Ich habe sie vollkommen vergessen. Aber wir wollen sie nicht wichtiger machen, als sie war. Ich fuhr von Paris nach Cadaqués. Ich steckte in Vorbereitungen zu einem Film von Ramón * mit dem Geld meiner Mutter. Wir sprachen darüber, und in sechs Tagen haben wir das Drehbuch zu *Ein andalusischer*

---

* *Ramón Gomez de la Serna* (1888–1963), einer der einflußreichsten und populärsten spanischen Schriftsteller vor 1936. Seine Tertulias im Café Pombo in der Nähe der Puerta del Sol waren der berühmteste Intellektuellentreffpunkt im Madrid der zwanziger Jahre. Vgl. *Freibeuter 27*, S. 133 ff.

Hund geschrieben. Beim Filmen selbst hat er nicht mitgewirkt. Am letzten Tag kam er mit seiner Mutter und seiner Tante. Das einzige, was er getan hat, war die Esel auf die Klaviere zu legen und den Teer auf die Augen zu schmieren. In *Das Goldene Zeitalter* hat er gar nichts getan. Dafür hat er das Manifest der Surrealisten für den Film unterschrieben, und ich nicht. Wie sollte ich für etwas unterzeichnen, was ich selbst gemacht hatte!

A   Ich habe es übersetzt, weil es ein für die Geschichte deiner »Kinokarriere« wichtiges Dokument ist.

B   Es ist ein schwer zu findendes Papier.

A   Du wirst es nicht glauben, es steht in Nadeaus »Geschichte des Surrealismus«.

B   Ich bin oft ins Kino gegangen. Schon in Madrid und danach in Paris. Selbstverständlich hat man dabei seine Begleiterin befummelt. Das war der einzige Ort, wo man das konnte. Denn sonstwo haben sie einen nicht rangelassen, weder in der Sonne noch im Schatten. Nicht daran zu denken, mit ihr Hand in Hand zu gehen. Das wäre ein Skandal gewesen. Im Kino war das etwas anderes. Aber abgesehen davon gefielen uns ganz besonders die komischen Filme aus den USA: Ben Turpin, Fatty, Buster Keaton, Harold Lloyd und Harry Langdon. Das machte uns ungeheuren Spaß. Genau wie die Western.

Was mich damals anfing zu interessieren – ganz allmählich, ohne auch nur einen aus der Gruppe zu kennen –, waren die Surrealisten, und vor allem Benjamin Péret. Davor hatte ich ihn noch nie gesehen. Als Person hat er mich nie interessiert. Aber seine Gedichte machten einen tiefen Eindruck auf mich. Später, als ich *Ein andalusischer Hund* drehte, mußte ich ständig an seine Gedichte denken.

A   Das wundert mich nicht. Er hat bis heute nicht den Ruf, den er verdient. In der Poesie haben nur wenige wie er diese rein geistige Gewalttätigkeit des Ausdrucks erreicht. Es ist eine Schockpoesie, eine Poesie der Konfrontationen. Und was hast du danach getan?

B   Dann kam der hundertste Todestag von Goya, 1927. In Zaragoza hat sich ein Komitee gebildet, und man dachte daran, einen Film zu drehen. Ich sollte die Regie übernehmen. Auch Valle-Inclán wollte etwas in der Richtung machen. Die Regierung sollte das

Geld zur Verfügung stellen. Gott sei Dank haben sie es nicht getan, und es ist überhaupt nichts passiert. Stell dir vor, was da rausgekommen wäre! Willst du einen Whisky?

A Ja, gern.

B Es ist schon seltsam, was du über den Expressionismus gesagt hast. Es ist eigenartig, daß es Regisseure gibt, die nur etwas taugen, wenn sie einen guten Autor haben. Mir geht es genau umgekehrt. Natürlich brauche ich auch einen Drehbuchschreiber, weil ich nicht nur ein miserabler Drehbuchautor, sondern auch extrem langsam bin. Alles, was direkt aus meinen Händen herauskommt, stört mich. Sogar meine Schrift geht mir auf die Nerven. Natürlich kann ich auf der Maschine schreiben, aber dann dauert es Stunden, und was du in einer halben Stunde schreibst, kostet mich drei Stunden. Aber was mir Spaß macht, ist die Arbeit mit dem Filmgerät.

A Hast Du »L'Étoile de mer« gesehen?

B Ja. Und er hat mir nicht gefallen. Man Ray als Cineast gefällt mir nicht. Seine Filme sind zu künstlerisch. Mit seinen Radierungen ist es etwas anderes.

A Wir sind die einzige, oder zumindest die erste Generation gewesen, die mit dem Kino groß geworden ist. Die heutige Generation wächst mit dem Fernseher auf, das ist nicht dasselbe. Die vor uns mit Unterhaltungsromanen.

B Ja, das stimmt. Wir waren die ersten, die die Dinge gesehen haben, und zwischen Lesen und Sehen ist ein himmelweiter Unterschied. Ich sage das im Hinblick auf die Romane. Unsere Väter und Großväter haben »Die Geheimnisse von Paris« gelesen, während wir »Die Geheimnisse von New York« gesehen haben. Sie haben »Rocambole« mit Stahlstichillustrationen gelesen, wir haben Nick Carter schon als Farbdrucke gelesen, in Heften, und vor allem haben wir »Judex« und »Fantomas« und »La moneda rota« gesehen.

A Wie sehr hat uns das geprägt? Wie sehr haben wir die Dinge auf eine andere Art und Weise gesehen? So wie meine Enkel die Welt durch das Fernsehen sehen, all die Nachrichten, die Tragödien und die Gewalt im Fernsehen, die Zeichentrickfilme. Es scheint keine großen Sprünge zu geben: Unterhaltungsromane, Radio, Kino, Fernsehen, Raketen, Weltraumfahrten. Von außen gesehen eine scheinbar perfekte Kontinuität; aber perfekt war sie nicht und ist sie nicht und wird sie, so glaube ich, auch nie sein. Die Physik, die Chemie und die Mathematik, die unsere Väter lernten und die wir aus Trägheit lernten, haben nichts mit den Wissenschaften zu tun, die heute gelehrt werden.

B Ich bin ein Feind der Wissenschaft und ein Freund des Geheimnisses.

A Das weiß ich. Aber das wird dir wenig nutzen, denn ich komme allmählich zu dem Schluß, daß beides sehr wenig miteinander zu tun hat. Wir haben uns getäuscht, wir haben geglaubt, es gäbe eine permanente und erdrückende Abhängigkeitsbeziehung zwischen Kunst und Wissenschaft. Es gibt sie nicht. Vielleicht zwischen Politik, Wissenschaft und Bürokratie. Aber die Kunst »fördert nicht die Barbarei«; obgleich beide auch Erfindungen zutage gefördert haben: das Aspirin, die Schallplatten, die Schreibmaschine, das Tonbandgerät erleichtern die Arbeit. In Wirklichkeit hat sich nur eine neue Kunstgattung entwickelt: die Filmkunst. Und wir sind aus Zufall mit ihr geboren. Das Kino ist auf die natürlichste Weise von seinem Umfeld befruchtet worden: vom Theater, von den Taschenspielertricks, von den Ereignissen, den friedlichen wie den kriegerischen, von den Naturwissenschaften, der Sentimentalität, den Feenmärchen... Da war einiges, was es in sich aufnehmen konnte. Bis eines Tages, fast als logische Folge, ein paar Leute, die etwas älter waren als wir, auf die Idee kamen, daß das alles auch etwas mit Ausdruckskraft – Expressionismus – und Poesie zu tun hatte, so wie sie bis in die zwanziger Jahre hinein verstanden wurde. Und daraus ist dann die »Filmkunst« entstanden. Und dann gab es da zwei Menschen, die mit der bereits entstandenen Filmkunst geboren wurden, d. h., die seit frühester Jugend das erfundene und reflektierte Bild gesehen hatten. Und die dachten – unter dem Einfluß dessen, was sich in der Literatur durch die Ereignisse in der Welt veränderte –, daß das Kino, ganz wie Feder und Pinsel, eine Quelle von Emotionen sein und dazu benutzt werden könnte, den neuen Künsten eine Form zu verleihen. Oder der Antikunst, wenn du so willst. Und damit sind wir beim *Andalusischen Hund*. Ich weiß ja, Fritz Lang und Ramón Gómez de la Serna. Aber laß uns mal sehen, wie ihr gedreht habt (Dalí konnte nicht Schreibmaschine schreiben; und du schlecht), wie ihr zusammengearbeitet habt. Inwieweit – was das Filmen angeht – hat sich die Zusammenarbeit zwischen Soupault und Breton in »Les Champs magnétiques« oder ein etwas früherer Versuch zwischen Tzara und Picabia bei euch wiederholt?

B Selbstverständlich hatte weder das eine noch das andere einen Einfluß auf die Art und Weise, wie wir *Ein andalusischer Hund* geschrieben haben. Was ich sagen kann, ist, daß wir zweifellos in vollkommenem Einvernehmen gearbeitet haben. Ohne daß wir es uns am Anfang vorgenommen hatten. Ich habe dir ja bereits gesagt, daß wir uns eines Morgens unsere Träume erzählt haben und daß ich beschloß, das sollte die Grundlage für den Film sein, den ich drehen wollte. Ich habe dann die Texte von Ramón Gómez de la Serna aufgegeben. Wir arbeiteten in absolutem Einverständnis, verknüpften Ideen, gaben sie wieder auf, wenn sie uns nicht gut erschienen, sei es nun, weil die Bildfolge zu sichtbar war oder weil es umgekehrt zu sehr an den Haaren herbeigezogen war. Wir suchten ein labiles und unsichtbares Gleichgewicht zwischen Rationalem und Irrationalem, um durch letzteres eine Fähigkeit zum Verständnis des Nichtbegreifbaren, zur Verbindung von Traum und Wirklichkeit, von Bewußtsein und Unbewußtsein zu erhalten, unter Vermeidung jeglicher Symbolik. Nach dem Prolog kamen uns Zweifel, irgendein ablehnendes Gefühl gegenüber bestimmten Ideen; bis Dalí das mit dem Radfahrer und der Schachtel passiert ist: »Hervorragend«, sagte ich, und damit fingen wir an. Es ging nicht darum, ein Bild mit dem anderen zu verbinden auf der Grundlage von Verstand und Unverstand, sondern ausschließlich darum, daß sich eine Kontinuität entwickelte, die uns im Unterbewußtsein Befriedigung verschaffte, ohne das Bewußte zu verletzen, das aber seinerseits keine direkte Beziehung zum Rationalen hatte. Das heißt etwas, was theoretisch dem näher gewesen wäre, was Breton als die exakte Wesensart des Surrealismus definiert hat. Die, die behaupten, in *Ein andalusischer Hund* gäbe es keinerlei logische Gedankenverknüpfung, haben unrecht. Wenn es so wäre, hätte ich den Film in einzelne Szenen zerlegen, die verschiedenen Gags in verschiedene Hüte werfen und die Sequenzen dem Zufall entsprechend aneinanderkleben müssen. Es war aber nicht so. Und hier der Grund, warum ich nicht so arbeiten konnte: Es gibt keine »Vernunft«, die es verhindert hätte. Nein, es ist einfach ein surrealistischer Film, in dem die Bilder, die Bildfolgen sich nach einer »logischen« Ordnung aneinanderreihen, aber deren Ausdruck vom Unbewußten abhängt, das von Natur aus seine

»Ordnung« hat. Merk dir das gut: Unbewußtes, Vernunft, Logik, Ordnung. Als der Sterbende in einen *Garten* fällt, streift er die nackte Schulter einer Statue (einer Frau). Das heißt, daß es eine normale Folge des *Sturzes* ist. Es wäre absurd, wenn diese Szene vor der anderen käme. Wir benutzen unsere Träume – das ist nichts Neues –, um etwas auszudrücken, aber nicht, um irgendeinen Unsinn zu zeigen. *Ein andalusischer Hund* hat, abgesehen von seinem Titel, nichts Absurdes, und er ist – wieso auch und wozu? – keinesfalls ein verzweifelter Aufruf zum Mord; ebenso wenig wie später bei der Planung von *Das Goldene Zeitalter* der Mord an Gala vorbereitet wurde. Er hat auch nichts mit Lautréamont zu tun. Aber sehr viel mit dem Dalí von gestern und mit mir selbst, mit unserer Wesensart, mit unseren Träumen.

A   Als ich aus Paris kam, ging ich um die Mittagszeit immer ins Café Castilla. Freunde kamen, es war so eine Art Stammtisch, eine Tertulia.

B   Das Café Castilla... ja, ein Café voller Spaßvögel, wohin bis spät in die Nacht Gäste kamen.

A   Ich war stets um die Mittagszeit dort.

B   Ja, die Theater sind alle in der Nähe. Die Calle del Barquillo. Ein hübsches Café, nicht sehr groß, mit ziemlich dicht beieinanderstehenden Tischen und Sofas. Und an den Wänden viele Karikaturen von Schriftstellern und Schauspielern, von Fresno. Eines Tages hat da plötzlich ein Paravent gestanden. Es war an einem Mittwoch. Ich fragte: »Was ist denn los?« »Es ist Mittwoch, und Don Miguel kommt zum Essen.« An dem Tag war ich dort mit – ja, mit wem eigentlich? Ich kann mich nicht mehr erinnern. Na ja, auf jeden Fall waren wir zu zweit. Wir begannen zu essen, und in dem Augenblick kam Primo de Rivera mit drei oder vier Kumpanen herein. Wir: »Die sollen hier verschwinden! Wir wollen unter uns bleiben.« Sie setzten sich. »He, Jungs! Etwas zu trinken?« *Buñuel macht ein saures Gesicht, verdreht die Schultern und rollt die Augen.* »Vielen Dank.« Was sollte man machen? Da stand halt das Glas. Wir haben gegessen wie immer. Dann hieß es: »Für die beiden jungen Leute noch zwei Cognacs!« »Vielen Dank.« Da stand der Cognac, was sollte man machen? Außerdem: es war keine schlechte Zeit damals, und er hat ja schließlich niemanden umgebracht.

A   Wann wurde *Ein andalusischer Hund* zum ersten Mal aufgeführt?

B   *Ein andalusischer Hund* wurde 1929 in Madrid zum ersten Mal aufgeführt, im Royalty-Kino. Es war zum Bersten gefüllt: Ortega, d'Ors, Caneda, Ramón… Von einer Loge aus hielt Giménez Caballero* eine Rede und sprach vom avantgardistischen Film, und am Ende rief er aus: »Nun wird Luis Buñuel ein paar Worte an Sie richten.« Ich wußte nicht, was ich sagen sollte, und wiederholte nur, was ich schon für »Le surréalisme au service de la Révolution« geschrieben hatte, das mit dem Aufruf zum Verbrechen.

A   Hast du mit Cocteau sympathisiert?

B   Nein, Cocteau gehörte nicht zu uns, und das wäre auch gar nicht möglich gewesen. Ihm kam es auf andere Dinge an. Ethik interessierte ihn nicht. Mit seiner Schamlosigkeit hat er Breton und ein paar andere sehr verletzt. Aber natürlich würde es ohne Cocteau *Das Goldene Zeitalter* nicht geben. Er stellte mich Noailles vor, er bedrängte ihn Tag für Tag, mir das Geld für den Film zu geben. Daß er ihn sechs Monate später auf seine Weise in »Le sang d'un poète« plagiieren sollte, ist ein anderes Problem, das mich nichts angeht.

---

* *Ernesto Giménez Caballero* war Feuilletonist und gründete 1927 die »Gaceta literaria«. Nach 1929 kehrte er der künstlerischen Avantgarde den Rücken und wurde Nationalist.

Aber trotzdem, obwohl er mich »protegiert« hat, obwohl er mich zum Arbeiten mit nach Hyères genommen hat, trotz alledem haben wir ihm einmal vor seiner Haustür in der Nähe der Madeleine aufgelauert – Eluard, Aragon und ich, alle auf einmal –, um ihm eine Tracht Prügel zu verabreichen. Wie man so sagt: Wache schieben. Dort blieben wir dann eine oder anderthalb Stunden, dann stiegen wir in den Bus, um irgendwo hinzufahren und einen Hintern zu befummeln, auf den wir gerade Lust hatten. Trotzdem hat er immer große Bewunderung für mich empfunden. Mit Schwulen bekommt man halt nie festen Boden unter die Füße.

A Laß uns mal vom spanischen Surrealismus – dem in der Literatur – reden. Bergamín definierte ihn als einen »surrealismo codorniú« – einen »Micky-Maus-Surrealismus«. Bist du damit einverstanden?

B Fantastisch, wunderbar: »Micky-Maus-Surrealismus«. Es ist der Surrealismus von Alberti, der Surrealismus von Aleixandre, der Surrealismus von Federico. Alles erstklassige Poeten. Lyriker ersten Ranges. Aber sie sind keine Surrealisten. Sie haben Dinge gemacht, vor allem Rafael [Alberti], die wie Surrealismus aussahen, aber es waren nichts als Fassaden, es hatte rein gar nichts zu bedeuten. Surrealismus ist etwas anderes. Eine Moral.

A Wie erklärst du dir, daß alle Welt vom *Goldenen Zeitalter* redet, obwohl die Mehrheit den Film mit Sicherheit gar nicht gesehen hat?

B Du wirst es nicht glauben, aber den Film haben viele gesehen.

A Aber nicht so viele wie *Belle de Jour*.

B Natürlich nicht. Aber die meisten, die sich dafür interessiert haben...

A Erzähl mir keine Märchen.

B ...es sind eine Menge Raubkopien gemacht worden.

A Nehmen wir einmal an, daß euch, Dalí und dich, 1924 die Argumentationen in Bretons erstem Manifest überzeugt haben und daß du sie im *Andalusischen Hund* und im *Goldenen Zeitalter* in die Tat umgesetzt hast. Wie erklärst du dir dann, daß Filme wie *Nazarin*, *Viridiana* oder *Er* auch als surrealistisch gelten, obwohl sie zumindest einen roten Faden, eine erzählerische Logik haben, die nichts mit dem zu tun haben, was Breton definiert hat.

B   Die moralische Linie ist surrealistisch.

A   Breton gab das automatische Schreiben für den »objektiven Humor«, den schwarzen Humor, und den Zufall auf, die für ihn identisch waren. Aber Humor und Zufall sind nicht nur verschieden, sondern sogar zwei konträre Angelegenheiten. Ist es dir schon einmal passiert, daß du auf den Zufall vertraut hast, um ein brauchbares Ergebnis zu erzielen?

B   Zuweilen. Zum Beispiel in *Viridiana*. Ich hatte die Szene mit der Wiedergabe des Abendmahles von Leonardo da Vinci, die dann so berühmt geworden ist, nicht vorgesehen. Aber als ich ins Studio kam und den Tisch, das weiße Tischtuch und die Aufstellung der Bettler sah, kam mir plötzlich die Idee. Ich gab dann die Anweisung, noch vier weitere Statisten zu holen. Denn, siehst du, im Film sind nur neun Bettler, und am Tisch sind es dreizehn. Wenn ich früher daran gedacht hätte, hätte es mich nichts gekostet, dreizehn statt neun im Film zu haben.

A   Laß uns noch mal einen Schritt zurückgehen. Als du damit begonnen hast, *Ein andalusischer Hund* zu drehen, hast du da daran gedacht, in die surrealistische Gruppe zu gehen?

B   Nein, aber ich fühlte mich sehr zu ihnen hingezogen.

A   Hast du einen Skandal nach allen Regeln der Kunst gewollt?

B   Ja und nein. Es hing vom Publikum ab. Als ich sah, daß die gesamte Gruppe – Aragon, Breton, Soupault – dort war, änderte sich mein Gefühl. Ich hab dir ja erzählt, daß ich hinter der Leinwand saß und Schallplatten auflegte. Und dann hatte ich noch die Taschen voller Steine, um sie aufs Publikum zu werfen, für den Fall, daß jemand protestieren wollte. Aber es wurde ein voller Erfolg.

Einer, der auch nicht auf den Kopf gefallen war, war der berühmte Graf von Foxá. Jedesmal, wenn ich nach Paris fahre, empfängt mich der Konsul, der so was wie sein Sekretär war und heute noch eine seltsame Hochachtung vor ihm hat. Wie gesagt, kein Dummkopf. Ich habe einen ersten Band einer Reihe, von der ich nicht weiß, ob es noch Fortsetzungen gibt. Er trägt, wie die von Galsós, den Titel »Episodios nacionales«. Darin erzählt er, was er empfand, als er im Teatro de la Comedia zum ersten Mal José Antonio Primo de Rivera reden hörte. Was er nicht erzählt, ist, daß wir uns an jenem Tag

Das Abendmahl aus *Viridiana*

getroffen hatten und zur einzigen Aufführung von *Das Goldene Zeitalter* in den Presseclub von Madrid gingen. Ich weiß nicht mehr, wen
wir noch getroffen haben, auf jeden Fall sagten sie zu ihm: »Komm
mit uns ins Teatro de la Comedia, José Antonio Primo de Rivera hält
eine Rede, ein phänomenaler Kerl.« Foxá meinte zu mir, daß er den
Film eigentlich auch ein anderes Mal sehen könnte, und ging mit
seinen Freunden, um die Rede des Falange-Gründers zu hören.

A   Das hätte er auch noch an einem anderen Tag nachholen können. Aber *Das Goldene Zeitalter* hat er nicht gesehen.

B   Natürlich nicht. Dort war die gesamte Madrider Linke versam-
melt, jedenfalls die, die wir damals für die Linke hielten: Ortega,
Canedo, Federico… Am Ende sagte ich zu Federico: »Komm, gehen wir. Laß uns« – ich weiß nicht mehr wohin – »gehen und ein
paar Schnitzel essen«, oder so was in der Art. Federico – mit seiner
niedlichen Krawatte – zögerte und sagte in seinem Akzent, den ich
noch genau in den Ohren habe, die heute nichts mehr taugen: »Luis,
dein Film hat mir überhaupt nicht gefallen.« Und ich antwortete

ihm, daß das nicht so wichtig sei und was der Film mit den Schnitzeln zu tun hätte. Aber es ist schon seltsam, daß an dem Tag, als *Das Goldene Zeitalter* in Madrid vorgestellt wurde, die Spanische Falange gegründet wurde.

A   Erzähl mir vom Anarchismus und dem Einfluß Sades auf den Surrealismus!

B   Mit achtundzwanzig Jahren war ich Anarchist, und die Entdeckung von Sade war für mich etwas ganz Besonderes. Es hatte nichts mit Erotik zu tun, sondern mit atheistischem Denken. Bis zu diesem Zeitpunkt hatte man mir schlicht und einfach die Freiheit vorenthalten, ich war vollkommen betrogen worden in bezug auf die Religion und vor allem in bezug auf die Moral. Ich war Atheist, ich hatte den Glauben verloren, aber ich hatte ihn durch den Liberalismus, den Anarchismus und das Gefühl der angeborenen Güte des Menschen ersetzt, und im Grunde war ich davon überzeugt, daß das menschliche Wesen prädestiniert für die Güte sei, die durch die Organisation der Welt, durch das Kapital, zunichte gemacht worden war,

61

und mit einem Mal erkannte ich, daß all das nicht leere Worte waren, daß all das eine Existenzberechtigung hatte (und wenn nicht das, dann etwas anderes) und daß nichts, absolut nichts wichtiger sein durfte, als daß sich der Mensch in absoluter Freiheit bewegen kann, und daß es weder Gut noch Böse gibt. Stell dir mal vor, was das für einen Anarchisten bedeutet. Das Ungewöhnliche ist, daß ich damals, 1929, den Grund für meine Neigung, meinen Geschmack, meine vollkommene Einigkeit mit dem Surrealismus begriff. Sade beeinflußte mich mehr als jeder andere, nicht nur mich, sondern auch die Surrealisten und den Surrealismus.

A   Böse Zungen sagen, du seist grausam...

B   Das mit meiner Grausamkeit... warum soll ich mich eigentlich verteidigen? Um grausam zu sein, nehme ich an, muß man bedeutend sein... Ich glaube nicht, daß ich viele Dinge von Bedeutung in meinem Leben gemacht habe. Eine Sache, wegen der ich in die Geschichte eingegangen bin, oder zumindest in die Legende, ist die mit dem durchschnittenen Kalbsauge, in einer der ersten Großaufnahmen von *Ein andalusischer Hund*. Die Leute glauben sicher, ich hätte das einfach so, ganz kaltblütig getan. Für mich war das eine der ganz wenigen Handlungen von ungeheurem Gewicht. Verstehst du: einem Kalb, das am Tag zuvor gestorben ist, den Augapfel zu durchschneiden. Ich selbst habe ihm Wimperntusche aufgetragen. Es ekelte mich an. Und wegen so etwas geht man in die Geschichte ein... Ich habe es für den Film gemacht.

A   Für die Kunst?

B   Nein, nicht für die Kunst; um einen Traum zu erklären. Oder nein, nicht um ihn zu erklären, um ihn vorzustellen, um ihn wieder ablaufen zu lassen. Jeder Psychoanalytiker glaubt felsenfest, der Rasierpinsel sei das Sinnbild eines Penis... Das ist absoluter Blödsinn. Vielleicht schon. Aber wenn wir es nicht genau wissen, was hat es dann für einen Sinn? Und so sind die Dinge weitergegangen. Aber etwas später nahm mich Jacques Prévert mit zum Kriegsministerium, damit ich mit ihm einen Siebzehn-Millimeter-Film von Jean Painlevé ansehen sollte. Der Vater von Jean war damals Minister.

A   Ja, Paul.

B   Er führte mir einen Film vor, der »Homenaje a Luis Buñuel« – »Hommage an Luis Buñuel« hieß. Heiliger Strohsack! Dieser Junge, der gar nicht mal so dumm war, glaubte tatsächlich, einen Film zu

Ehren des »grausamsten aller Cineasten« gedreht zu haben. Man sah ein Lager mit Leichen, den Kopf einer jungen Toten, irgendeine Operation wurde gezeigt, und schließlich haben sie der Leiche das Gehirn durch die Nase herausgezogen. Ich war entsetzt und bin rausgelaufen.

A   Ja. Du bist nicht gerade das Ebenbild eines Helden. Du hast Angst vor der Angst.

B   Stimmt.

A   Mit den Jahren ist diese »Grausamkeit« verschwunden, sie schwächte sich ab, verwischte sich, man könnte fast meinen, daß es mit der Manneskraft zusammenhängt.

B   Vielleicht. Es ist seltsam. Ich habe immer – auch früher schon – Angst gehabt zu weinen, aus welchem Grunde auch immer.

A   Maxime Aleixandre schreibt in einem Buch, das er gerade veröffentlicht hat, du hättest dich in jungen Jahren am liebsten in ein Bordell einschließen lassen, um es mit sechs oder sieben gleichzeitig zu treiben.

B   Alles gelogen. Das habe ich nie gemacht. Aber es stimmt, daß wir Surrealisten damals immer von sexuellen Dingen gesprochen haben, und ich erinnere mich tatsächlich daran, daß wir einmal von einem Harem gesprochen haben und vom Spaß, den so etwas machen würde... Und einer sagte: »Mir gefällt die vierte.«... Ein anderer: »Nein, nein, die gefällt mir nicht so gut... Ich finde die achte besser, aber ich werde mit der ersten schlafen...« Daher muß wohl diese Idee stammen.

A   Er spricht von Soupault...

B   Ich habe ihn nie kennengelernt.

A   Gut. Dann erzähl mir was von den Spaniern.

B   Am Tag nach der Aufführung von *Das Goldene Zeitalter* rief mich Ortega an, Juan Ramón [Jiménez] rief mich an, die ganze Welt rief mich an. Ortega schickte mir ein Telegramm. Don Alberto ebenfalls. Er schrieb: »Ortega erwartet Sie.« Ich ging hin. »Die Sache mit dem Kino, Buñuel...« sagte Ortega zu mir. »Wenn ich wieder fünfundzwanzig wäre, würde ich Filme machen.« Die Leute hatten keine Ahnung, daß es längst ein Kino gab, das man als Kunst bezeichnete, verstehst du? Von Cavalcanti, René Clair, von all den Leuten aus dieser Zeit. Nicht einen blassen Schimmer. Juan Ramón Jiménez war geblieben, weil ich acht oder zehn Filme aus der Zeit der Avantgarde aus Paris vorführte. Das war 1927. Ich zeigte »Entr'acte«, »Bian, le jeune«, »La roue« und… Insgesamt acht oder zehn, aber die anderen habe ich vergessen.

A In Ordnung. Und das mit der Untersuchung davor?

B Da die »Sociedad de Conferencias« eine sehr ernste Sache war – Frobenius war dort Mitglied, und ich weiß nicht, wer noch –, na ja, damit ich also nicht irgendwelchen Unsinn sagen würde, gab es dort einen etwas vertrottelten Präsidenten, der mich auf eventuelle Ungeheuerlichkeiten hin prüfte. Ein oder zwei Tage vor der Konferenz verhörten mich der Marquis de Palomares, Alberto Jiménez Fraud, Ortega y Gasset, Freunde aus dem Wohnheim und noch ein paar andere. Ich glaube, Morente war auch da, weil er ein Freund von Ortega war. Ich stellte mich ihren Fragen, und sie zeigten sich zufrieden. Ich sagte nichts Ungehöriges. Und dann, die Filme.

Das republikanische Kapitel

Am 14. April essen wir gemeinsam zu Mittag.

B Heute vor vierzig Jahren* war ich in San Sebastián. Nachmittags gingen wir zum Gefängnis, um die Häftlinge herauszuholen, und ich leistete mir einen fürchterlichen Cidresuff. Ich weinte und hielt sogar Reden. So ein Besäufnis mit Cidre ist eine grauenhafte Angelegenheit. Du brauchst mindestens sieben Liter. Ich war in Zaragoza. Ich kam gerade aus Hollywood zurück, wo ich meinen Vertrag abgelehnt hatte. Ich hatte ziemlich viel Geld und wollte eine Reise machen, die einzige, die ich in meinem Leben zu machen hoffte, und zwar auf die Inseln in der Südsee, Hawai, Fidji. Aber ich bin nicht gefahren. Ich habe sie nicht gemacht, weil ich an das Horoskop dachte, das mir Breton gestellt hatte. In New York gab ich alles aus, was ich hatte. Mittwoch war ich noch in Paris, und Freitag – es war Karfreitag – schlug ich in Calanda die Trommel.** Ich nahm ein Taxi bis Hendaye und von dort ein anderes bis Calanda. Sonntag fuhr ich nach Zaragoza, und Montag oder Dienstag wurde ich von der Riego-Hymne, der Hymne der 2. Republik, aufgeweckt. Ich kann dir sagen, da war vielleicht was los! Nie zuvor hatte ich soviel Begeisterung und so viele Leute auf den Straßen erlebt. Im Café saßen Sánchez Ventura und Gaos,*** der einen Lehrstuhl an der Universität hatte. Mein Vater hätte seine Freude gehabt.

A Bist du zur Wahl gegangen?

B Nein. So etwas berührt mich nicht. Abgesehen davon war ich nie Republikaner. Aber am nächsten Tag gingen wir zum Stierkampf. Es muß der 14. oder 15. April gewesen sein, und die Arena

---

   * Am 14. April 1931 wurde in Spanien nach acht Jahren Diktatur die Republik ausgerufen. Vorangegangen waren Kommunalwahlen, bei denen die Parteien der Linken eine überwältigende Mehrheit errangen. König Alfonso XIII. dankte ab und ging ins Exil.
  ** Vgl.: Luis Buñuel, *Mein letzter Seufzer*, S. 14 ff.
 *** *Francisco Sánchez Ventura* und *Vicente Gaos*, Schriftsteller und Freunde Buñuels.

war gerammelt voll. Natürlich war das Ganze eine anarchosyndika-
listische Versammlung. Sánchez Ventura und ich saßen in der Prä-
sidentenloge. Im Café hatten wir Gaos gefragt: »Kommst du mit?«
Und er, ernst wie immer: »Nein. Ich muß mit den Genossen reden.«
Gaos war Mitglied der Sozialistischen Partei. Na gut: wir also in der
Präsidentenloge – zehn hatten Sitzplätze, und wir standen dahinter.
Plötzlich gingen die Stalltüren auf, und heraus kam einer und
schwenkte die republikanische Fahne. Er wurde fürchterlich ausgepfiffen. All diese Leute interessierten sich nicht im geringsten für die
Republik. Das einzige, woran sie dachten und was sie wollten, war
ihre eigene Sache: »Die Republik ist gut, aber jetzt ist unsere
dran…« »Bis dorthin ist es nur ein Schritt.« Ich war kein Anarchist,
aber ein Sympathisant bin ich immer gewesen. Heute auch noch.
Das hat nichts mit der Realität zu tun. Vielleicht deswegen. Kurz
darauf fuhr ich nach Paris. Am 30. Dezember im Jahr davor war *Das
Goldene Zeitalter* uraufgeführt worden. Ich war nicht dabei, ich war
schon am 30. November nach Hollywood gefahren. Damals hatte ich
Ideen für *Las Hurdes* im Kopf.

A   Zur gleichen Zeit muß wohl in Paris und in den Filmclubs von
Madrid »La linea general« – in Paris hieß er »La Lucha por la
tierra« – uraufgeführt worden sein. Hatte das über das Buch von
Legendre hinaus einen Einfluß auf die Verfilmung von *Las Hurdes*?

B   Weiß ich nicht. Ich erinnere mich nicht. Ich war in Paris, als
1932 der Konflikt mit den religiösen Orden* begann. Ich sagte zu
den Surrealisten: »Jetzt ist der Augenblick gekommen. Laßt uns gehen und den Prado anzünden.« Breton regte sich auf. So wie damals,
als ich ihm vorschlug, auf der Place du Tertre das Negativ des *Goldenen Zeitalters* zu verbrennen. »Du bist wohl verrückt! Unsere Werke,
das kannst du doch nicht machen. Was würde denn dann noch üb-
rigbleiben?« So waren sie halt. Würden sie mir heute vorschlagen,
alle meine Filme zu verbrennen, ich würde es tun, ohne auch nur
einen Moment zu zögern. Ich würde alle Kunstwerke verbrennen,
ohne die geringsten Gewissensbisse. Mich interessiert nicht die
Kunst, mich interessieren die Leute. Das ist vielleicht eine anarchi-

* Im Januar 1932 löste die republikanische Regierung per Gesetz den Jesuitenorden auf und
konfiszierte sein Vermögen. Es war der Beginn einer erbitterten Auseinandersetzung zwischen der Zweiten spanischen Republik und der republikfeindlichen Kirche.

stische Vorstellung. In Ordnung. Jeden Tag werde ich anarchistischer. Wozu sollen all die Kunstwerke gut sein, und wozu sind sie jemals gut gewesen? Damit die Menschheit zu dem wird, was sie heute ist? Nein, danke! Dann ist mir die Jungfrau Maria schon lieber, die wenigstens keusch und rein war. Mich interessieren Genies nicht im geringsten, wenn sie keine anständigen Menschen sind. Und in der Kunst leisten und leisteten fast immer Hurensöhne das Allerbeste. Das taugt nichts. Ich akzeptiere das nicht. Das interessiert mich nicht.

A Und die surrealistische Malerei?

B Die surrealistische Malerei ist vor allem Plagiat – Dalí wie de Chirico. Sie machen ihre Erfindungen auf der Grundlage von Kopien. Sie verlassen die Kunst, um zur Interpretation zu kommen. Dolmetscher, Übersetzer, Verräter.

A Wie ist das zwischen Elsa und Aragon passiert?

B Es muß 1932 passiert sein, als ich plötzlich um halb acht morgens ein Telegramm von Aragon bekam. Du mußt bedenken, daß das Postamt schon um sieben aufmacht oder zumindest damals so früh aufmachte. Die Nachricht lautete: »Komm sofort, ich muß dringend mit dir reden.« Sie lebten damals im Hotel. Ein eingesperrter Löwe. Ein Tiger. Außer sich vor Wut. Ja, es muß 1932 gewesen sein. Er war wunderbar, so wie man sich einen wunderbaren Mann nur vorstellen kann. Er lief wie wild durch sein Zimmer. Selbstsicher. Wutentbrannt, aber selbstsicher. Elsa war gegangen. Sie hatten eine Auseinandersetzung gehabt. Es war die Zeit, als sie wenig Geld hatten, und Elsa verdiente ihr Geld mit Ketten, die sie selbst machte. »Sie hat mich allein gelassen. Und die Partei; wegen Surrealismus rausgeflogen! Und unsere bezaubernden surrealistischen Genossen veröffentlichen diese Schweinerei auch noch.« Er hält mir eine Zeitung hin: »Die Affäre Aragon.« »Die schließen mich aus, weil ich Kommunist sein soll.« Er hatte mich gerufen, um seinen Zorn vor jemandem auslassen zu können, der wirklich sein Freund war.

A Warst du damals Mitglied der Partei?

B Nein, nein und nochmals nein. Ich war niemals Parteimitglied. Als ich mit den anderen bei »L'Huma« war, damit sie sie wieder aufnehmen sollten, sagte Aragon: »Das ist Genosse Buñuel, er begleitet uns.« »Er kann passieren«, sagte Legros. Aber ich war nie Parteimitglied.

B   *Las Hurdes* habe ich 1932 gedreht, weil Ramón Acín einen Lotte-riegewinn gemacht hatte. Er gab mir zwanzigtausend Peseten, und dann fielen alle Anarchisten aus der Gegend über ihn her. Aber ich glaube nicht, daß sie ihm etwas abgenommen haben. Mich hat das Buch von Legendre und die Reise des Königs sehr beeindruckt. Hier, das ist das Buch von Legendre.

Er reicht mir ein Buch: Maurice Legendre, »Les Jurdes. Étude de Géographie Humaine«, Paris–Bordeaux, 1927. Eine Ausgabe der Bibliothèque de l'École des Hautes Études Hispaniques.

Wir fuhren nach Extremadura, Eli Lotar, Pierre Unik und ich. Wir blieben den ganzen März und April. Ich montierte den Film auf einem Küchentisch mit einer Lupe. Deshalb sind die Bilder auch manchmal unscharf geworden. Ich hatte weder Schneidetisch noch sonstwas. Er ist wirklich elendig montiert worden.

A   Das sagst du. Aber es ist sehr schwierig zu beurteilen, ob eine Montage gut oder schlecht ist, weil du sie nur ohne Ton und mit deinen eigenen Kommentaren gesehen hast. Ich kann nicht finden, daß sie schlecht geworden ist. Das Schlimme ist nur, daß all die, die von diesem Film reden, ihn nie im Originalton gesehen haben, von dem es nur eine französische und eine englische Fassung gibt. Kaum zu glauben. Der einzige Film von Luis Buñuel, der während der Zeit der Republik entstanden ist und nicht fertig geworden ist. Und der wird verboten und kann mit Sicherheit – seien wir mal optimistisch – erst ein halbes Jahrhundert danach wieder gesehen werden. Ich kann dir versichern, daß er nichts von seinem Schrecken verloren haben wird und daß die Szene mit den Hähnen das bleiben wird, was sie war. Für dich muß es mehr als Sadismus gewesen sein, denn es ging nicht um Menschen, sondern um Tiere. Welche Gründe haben sie genannt, als sie den Film verboten haben?

B   Daß er Spanien schlechtmachen würde.

A   Spanien, nein. Denn das gleiche könnte genausogut in Serbien oder Paraguay passieren. Nein, er macht die Menschen schlecht. Aber da sind andere Dinge, viel subtilere Dinge, die viel mehr in den Dreck gezogen werden.

B   Aber Señor Villobos hat ihn verboten – er war Minister für Volksbildung unter Lerroux – im Einvernehmen mit dem Staatsmi-nister.

A   Dieser Villobos hieß mit Vornamen Filiberto. Er war »Liberal-

Der Rastro (Flohmarkt) von Madrid um 1930

demokrat«. Staatsminister war der unerträgliche Ricardo Samper und Minister für Volksbildung dein Landsmann Manuel Marraco, bei dem brauchst du dir nur den Nachnamen anzusehen, und schon weißt du Bescheid.

B Durch einen Freund hatten wir erfahren, daß sie ein Telegramm geschickt hatten, mit dem die Aufführung wegen »Beleidigung Spaniens« verboten wurde. Später, als die Radikalen nicht mehr da waren, erreichten wir, daß Marañón, Vorsitzender des Komitees für Las Hurdes, ihn sich ansah. Ich war mit Sánchez Ventura da. Als die Vorführung zu Ende war, sagte Marañón zu mir: »Sie haben sich das Schlechteste herausgesucht. Ich habe dort Karren gesehen, die vor Korn nur so überquollen...« »Sie reden wie ein Minister von Lerroux«, antwortete ich ihm und nahm meinen Film. Was den Vorwurf betrifft, ich hätte nur das Schlechteste genommen, da hat er recht. Aber worum ging es denn sonst? Ich dachte, ich könnte im Film nichts mehr machen. Das gleiche Gefühl hatte ich, nachdem *Ein andalusischer Hund* und *Das Goldene Zeitalter* fertig waren. Und um etwas zu tun – an Geld fehlte es mir nicht –, wandte ich mich von dem Zeitpunkt an bis der Krieg anfing dem kommerziellen Film zu. Allerdings etwas beschämt. Du weißt ja, daß ich vier Filme gemacht habe, und Urgoiti hatte seine Freude an mir, er sagte, mit mir würde er viel Zeit und Geld sparen.

A Hat dich der Mißerfolg von *Las Hurdes – Tierra sin Pan* dazu veranlaßt, einen Posten bei amerikanischen Filmgesellschaften zu übernehmen?

B Nein, nein. Ganz und gar nicht. Ich wollte dort arbeiten. Dazulernen. Und zudem sagte ich nach *Ein andalusischer Hund* und *Das Goldene Zeitalter* und *Las Hurdes* der Kinowelt Adieu. »Wer will mich schon unter Vertrag nehmen?« Und abgesehen davon habe ich was übrig für Ordnung und Organisation, so daß mir das Verwalten und Regieführen viel Spaß gemacht hat. Und außerdem hatte ich mit den Surrealisten endgültig Schluß gemacht. Sie interessierten mich nicht mehr.

A Was soll das bedeuten: »Luis verläßt die Taverne des Segoviers, wo er mit Sánchez Ventura eine tortilla de patatas gegessen hatte.«? »Eine Spinne, eine Spinne! Ich erwarte dich in Platerias.« Was hat das alles zu bedeuten?

B   Es war so. Ich sah einen Weberknecht in einem »boto«, und ich lief weg, weil die Spinne drin war. Du weißt ja, daß ich Spinnen nicht ausstehen kann.

A   Was ist denn das, ein »boto«?

B   So nannten wir in Aragón die Schläuche, die Weinschläuche, die damals in den Wirtshäusern hingen. Ich sah sie mit ihren riesigen Beinen und rannte weg. Ich bewundere Spinnen, aber sie stoßen mich ab. Ich weiß nicht, warum. Alle Buñuels sind so. Nur bei Nacht. Am Tag nicht. Ich sehe ihnen zu. Einmal – ich weiß nicht mehr, welchen Film ich gerade drehte – nahm ich eine Spinne hier auf die Hand, so groß wie meine Hand. Ich weiß nicht mehr, aber ich glaube, sie hatte vier Paar Beine.

Ich war schon eine ganze Weile in Paris, als ich eines Tages in der Botschaft ein Telegramm von Roces bekam, der damals Vize-Staatssekretär für Volksbildung war. Er rief mich nach Madrid, um einen Film zu drehen. Ich fuhr hinunter, um Araquistain* zu sehen und erzählte es ihm. Er fragte mich: »Und Sie, was wollen Sie tun?« »Ich? Bleiben. In Schützengräben kann man keine Filme machen. Die Front ist kein guter Drehort. Na, und wenn es darum geht, einen Film zu drehen, dann machen wir es doch besser im Studio. Da sieht man alles. Aber ich glaube nicht, daß das gehen würde.« Ich blieb.

A   Stimmt es, daß du Münzenberg Geld von der Regierung gegeben hast?

B   Arias hatte mich darum gebeten, im Kriegsministerium in Madrid Ende August 1936: »Ich habe gehört, daß Sie nach Paris fahren. Würden Sie für mich diese vierhundert Pfund mitnehmen und sie Münzenberg übergeben?«

A   Warst du denn im Auftrag der Regierung oder des Ministeriums unterwegs?

B   Nein. Doch, so halb. Als er erfuhr, daß ich wegging, befahl er mir, ihn anzurufen. Offenbar hatte er niemanden, dem er vertrauen konnte, der ihm das Geld überbringen, ehrlich überbringen konnte, und er gab mir ein Codewort, damit wir bei Bedarf Kontakt aufnehmen konnten.

---

*   *Luis Araquistain*, Journalist, Schriftsteller und Freund von Buñuel. Botschafter der spanischen Republik in Paris.

A   Und so bist du dann gefahren…
B   Am 4. September. Und im Krieg kam ich fünfmal zurück. Nach Barcelona, Madrid, Valencia.
A   Kurze Stippvisiten also.
B   Ja, immer hin und zurück. Um Informationen, Briefe zu überbringen. Aber wenn sie mir gesagt hätten, ich sollte dableiben…
A   Sie haben dich darum gebeten.
B   Ja. Aber ich sagte zu Araquistain: »Ich mache alles, was Sie wollen… Aber ich glaube, ich bin hier, in Paris, nützlicher.« Und das stimmte. Wenige kannten die Leute in Paris so gut wie ich. Mich mögen sie dort. Es ist meine zweite Heimat.
A   Du, der es nirgendwo aushält.
B   Na, klar. Egal ob Familie, Religion, Heer, Parteien, Spanien oder UdSSR.
A   Stimmt. Aber das gilt nicht für deine Familie, Spanien und die UdSSR.
B   Doch, auch für die UdSSR. Obwohl sie die einzigen sind, die gegen dieses beschissene Amerika kämpfen. Und sollen sie mir alle Schätze der Welt versprechen, ich würde niemals in Moskau leben, aber sehr gern in New York. Auch wenn du gleich lachst und was auch immer dazu sagst, ja, es stimmt, ich war Protokollchef in Paris. Zwar ohne Ernennung. Aber ich wies den Leuten ihren Platz zu, wenn es ein Bankett gab. Keiner hätte Aragon direkt neben Gide gesetzt.
A   Finkie Araquistain wurde böse, als ich ihr das sagte. Sie versicherte, ihr Vater sei Botschafter in Berlin gewesen und kenne die Politik und die Leute in Paris genug. Da hätte man nicht auch noch dich gebraucht, um den Leuten ihre Plätze zuzuweisen.
B   Ich war eben in der Botschaft nicht nur mit ihrem Vater zusammen, sondern auch mit Ossorio, Pascua. Dieser Pascua mit seinem Hund, seinen unmöglichen Manieren. Er schloß sich ein. Heute weiß ich, daß er mit einem jungen Mann allein blieb. Es war unmöglich, mit ihm zu sprechen. Er war schrecklich aufgeblasen. Deshalb bin ich gegangen.
A   Hast du irgendwann der Kommunistischen Partei Frankreichs angehört?
B   Nein, nein und nochmals nein. Ich war nie Parteimitglied.
A   In Spanien aber.

B   Einmal habe ich an einer Versammlung einer kleinen Gruppe der spanischen KP teilgenommen, eine kleine Gruppe, die es in der Pariser Botschaft während des Krieges gab, um darüber zu reden, was wir mit einem sozialistischen Hurensohn machen sollten, der dort Sekretär war und uns das Leben schwermachte.

A   Und ihr habt nichts getan?

B   Ich erinnere mich nicht.

A   Und an die französische KP?

B   Auch nicht.

A   Aber Aragon behauptet…

B   Na, wenn Aragon es sagt…

A   Und Thirion.

B   Er war derjenige von uns, der am politischsten war. Als ich zur surrealistischen Gruppe stieß, nahmen sie mich beiseite und sagten: »Gib acht auf Thirion, das ist ein Politischer. Er ist hier, um der Partei alles zu erzählen, was wir hier tun.« Er wurde schließlich gaullistischer Stadtrat, noch bevor De Gaulle an die Macht kam. Laut Sadoul war er schuld daran, daß die Metro-Preise in die Höhe gingen…

A   Aber du hast zu der Gruppe gehört, die zusammen mit Aragon 1931 oder 1932 von der Partei zur Ordnung gerufen wurde.

B   Ja. Wir waren sechs: Unik, Aragon, Aleixandre – Maxime –, der später katholisch wurde, Sadoul und ich.

A   Und wer noch? Thirion?

B   Nein, Thirion nicht. Thirion war linientreu. Ich weiß nicht, wer noch, aber da war noch einer. Thirion war immer auf Parteilinie. Aber ich gehörte der Partei nicht an. Ich war auch einmal bei einem Zellentreffen. Einmal! Und das war auch das letzte Mal. Ich fand das entsetzlich langweilig. Inzwischen stehe ich ihnen etwas näher. Immerhin sind sie die einzigen, die recht behalten haben. In irgend-einem Archiv der amerikanischen Bürokratie müßte gelandet sein, was ich 1938 gesagt habe, als ich in die Vereinigten Staaten kam: »Sind Sie Kommunist?« »Nein. Aber ich habe viele kommunistische Freunde, und die Kommunistische Partei ist die einzige, die wirklich für das spanische Volk kämpft.« »Schwören Sie das?« »Ich schwöre.« *Er hebt die Hand.* Die hatten eben Vertrauen zu mir. Vor dem Krieg, als die republikanische Regierung die Partei verfolgte, beschlagnahmte ich die »Mundo Obrero«. Ich hatte damals ein ziemlich großes Konto auf der Bank, weil ich mit »Filmófono« viel Geld verdiente. Und die Regierung hatte die Absicht, die »Mundo Obrero« zu beschlagnahmen. Daraufhin beschlagnahmte ich sie wegen einer Summe, die sie mir angeblich schuldete. War sie einmal von einem beschlagnahmt, konnte es kein anderer mehr machen. Ja, ich bin bei vielen Dingen eingeschritten. Ich werde dir das jetzt nicht alles erzählen, weil ich nicht wie andere bin. Aber es stimmt, ich kassierte jeden Monat eine Menge Geld in der Botschaft. Für dies und das. Ich schritt auch ein bei der Geschichte mit den Bomben der Legion Condor. Und die mit dem Habsburger. Und mit dem Bosch, einem Kubaner.

A   Argentinier.

B   Nein, Kubaner. Der, von dem du gesagt hast, daß er March umbringen wollte. Das hat aber absolut gar nichts mit diesem Thema zu tun.

A   Es soll ein anderer gewesen sein, ein Anarchist.

B   Ja, ein Vertrauensmann des Staatsministers, der nach Pamplona geschickt wurde. Was soll man auch von einem Kerl halten, der es zum Hauptmann gebracht hat. An seinem ersten Tag an der Front lief er über und verriet höchstnützliche Details. Er hat sich schließlich in Chile umgebracht. Mantecón hat es mir erzählt.

A   Das war ein anderer. Die Leute werfen auch alles durcheinander.

B   Du auch.

A   Schon möglich.

B   Nach Paris hat mich Ogier geschickt. Er sagte zu mir: »Geh, dort kannst du uns mehr nützen. Wir kommen in vierzehn Tagen nach.« Damals rief mich Arias zu sich und gab mir die vierhundert Pfund für Münzenberg. Ich habe sie in seinem Beisein Otto Katz übergeben für einen Deutschen, der nicht registriert war und über Portugal nach Burgos fahren wollte.

Auch über Sánchez Ventura habe ich mich geärgert. Besser gesagt, er sich über mich. Er hatte mir 1938 achthundert Dollar geliehen, um nach Amerika zu fahren. Dann waren es tausend mehr, die mir sehr dienlich waren, weil ich nichts hatte. Später schrieb er mir von Mexiko aus, er hätte nichts mehr und bitte mich, ihm das geliehene Geld zurückzugeben. Ich fragte, mit wieviel Geld man dort leben könnte, und man sagte mir, mit sechzig Dollar. Ich schickte ihm dann jeden Monat sechzig Dollar. Oben habe ich noch alle Quittungen. Ich verdiente sehr wenig Geld – zweihundert Dollar die Woche – und mußte davon den Lebensunterhalt für meine Familie bezahlen. Er fing an zu erzählen, ich würde Champagner trinken und ihn im Elend lassen. Das mit dem Champagner stimmte nicht. Whisky war es. Aber ich glaube, ich habe ihm geschickt, was er brauchte. Und ich habe ihm alles bis auf den Pfennig zurückgezahlt. Später, als ich in Mexiko war, traf ich ihn in der Avenida Juárez. Er ging an mir vorbei, ohne ein Wort zu sagen. Er kam zurück, gab mir die Hand, wir umarmten uns. Na ja, bei Freunden kommen die seltsamsten Dinge vor.

B Ich bewundere die amerikanische Bürokratie. In allem. Als wir uns alle für den Krieg registrieren lassen mußten, Amerikaner und Ausländer – alle mußten sich registrieren lassen –, kam ich und sah die Schlange an einem Kino, die dreimal um den Häuserblock herumging. Mich regt nichts mehr auf, als warten zu müssen. Normalerweise, wenn ich ins Kino gehe und eine Warteschlange sehe, auch wenn sie nur aus zwanzig Personen besteht, gehe ich wieder. Aber diesmal sagte ich mir: »Luis, es bleibt dir nichts anderes übrig, als auszuhalten, und du hältst aus. Du mußt es tun. Nur mit der Ruhe, halt aus.« Du wirst es nicht glauben, zwanzig Minuten später war ich wieder draußen. Wir kamen in Haufen von Hundert hinein und auf die Bühne, wo ungefähr vierhundert junge Leute auf dem Boden saßen und auf die Schreibmaschinen hauten, was das Zeug hält. Kolossal. Und so ist es immer.

A Meine Tochter war Assistentin eines Professors im Oberlin-College und lernte dort ihren heutigen Mann kennen. Sie kamen im Auto. Als sie an die mexikanische Grenze kamen, ist sie nicht ausgestiegen. Ich weiß nicht, was passiert ist. Auf jeden Fall haben sie ihren Paß nicht abgestempelt. Jahre später fuhr meine Frau zusammen mit ein paar Freundinnen nach San Antonio in die Vereinigten Staaten, um ein paar Kleider zu kaufen. Und sie ließen sie nicht hinein, weil ihre Tochter auf mysteriöse Weise aus den Vereinigten Staaten verschwunden sei! Ehrenwort.

B Ich sag's dir ja – sie sind fantastisch. Aber das hat auch seine schlechte Seite. Heute lassen sie mich nicht mehr rein, wenn ich ihnen nicht ganz genau sage, an welchem Tag, mit welchem Flug ich wieder verschwinde, wie lange ich bleibe, was ich genau mache.

A Aber du weißt wenigstens, weshalb.

B Weil es Juanito Rejano eingefallen ist, mich ganz oben auf eine Liste zu setzen, auf der die standen, die ehrenhalber »España y Paz« anführten und das alles unterzeichnet haben.

A Ich nicht.

B Ich auch nicht. Aber Juanito hat mich draufgeschrieben.

Er muß lachen, als er sich wieder erinnert.

A Du weißt wenigstens, weshalb. Das größte ist ja mir passiert, und ich habe keine Ahnung, wieso. Vorher haben sie mir das Visum ohne Schwierigkeiten gegeben. Jetzt seit drei oder vier Jahren erlebe ich dasselbe wie du.

B Ach was!

A Aber wenn ich dir's doch sage! Stell dir vor, das letzte Mal traf ich in New York die Jungs, die nach Nancy zum Theaterfestival gefahren sind und sogar mit »Divinas palabras« gewonnen haben. Hinter mir ging Juan Ibañez. Sie sehen in ihrem schwarzen Buch nach. Der Bürokrat läuft 'raus und kommt mit seinem Chef zurück. »Warten Sie bitte einen Augenblick!« Verstehst du? Kurz und gut, das brachte mich um meinen Erste-Klasse-Platz im Flugzeug. Sie müssen gedacht haben: »Der kommt eh nicht mehr«, und haben die Karte einem anderen verkauft. Ich fuhr auf Einladung der Franzosen nach Cannes. Ibañez hörte, wie der Chef sagte: »Behandele ihn mit allem Respekt!« Und dann passiert mir dasselbe. Ich wollte über New York fliegen, aber weil ich weder den Tag noch den genauen Flug kannte, hieß es: »Kehren Sie wieder um!« Ich mußte wieder zurück! Da fliege ich doch lieber mit Iberia – und damit basta.

B Natürlich, so habe ich's auch gemacht.

A Trotzdem, es lebe die amerikanische Bürokratie!

B Natürlich!

A Aber ich, nein. Mir sollen sie sagen, warum. Du kennst die Polizei so gut wie ich. Es gibt eine Reihe von Leuten, die vom Denunzieren leben, ob die Gründe, die sie anführen, nun stimmen oder nicht... Das will mir nicht in den Kopf.

B Mir schon...

A Gott sei mit dir!

B Er erhöre dich.

B Jetzt werde ich dir erzählen, wie ich Madrid verlassen habe. An der Grenze traf ich Bergamín und etwa fünfzehn Studenten, die zu einem Kongreß fahren wollten. Bergamín mit seinem Stimmchen sagte: »Sie werden dich genauso wie uns nach Barcelona zurückschicken, um die Zustimmung bei der CNT einzuholen.« Ich hatte kein Geld bei mir. Ein paar Peseten. Aber eine Platinkette, die noch von meinen Eltern stammte, und die vierhundert Pfund für Münzenberg. Als ich gerade aus dem Zug stieg, war da ein Anarchist mit Bart und schwarz-rotem Tuch. Und so eine Art Tribunal der CNT. Ich hatte einen normalen Paß und einen Empfehlungsbrief der »Mundo Obrero«. Sie sagten zu mir: »Das nützt dir nichts.« »Wie, das nützt mir nichts?« – Ich stieß ein paar Flüche aus – »Was denkt ihr euch überhaupt? Ihr seid ja schlimmer als die Polizei!« – und gleich noch ein paar Flüche hinterher. »Was soll das heißen, das nützt mir nichts? Schlimmer als die Guardia Civil seid ihr! Verdammte Scheiße!« »Schon gut, Genosse, schon gut. Es ist doch nur, weil hier die Faschisten alle rüberwollen...« Und ich wurde als erster durchgelassen. Ehrenwort.

Im Krieg schickten wir – besser gesagt ich! – päpstliche Enzykliken, die »Rerum Novarum« nach Spanien. Tausende von Exemplaren, unter Mithilfe der KPF und deutscher Marinesoldaten. Mit den Deutschen konnte man sich verstehen, mit den Italienern nicht. Alle, die Marinesoldaten und sogar die Zivilisten waren Faschisten, und es gab keine Möglichkeit, an einen ranzukommen. Und als dann 1937 die Enzyklika »Rerum Novarum« veröffentlicht wurde, die in der Region der Rebellen geheimgehalten wurde, weil einiges gegen die Nazis drinstand, beschlossen wir, eine Auflage von fünfhundert Exemplaren zu drucken und sie im frankistischen Territorium zu verteilen. Ein deutsches Schiff, das gerade aus Antwerpen auslief, übernahm den Transport. Ich fuhr hin, um dem Chef der Docker des belgischen Hafens das Propagandamaterial zu überbringen.

A Und was kannst du mir von der Geschichte mit der Pottasche erzählen?

B Das ist eine sehr viel ärgerlichere Geschichte. Wie hast du es erfahren? Wie bist du dahintergekommen?

A Ehrenwort, ich kann mich nicht erinnern. Irgend jemand hat mir davon erzählt. Hier in meinem Notizbuch steht: »Was hatte Buñuel mit der Pottaschengeschichte und Negrin zu tun?« Ich habe

José Bergamín und Claude Areline 1938 in Paris

in den letzten sieben Monaten mit so vielen Leuten in Europa gesprochen, daß ich mich nicht mehr daran erinnern kann, wer mich
darauf aufmerksam gemacht hat.

B   Nein. Ich will nicht, daß du darüber sprichst.

A   Was ist passiert?

B   Eben deshalb, weil nichts passiert ist. Ich glaube einfach, es war
Ossorio, der mir gesagt hat, daß der Ministerpräsident gern wissen
wollte, wie es mit dem Pottaschehandel zwischen Spanien und
Deutschland stünde. Dann fragte ich jemanden aus irgendeiner
Handelsabteilung – ich kann mich schon gar nicht mehr erinnern –,
welche Schiffsladungen abgefertigt würden. Ich schwöre dir, daß ich
nicht weiß, ob es von Spanien nach Deutschland oder von Deutschland nach Spanien war. Fest steht, daß ich die Informationen bekommen und an den Botschafter weitergeleitet habe. Der Botschafter muß sie dann an Negrín geschickt haben. Die Zeit verging. Irgendwann später fragte ich dann Ossorio: »Was ist denn aus der
Geschichte mit der Pottasche geworden?« Und er antwortete: »Sehr
gut, sehr gut, der Ministerpräsident war sehr zufrieden.« Das ist
alles, was ich weiß.

A   Eines Tages, als ich aus dem Büro des Boulevard de la Madelein
kam, ...

B   Ja, aus dem Reisebüro.

A   ...traf ich Edgar Neville. Ich habe ihn mit in eine englische Bar genommen, die in der Nähe war, eine Clubbar mit viel Holz, Pferden... ein Pub. »Du hier?« fragte ich ihn. »Was machst du denn hier?« »Ich fahre nach Burgos.« Das verschlug mir die Sprache. Du mußt wissen, ich hatte ihn lange nicht mehr gesehen, vielleicht jahrelang nicht, aber schließlich hatten wir ungefähr zur gleichen Zeit mit dem Schreiben angefangen. Und ich erinnerte mich an die Zeit, als er republikanischer Verschwörer war.

B   Ja. Er war in der spanischen Botschaft in London. Pérez de Ayala* oder Azaña** werden ihn hingeschickt haben. Nach drei Monaten hat er alle Schlüssel und Papiere geklaut und sich Franco angeschlossen.

A   In allen Generationen gibt es solche und solche. Ich sage das, weil Baroja*** das auch in bezug auf die '98er Generation gesagt hat.

B   Ich habe Vicens, Lacasa und Ugarte nach Paris gebracht. Was sie in Spanien gemacht haben? Sie sind fast vor Angst gestorben. In Paris haben sie sich glänzend herausgemacht. Sie haben Alberti, den ich damals noch nicht kannte, mitgebracht. Ich habe ihn dann ein bißchen kennengelernt; er sah aus wie ein Maurer. Jetzt, wo sie in Málaga die Zeitschrift »Litoral« wieder herausgeben, haben sie mich darum gebeten, einen Artikel über ihn zu schreiben. Ich hab es getan, aber gleich dazu gesagt, daß ich ihn so gut wie gar nicht kenne.

Ich bin für die Diktatur. Da kann einer sagen, was er will. Der Mensch ist schlecht – sehen wir mal davon ab, daß er von Zeit zu Zeit auch durchaus ehrenhafte Anwandlungen haben kann –, und deshalb scheint mir die Diktatur die einzig mögliche Regierungsform zu sein. Deshalb war ich Stalinist und bin es immer noch, zum großen Ärgernis meiner kommunistischen Freunde. Letztes Jahr in Paris, im Haus von Carrière, haben sie mich sogar auf die Straße geworfen. Natürlich ging ich sofort wieder hinein. Ich glaube, Stalin konnte gar nicht

---

  * *Ramón Pérez de Ayala* (1881–1962), spanischer Schriftsteller. Wurde 1931 republikanischer Botschafter in London.
 ** *Manuel Azaña* (1880–1940), während der Zweiten Republik dreimal Ministerpräsident; später Präsident der Republik.
*** *Pio Baroja* (1872–1956), spanischer Romancier. Zusammen mit *Ortega y Gasset, Valle-Inclán* und *Unamuno* einer der wichtigsten Vertreter der »Generation von '98«.

anders regieren, als er es getan hat, egal, was passiert wäre, weil er sich vor hunderttausend Fallen, Hinterhalten und Verraten hat schützen müssen. Manchmal bekomme ich Gewissensbisse, wenn ich daran denke, daß ich ihn vielleicht dazu gebracht habe, 1937 den Handelsattaché, den die Russen in Paris hatten, erschießen zu lassen. Araquistain gab mir einen Brief, den er vom Ministerium für Propaganda oder Volksinformation – ich weiß nicht mehr, wie es hieß – bekommen hatte, in dem sich Colinos, der für Kino verantwortlich war, oder zumindest für die Berichterstatter (und der die Arbeit ganz sicher sehr gut gemacht hat), darüber beklagte, daß in Madrid nicht eine Szene der Filme angekommen sei, die von Karmén und drei weiteren sowjetischen Kameraleuten an der Front gemacht worden seien. Ich bin dann zu jenem Attaché hingegangen, um mit ihm zu reden. Im Vorzimmer war niemand. Er ließ mich über eine halbe Stunde warten. Dann empfing er mich hinter seinem Schreibtisch sitzend, und das erste, was er sagte, war: »Und Sie, warum sind Sie nicht an der Front?« Ich stutzte und sagte: »Ich komme hierher als Vertreter der spanischen Regierung…« Und ich hielt ihm meinen Diplomatenausweis als Attaché der spanischen Botschaft vor die Nase, »um Sie zu bitten, mir mitzuteilen, weshalb wir in Spanien die von den sowjetischen Kameraleuten gemachten Filme nicht bekommen.« »Ich bin Ihnen keinerlei Erklärung schuldig, und die einzige Frage, die ich Ihnen nochmals stellen kann, ist, warum Sie nicht an der Front sind.« Er stand auf und betrachtete damit das Gespräch als beendet. Er hatte mich derart in Wut gebracht, daß ich einen Brief in vierfacher Ausführung schrieb, den ich an Araquistain, die KPF, Alvarez del Vayo und Wenceslao Roces schickte. Wenige Monate später wurde er nach Moskau zurückgerufen und erschossen. Die Moskauer Prozesse gaben Anlaß zu vielen Diskussionen. Hast du gewußt, daß Marschall Tujachewski der Schwager von Elsa war?

A   Nein. Das haben sie mir niemals erzählt.

B   Doch. Damals habe ich Aragon sehr häufig gesehen. Aber heute nicht mehr. Vor ein paar Jahren waren wir – Sadoul lebte noch – zum Abendessen bei ihm eingeladen. Ich glaube, ich habe noch nie soviel Kaviar gegessen. Grauen, großen, herrlichen Kaviar.

A   Ja, so wie der, von dem wir dachten, wir würden ihn heute essen. *Wir lachen.*

Lorca, die Cafés von Madrid und die
»Generation von '27«

B   Ich habe es dir schon erzählt: Ich kam an dem Tag in Madrid an, als das Attentat auf Dato verübt wurde… Der Taxifahrer hat mich an die Stelle gefahren, wo man die Einschußlöcher sehen konnte. Casanellas, Mateu… wer noch?

A   Ich weiß nicht mehr.

B   Es war im März. Erinnerst du dich nicht, daß es 1920 einen Putschversuch gegeben hat, der von Soldaten unterstützt wurde?*

A   Nein. Obwohl das immerhin mein Jahrgang war, der Anual-Jahrgang.** Die Armut war schlimm damals.

B   Die Armut, die echte Not haben wir alle durch Bücher kennengelernt. Durch die russische Literatur, die in der »Colección universal« erschien, durch die russischen Schriftsteller. Es ist schon seltsam, zur damaligen Zeit, also so um 1917 und danach, hat uns an Rußland nicht die Revolution beeindruckt, von der wir uns keine Vorstellung machten und die uns im übrigen auch nichts anging, sondern vielmehr die Schriftsteller, die in der von Ortega herausgegebenen Reihe ganz gut übersetzt wurden. Und zwar nicht nur Gorki oder Andrejew, sondern auch viele andere, und nicht nur Dostojewski und Tolstoi. Zumindest habe ich auf diese Weise die Armut kennengelernt, denn für mich existierte die Russische Revolution wirklich nicht bis 1928, als ich zum Surrealismus kam. Es gab eine andere Art von Armut, die ich fast bis zu meiner Ankunft in Madrid täglich vor Augen hatte. Aber sie zog meine Aufmerksamkeit nicht auf sich und war eigentlich nichts weiter als eine Art

---

  *   Buñuel meint hier wahrscheinlich die rasch niedergeschlagene Militärrevolte von Zaragoza.

 **   Bezieht sich auf das sogenannte Anual-Desaster, eine Militärexpedition nach Marokko, die König Alfonso XIII. 1920 hinter dem Rücken des republikanischen Verteidigungsministers befahl und die in einer katastrophalen Niederlage endete.

Lorca und Dalí, 1925   Buñuel als Artillerist in Madrid, 1921

Mangel an Nachschub, was nicht genau dasselbe ist. Sieht man
einmal davon ab, daß Leute wie Pedro Garfias gerne damit prahl-
ten, wenn sie kein Geld hatten; und sie hatten keins aus dem simp-
len Grund, weil ihre Eltern vergessen hatten, ihnen das monatliche
Taschengeld zu schicken oder etwas in dieser Art. Ich erinnere
mich noch sehr gut, daß bis 1918 oder 1919, eher 1919, Garfias und
Eugenio Montes in einer Pension wohnten, in der Calle Humilla-
dero Nr. 7, in einer Pension, in der man für vier Peseten Unterkunft
und drei Mahlzeiten bekam. Das war ein hohes Zimmer – ich sehe
es noch vor mir – mit zwei Betten und einem winzigen Fenster,
ganz oben, als einziger Belüftungsmöglichkeit. Eugenio Montes,
den wir später in tadelloser Kleidung wieder getroffen haben,
schlief in einem ganz erbärmlichen, schwarzen kurzärmeligen
Nachthemd mit zwei Wanzen, eine ist ihm runtergefallen, da hat er
sie auf dem Boden zerquetscht. Ich war früh gekommen, weil wir
zusammen einen Spaziergang machen wollten. Es muß so gegen

König Alfonso XIII. und sein Diktator Miguel Primo de Rivera

zehn oder elf Uhr morgens gewesen sein. Das war die Zeit der Zeitschrift »Ultra«, bevor »Horizonte« gegründet wurde. Wie Eugenio
sich später verändert hat! Nicht zu glauben! Wir waren gute
Freunde. Mit Giménez Caballero verstanden wir uns auch sehr
gut. Von Franco versprachen sich die beiden sehr viel. Giménez
Caballero ging ab und zu in den Prado-Palast. Sie betrachteten
sich als Francos Berater. Ernesto war imstande zu sagen: »Das gefällt mir, das gefällt mir nicht.« Natürlich hat Franco später gemacht, wozu er Lust hatte. Und nun sieh mal, wie weit sie es gebracht haben: Seit zwanzig Jahren ist Montes Kulturattaché oder
so etwas Ähnliches in Lissabon oder Rom, und Giménez Caballero
ist schon ewig Botschafter in Paraguay.
Ich glaube, Ramón Sender hat nie erzählt, daß er seit 1918 für einen
Verlag aus Barcelona eine Wochenzeitung mit Comics schrieb, die
»Cocoliche y Tragavientos« hieß. Die Namen sind in Spanien sehr
berühmt geworden. Für die ersten Ausgaben hat ihm der Verleger

keinen Pfennig bezahlt, aber ab der vierten hat er ihm hundert Peseten geschickt. Damals ging Sender ins Hotel Inglés – erinnerst du dich noch, wo es gestanden hat? –, nachdem er sich eine Pfeife, Tabak und einen Pyjama gekauft hatte. Er mietete sich eines der besten Zimmer und verließ es zwei Tage lang nicht, weil er das Geld nicht ausgeben wollte. Das finde ich sympathisch. Damals, eines Morgens, als ich zur Schule ging, so gegen sieben oder acht, dort in der Nähe des Entwicklungsministeriums, und ich gerade daran dachte, später einmal Agraringenieur zu werden, traf ich ihn schlafend auf einer Bank gegenüber dem Kriegsministerium mit einem Sombrero auf dem Kopf. Es regnete, und er saß da und schlief. Ich weckte ihn auf und sagte: »Was machst du hier?« »Nichts. Weißt du, ich bin viel gelaufen, die ganze Nacht über.« Ich gab ihm zwei Peseten, damit er frühstücken konnte. Ein seltsamer Kerl. Das mit dem Regen erinnert mich daran, daß es während der zwei Tage, die ich im Hotel Inglés verbracht habe, auch geregnet hat, und ich verbrachte die Zeit damit, hinter dem Fenster zu stehen und dem Regen zuzusehen.

Miguel Primo de Rivera hat mir geholfen, als ich mich um das Militär drücken wollte. Mein Vater kannte einen Senator. An seinen Namen erinnere ich mich nicht mehr. Primo de Rivera war Oberbefehlshaber von Madrid. Der Senator gab mir einen Brief. Ich wurde empfangen. Ich war verschüchtert. In seinem Blick war etwas Ironisches: »Und du, was machst du?« »Na ja, studieren…« »Herumstrolchen also, wie? Gut, sag Esteban, er soll mit denen vom Primero Ligero reden.« Das Primero Ligero war kurze Zeit zuvor mit dem San-Fernando-Orden ausgezeichnet worden und sollte nur im äußersten Notfall wieder nach Marokko zurückkehren. Dazu ist es nie gekommen. Dort traf ich Chabás, der sich auch drückte.

A   Da wir gerade von Chabás reden, hast du Dámaso gekannt?

B   Nicht besonders gut. Ich hab dir schon von ihm erzählt. Eines Nachts sagte er zu mir: »Weißt du eigentlich, daß der junge Maler, der bei euch im Studentenwohnheim wohnt, ein hervorragender Dichter ist?« Er meinte Alberti. Der hatte ein paar sehr witzige Bilder mit Karos gemalt, die mir sehr gut gefallen haben.

A   Sie waren nicht besonders.

B   Nein. Aber mir haben sie gefallen. Und ich erinnere mich, obwohl ich in diesen Dingen ein schlechtes Gedächtnis habe, ich erinnere mich an jene Verse:

> *La Noche ajusticiada,*
> *en el patíbulo de un árbol,*
> *alegrías arrodilladas*
> *le basan y ungen*
> *las sandalias.**

Was für Erinnerungen!
B   Hast du dich weiterhin erfolgreich gedrückt?
A   Um Haaresbreite wäre ich desertiert. Wie ich schon sagte, trat
ich in das Primero Ligero, das Artillerieregiment ein, weil mir versichert worden war, daß das Regiment sicher nicht mehr nach Marokko müsse – das Anual-Desaster war gerade erst vorbei –, denn es
habe ein paar Jahre zuvor den Orden des San Fernando bekommen.
Und wirklich, alles lief ganz normal, und wenn ich »normal« sage,
dann weil ich annehme, daß es in allen Kasernen so war. Aber trotz
allem, da ich niemals im Gefängnis oder in einem Konzentrations-
lager war, hat sich mir die Erinnerung an das Kasernenleben und an
die Jesuitenschule – der Gehorsam, der Befehl – unauslöschlich in
mein Gedächtnis geprägt. Eines Morgens sagte ein Unteroffizier zu
uns, wir bekämen einen freien Tag, vorher aber sollten wir zum Ap-
pell antreten, damit die Anwesenheit geprüft werden könne, denn
drei Batterien würden am nächsten Tag nach Marokko abkomman-
diert. Ich hatte schon vorher gesagt, daß ich eher desertieren würde,
als nach Marokko zu gehen. Ich bin also zum Wohnheim gegangen
und habe allen mitgeteilt, daß ich es am nächsten Tag tun würde. Es
gab einen Präzedenzfall. Einer unserer Kameraden, Rey Vigil, war
etwa zwanzig Tage zuvor desertiert und mit Hilfe von Eugenio Montes nach Portugal gelangt. Wir waren zum Bahnhof gefahren, um
ihn zu verabschieden. Er stieg in einen Erste-Klasse-Wagen ein – in
Zivil –, zufälligerweise zusammen mit einem Oberst der Guardia
Civil. Was für ein Schrecken! Zusammen mit dem Freund von Mon-

---

* Der hingerichteten Nacht / am Galgen eines Baumes / küssen und salben / kniende
  Freuden die Sandalen.

tes hat er bei Vigo auf einem Esel die Grenze überquert. Damals sagte Montes – einer meiner besten Freunde –, die Leute aus Orense seien alle verrückt. Im Wohnheim waren wir nur drei Soldaten, und alle waren bereit zu desertieren. Don Alberto hatte große Angst. Er rief mich zu sich und bat mich, nicht im ganzen Wohnheim den Tag auszuposaunen, an dem ich desertieren wollte. Rey Vigil ist heute Ingenieur in Brasilien. Womöglich wäre ich heute Insektenforscher am Amazonas. Der andere Kamerad, Bertrán, diente bei den Pionieren. Aber nichts ist passiert, denn als die Anwesenheitsliste überprüft wurde, sagten sie zu uns, es gäbe einen anderslautenden Befehl, das Regiment müsse nicht nach Marokko.

Ich gehe kaum aus dem Haus. Reisen ist mir lästig. Von mir aus könnte ich mein ganzes Leben in dieser Wohnung verbringen. Acapulco, Tuxpan und Guanajuato habe ich durchs Filmen kennengelernt. Durch die Arbeit. Was ich auch nicht mag, sind dicke Bücher. Ich finde sie langweilig. Oder zumindest mag ich sie heute nicht mehr.

A   Aber als du jung warst, hast du wenig Lust gehabt, in der Wohnung zu hocken. Du hast Sport getrieben.

B   Ja, im Speerwerfen war ich ganz gut.

A   Stimmt es, daß du einmal fast einen umgebracht hättest?

B   Alles Gerüchte. Er hatte sich hinter einem Baum versteckt. Ich stand anderthalb Meter von ihm weg und warf den Speer gegen den Stamm, der ziemlich dick war. Ganz abgesehen davon war die Speerspitze sowieso stumpf.

A   Stumpf, wie?

B   Es stimmt, als junger Mensch war ich sehr grob. Einmal – ich war neun – forderte ich die Brüder Fernando und Diego Madrazo schriftlich zu einer Keilerei heraus. Die beiden gaben den Zettel dem Präfekten, und der schickte ihn dann zusammen mit den Zensuren des Monats, die im übrigen sehr gut waren, nach Hause zu meinem Vater. Federico rief mir dauernd nach: »Du bist ein Grobian!« Und er hatte recht. Das einzige, was mir in der Residenz Spaß machte, war der Sport, alle möglichen Arten. Ich stand sehr früh auf – das habe ich schon immer gerne getan – und bin dann, ohne mich vorher richtig anzuziehen, gelaufen, habe Gymnastik gemacht, Speerwurf

Die »Generation von 27«. Stehend v. links: José Cabellero (Maler), Eduardo Ugarte (Assistent von Buñuel),?, Adolfo Salazár, Alfonso Buñuel (Luis' Bruder), Federico García Lorca, Juan Vicens, Luis Buñuel,?, Acacio Catapos (chilenischer Musiker), Rafael Alberti, Guillermo de la Torre, Miguel Hernández, Pablo Neruda, Rafael Sánchez Ventura, Nerudas Ex-Frau, Honorio García Condoy (Bildhauer). Sitzend: Alberto (Bildhauer), Delia del Carril (Nerudas Frau), Pilar Bayona (Pianistin), Hernando Viñes (Maler und Gitarrist), seine Frau Lulú Jourdan, Maria Teresa de León (Schriftstellerin und Frau von Alberti), Gustavo Durán. ?,?, Domingo Pruna (Assistent von Buñuel), Hortelano (Zeichner), Pepín Bello, Santiago Ontañán geübt, geboxt und herumgetobt. Dafür beschimpfte mich Federico, wenn wir manchmal um neun noch im Zimmer von Emilio Prados waren und ich schon schlafen ging. Das war die Zeit, als er anfing, ihnen vorzulesen, zu rezitieren oder etwas vorzuspielen. Und ich ging ins Bett. Aber trotzdem verdanke ich Federico alles. Ich meine, ohne ihn hätte ich nie erfahren, was Poesie ist. Für ihn existierten zwei Welten, unsere und die der »Intellektuellen«: Salinas, Guillén, Adolfo Salazar, Moreno Villa. Da ließ er keinen von uns heran: »Nein, heute abend gehe ich mit intelligenten Leuten aus...« Mit der Zeit änderten sich die Dinge dann etwas. Ich fühlte mich viel mehr zu Dalí hingezogen, seiner Denkweise und all dem. Aber Federico verdanke ich viel mehr: er öffnete mir die Augen für die Welt. Irgendwann sind wir dann gute Freunde geworden. Federico bekam im Oktober von seinem Vater zwanzig Duros, die bis Dezember reichen mußten. Er gab das Geld innerhalb von drei Tagen zusammen mit seinen Freunden für Wein und Tapas aus. Später bekam er dann vierzig. Die waren genauso schnell weg. Er lebte von Schulden und Pump. Dabei war sein Vater ungeheuer reich. Das wurde ihm immer vorgeworfen. Dann verteidigte er seine ganze Familie mit Händen und Füßen: »Mein Vater ist großartig. Von meiner Mutter ganz zu schweigen! Und Paquito hat ein Talent – mein Gott!« Er war wohl so was wie eine Figur aus den Bühnenstücken der Quinteros.* »Und meine Schwestern erst!« Er war ein große Lyriker und ein wunderbarer Imitator: »Spiel Schumann«, sagten wir. Und er schien wie ein Engel zu spielen, dabei hatte er es einfach erfunden. Na ja, sein Theater fand ich zum Kotzen. Er konnte einfach alles nachahmen, alles, sogar den Surrealismus.

A   Das mit dem Tod des Tukans, wann war das noch?

B   Wir suchten gerade einen geeigneten Drehort für *Der Tod in diesem Garten*, also 1955 oder 1956, in der Umgebung des Catemaco-Sees. Der Tukan schwebte über einem Baum, und sein langer Schnabel zeichnete sich am Himmel ab. Wir saßen im Auto. Ich sagte zu mir: »Mal sehen, ob ich ihn treffe.« Ich schoß, und der Vogel fiel zu Boden. Ich schwor mir, so etwas nie wieder zu tun.

A   Es ist seltsam. Daraus ist die Legende entstanden, daß du eine wertvolle Waffensammlung besitzt...

* *Serafin* und *Joaquin Alvarez-Quintero*, Verfasser zahlreicher spanischer Volkstheaterstücke.

B Das stimmt.

A Aber daß du dich ausschließlich damit beschäftigst, sie zu putzen, und daß du sie nicht nur selten benutzt, sondern daß du sie noch nie benutzt hast.

B Was für ein Unsinn! Ich war ein ziemlich guter Jäger. Zwar hatte ich immer Gewissensbisse, aber ich war ein ziemlich guter Jäger.

A Da kannst du mal sehen, wie Mythen entstehen. Buñuel hat Waffen, sie gefallen ihm, aber er benutzt sie nicht. Dann kommt irgendein Schlauberger oder einer, der sich dafür hält, und fängt an, irgendwelche Schlüsse zu ziehen, und entdeckt schließlich in dir höchst seltsame Komplexe.

B Was soll man da machen? Wem ist das noch nicht passiert? Als ich in die Residenz kam, gab es keinen Platz für mich. Da mußte ich das Zimmer mit Augusto Centeno teilen. Er stand immer früher auf als ich. Er wusch sich in einem blauen Becken und anschließend kämmte er sich die Haare. Aber er kämmte sich nur vorne, nie am Hinterkopf. Das machte mich rasend, ich haßte das. Bis ich ihm eines Tages sagte: »Kämm dich doch bis hintenhin, du Schwein!« Da war er wie vor den Kopf gestoßen. Na ja, damit du verstehst, die Frau in *Der Würgeengel*, die sich kämmt, soll nichts anderes bedeuten als die Erinnerung an diese Szene mit Centeno. Sollen sie reden, was sie wollen…

A Hattest du irgendeine Beziehung zur Hypnose?

B O ja, zwischen zwanzig und dreiundzwanzig. Einmal – ich weiß nicht mehr, in welchem Theater das war – gab es einen Hypnotiseur, der Leute aus dem Publikum aufforderte, auf die Bühne zu kommen und sich von ihm hypnotisieren zu lassen. Eine andere Person und ich stiegen hoch, und tatsächlich sah ich einen an, streckte meinen Finger nach ihm aus und sagte: »Schlaf ein!« Und er schlief ein. Danach machte ich viele Experimente mit Hypnose und Gedankenübertragung. Ich studierte damals Ingenieurwesen und traf mich in Fornos mit einer Gruppe Medizinstudenten. Viele von ihnen leben noch. Auf meinen Reisen habe ich einige wiedergesehen und von anderen gehört. Die meisten sind Ärzte in meinem Alter, einer ist Apotheker. Wen ich am häufigsten gesehen habe, ist Doktor Martín Urquijo. Ich weiß, daß Sebastián Córdoba in San Sebastián ist. Ich erinnere mich an die Brüder Ontañón – ich glaube, sie waren aus

Santander –, an Pepe Arenal, an Victor Urrutia, er war der Liebling
der Mädchen, die durch die Castellana schlenderten, wenn er auf
seinem Motorrad vorbeifuhr... Ich war zwanzig. Wir gingen in die
Bordelle in der hinteren Calle de la Reina.

A   Und in die Calle de Jardines.

B   Das waren mit die billigsten, zehn Peseten. Die guten waren in
der Calle de las Huertas. Dort empfing dich die Hausherrin persönlich, schaute dich von oben bis unten an und forschte nach deinem
Namen. »Und woher kommen Sie?« »Aus Zaragoza.« Sie ging ans
Telefon. Zehn Minuten später kam ein Mädchen: »Mercedes (oder
wer auch immer), ich stelle dir Herrn Buñuel vor, einen guten
Freund.« Gleich darauf: »Wartest du bitte einen Augenblick draußen!« Aber wo es einfach herrlich war, mit Hypnose und allem, das
war in der Calle de la Reina. Da ist mir einmal eine seltsame Sache
passiert. Teresita war die Hübscheste von allen. Ich hypnotisierte sie,
schläferte sie mit einiger Mühe ein, aber das Seltsame war, daß ihre
Schwester, die sehr häßlich war – sie hatte ein herunterhängendes
Augenlid, sah einfach furchtbar aus – und nebenan in der Küche
arbeitete, ein hervorragendes Medium war. Und als ich Teresita
einschläfern wollte, bekam nicht sie, sondern Rafaela – so hieß ihre
Schwester – die unmittelbaren Auswirkungen zu spüren. Offensichtlich war sie verliebt in mich. Sie war ein schweigsames, häßliches
Mädchen. Später starb sie in einem Krankenhaus. Ich habe vergessen, wer es mir erzählt hat, Usandizaga oder Pepe Arenal. Calle de la
Reina, zweiundzwanzig... Eines Nachts in der Residenz schläferte
ich den Kassierer ein. Es war ganz einfach. Ich befahl ihm, die Kasse
zu öffnen und mir das Geld zu geben. Dann wollte ich ihn wieder
aufwecken, aber es ging nicht. Da bekam ich es mit der Angst zu tun.
Ich brachte ihn hoch in mein Zimmer, ich glaube, Centeno half mir
dabei. Dort saßen wir dann und sprachen leise, bis er eine halbe
Stunde später anfing, sich zu bewegen. Ich befahl ihm aufzuwachen.
Das tat er dann auch sofort: »Nanu, Herr Buñuel. Nanu! Was machen
Sie denn hier?« Ich gab ihm das Geld zurück, und er sah zu, daß er
wegkam. Wir machten viele Experimente während des Studiums im
Camino Galicia. Emilio schläferte ich mehrmals ein, Federico nie. Er
wehrte sich dagegen. Später bekam ich Angst und ließ es sein.

A   Seltsam. Davon ist keine Spur in deinen Filmen zu sehen.

B   Das war die Zeit, als Vicens mich zur Theosophie bekehren wollte. Ich las viele Bücher über dies und das. Die Einstellungen der Schriftsteller zu dieser Art der Kommunikation haben mich schon immer interessiert. Ein Aragonese ist zu allerhand imstande. Ein junger Mann aus meiner Gegend verkleidete sich einmal in der Karwoche als Priester, stieg in die Straßenbahn, nahm ein mit Würstchen, Schlackwurst oder Landschinken belegtes Brot heraus und verschlang es vor den empörten Blicken der Frauen. »Im Kloster machen wir das alle«, sagte er mit vollem Mund.

Wir Freunde aus der Gruppe im Wohnheim waren in zwei Lager gespalten: die Vegetarier mit ihrem Anführer Juan Vicens, einem fanatischen Naturfreund, und die, die mit mir zusammen waren, die Alkoholiker. Wir machten mit ihnen einige ziemlich derbe Späße, vor allem mit dem Tee. Die taten den ganzen Tag lang nichts als Tee trinken. Unser Hauptgetränk war Rum.

A   Du läßt Dinge aus. Du hast auch deine vegetarische Phase mit Rettich und Salat gehabt.

B   Ja, das stimmt. Das machte der Einfluß von Vicens, so um 1919 oder 1920. Vicens war Vegetarier, Freimaurer und Theosoph. Einmal wollte er mich in eine Loge einführen. Mir gefiel das sehr gut. Mich begeisterten all diese romantischen Dinge. Es war eine Loge, die sich »Fuerza Numantina« nannte. Wir gingen hinein und machten unsere Prüfungen, aber als er dann meinen Ausweis sah, sagte er, ich könne nicht mit hinein, ich sei erst zwanzig und man müsse einundzwanzig sein, um aufgenommen zu werden. Ich bin nie mehr hingegangen.

A   Seltsame Sache. Mir ist dasselbe passiert. Auch ich war einmal dort, um zu sehen, um was es eigentlich ging. Ich fand immer, deinem Werk läge eine übertriebene Romantik zugrunde.

B   Natürlich. Liberal bin ich nie gewesen. Schon von meinem Temperament her. Nein, mir gefallen die Dinge auf eine Weise und nicht auf eine andere. Und ich sage dir noch einmal: Wenn ich die Augen zumache, bin ich Anarchist, Nihilist, bis ich sie wieder aufmache.

A   Wie war das noch mit dir und dem König im Wohnheim?

B   Das ist eine wahre Geschichte.

A   So wie sie es mir erzählt haben? Das heißt, daß du splitternackt im ersten Stock warst, und als du den König gesehen hast, dir nichts Besseres eingefallen ist, als dir eine Melone aufzusetzen.

B   Nein, so war es leider nicht. Das wäre viel surrealistischer gewesen. Nein. Ich wohnte im zweiten Stock des zweiten Pavillons. Es war Sonntag, und ich hatte mich ausgezogen. Ich war gerade mit dem Kämmen fertig, hatte den Mittelscheitel gezogen und viel Pomade aufgelegt, und damit mir die Frisur nicht durcheinanderkam, hatte ich mir einen Stohhut aufgesetzt. In dem Augenblick hörte ich Stimmen. Ich erschrak. Von unten konnten sie nur meinen Kopf sehen. Ich war wirklich ungeheuer überrascht, als ich sah, daß der König aus einem Auto gestiegen war und mit einem Portier oder so redete. Als ich mich zum Fenster hinausbeugte, hob der König den Kopf, sah mich und fragte mich irgendwas, das sich so anhörte wie, ob das der Weg nach Chamberí sei. Ich nahm den Hut vom Kopf und antwortete: »Ja, Majestät.« Ich stotterte das »Majestät«, denn damals war ich ein Nihilist wie heute, eher noch schlimmer, und es fiel mir schwer, das Wort auszusprechen. Aber ich tat es. Am nächsten Tag sprach Don Alberto Jiménez mit dem Sekretär des Königs, um sich dafür zu entschuldigen, daß im Wohnheim niemand gewesen sei und daß »Seine Majestät mit einem nackten Bewohner« habe reden müssen. Dadurch muß wohl das Märchen entstanden sein.

A   Es wird viel von dir aus dieser Zeit erzählt.

B   Vielleicht können wir uns kurz fassen.

A   Daß du dich verkleidet hast als...

B   Ich habe mich oft verkleidet, als alles mögliche.

A   Es heißt als Pfarrer.

B   Auch als Pfarrer. Einer, mit dem ich mich am meisten verkleidet habe, als alles mögliche, ist Navás; als Provinzler, als Arbeiter. Ah nein, als Arbeiter habe ich mich zusammen mit Federico verkleidet, und wir sind überall hingegangen. Ich erinnere mich, daß wir auf Melchor Fernández Almagro und José de Ciria y Escalante gestoßen sind – erinnerst du dich noch an Ciria? –, die gerade aus dem Café Regina herauskamen, und wir sind böse mit ihnen aneinandergeraten. Ich gab Melchor einen kräftigen Stoß, und wir begannen, sie zu beschimpfen: »Diese verdammten feinen Pinkel, die nicht wissen, wo sie hingehen sollen.« Sie erkannten uns nicht. Melchor erkannte noch nicht einmal Federico! Sich zu verkleiden ist etwas Wundervolles. Ich bin in viele Rollen geschlüpft. Sogar als Soldat. Mit der Uniform von Doktor Pascua, der, weil er Arzt war oder es bald werden sollte, das Recht hatte, die Uniform eines Sanitätsoffiziers zu tragen.

Als Mönch verkleidet

Es muß 1921 oder 1922 gewesen sein, als ich meinen Wehrdienst in der Artillerie zusammen mit Chabás ableistete. Wenn sie mich geschnappt hätten, hätten mir fünf Jahre Gefängnis geblüht. In der Calle de Alcalá traf ich auf zwei aus meiner Batterie. Sie grüßten mich nicht. Daraufhin drehte ich mich um und sagte: »Was tut ein Soldat, wenn er einen Offizier trifft?« »Grüßen«, antworteten sie und schlugen blaß die Hacken zusammen. »Na also. In der Kaserne melden und festnehmen lassen!« Am Tag darauf fing ich an, vor denselben Soldaten zu fluchen und zu schreien, ich hätte in der Calle de Alcalá einen von diesen verdammten Hundesöhnen getroffen, einen Sanitätsoffizier, und weil ich ihn weder gesehen noch gegrüßt hätte, habe er mir befohlen, mich festnehmen zu lassen. Wir haben uns unter anderem deshalb verkleidet – zumindest ich –, um die Gesellschaft aus einem anderen Blickwinkel zu sehen. Als Arbeiter verkleidet, ohne sich zu rasieren, mit einer Baskenmütze, im schmutzigen Overall, mit einem Halstuch, haben die Leute keine Rücksicht auf uns genommen. Du bist in einen Tabakladen gegangen, und sie haben dich als letzten bedient. Du hast nach Streichhölzern gefragt, und ohne zu fragen, haben sie dir die billigsten gegeben. Auf der Straße haben dich die Mädchen nicht einmal angesehen. Ich habe mich auch als Pfarrer verkleidet und aus einem Haus in der Corredera Baja, das Theaterkleidung verlieh, eine Sutane für Federico mitgebracht. Wir hatten uns für sieben Uhr an der Glorieta Colón verabredet. Er kam nicht. Die Zeit verging und verging, und zwei Guardia-Civil-Beamte hielten sich in der Nähe auf. Ich wußte nicht, was ich tun sollte. Um halb acht hielt ich es nicht mehr aus und ging zum Wohnheim zurück. Federico kam um halb neun und sagte keinen Ton. Mit Navás zusammen haben wir ziemlich viel angestellt. Er ging als Provinzler und ich als Veterinärgehilfe. Wir gingen in die Restaurants, und er aß beispielsweise Bananen mit Schale und allem Drum und Dran; und ich machte den anderen Gästen verzweifelte Handzeichen und sagte: »Mein Vetter kommt vom Dorf.« Auf der Straße, in der Straßenbahn machten wir ähnlichen Blödsinn. Wir gingen sogar in die Armenhäuser. Ja, ich habe mich oft verkleidet: als Handlanger, Portier... Aber das ist gar nichts im Vergleich zu den Sachen, die Federico und Dalí gemacht haben. Was sie unter anderem gern getan haben, war, die Südamerikaner, die Diplomaten zu bescheißen. Sie pumpten sich von ihnen Geld, so um die hundert oder zweihundert Peseten, und liefen dann weg.

A Federico und Dalí waren gute Freunde.

B Sie waren Freunde, ja. Er war mit Federico viel enger befreundet als ich. Ich war mehr mit Dalí als mit Federico zusammen, dessen Werk mir persönlich überhaupt nicht gefällt. Ich finde sein Theater miserabel. Ein paar Gedichte mag ich, aber nicht viele. Aber als Mensch war er wirklich genial. Ich erinnere mich, als ich einmal aus New York zurückkam, sagte er zu mir: »Du bist sehr grob, und du verstehst rein gar nichts, aber laß dir von dem da (Dalí) sagen, wie gut meine Sachen sind.« Und Dalí mit seinem katalanischen Akzent, den er nie verloren hat: »Ja, ja wunderbar, hervorragend.« Schließlich kamen wir überein, daß Federico mir seinen »Don Perlimlín« vorlesen sollte. Wir trafen uns im Keller des Nationaltheaters. Erinnerst du dich? Die hatten dort so was wie eine Bierstube.

A Das, was man dort »Caballerizas« – Pferdeställe nennt.

B Ja, Federico fing an zu lesen. Und am Ende des ersten Aktes kam einer – ich weiß nicht mehr, wer – aus dem Souffleurkasten oder so. Und ich sagte zu ihm: »Ein beschissenes Stück!« Federico stand auf und war sehr empört: »Aber Dalí denkt anders darüber. Du verdienst es nicht, mein Freund zu sein.« Er drehte sich zu Dalí und fragte ihn: »Nicht wahr?« Und Dalí sagte: »Doch, er hat recht, es taugt wirklich nichts!« Federico stand wutentbrannt auf, nahm seine Blätter und ging. Wir folgten ihm, unterhielten uns ziemlich laut, damit er es merken sollte. So kam er an eine Kirche, die am Beginn der Gran Via stand. Er ging hinein und kniete nieder, mit weit ausgebreiteten Armen. Der Verrückte wußte sehr wohl, daß wir ihn sehen konnten. Dalí und ich gingen wieder zurück und tranken weiter. Anderntags fragte ich Salvador, der mit Federico in einem Zimmer wohnte: »Wie steht's?« »Alles wieder in Ordnung. Er hat versucht, mit mir zu schlafen, aber er konnte nicht.«

A   Das ist eines der Themen aus der Residenz, über die man reden müßte, um einiges klarzustellen. Aber es geht nicht.

B   Nein, ich glaube, keiner von ihnen war wirklich homosexuell, mit Ausnahme von Federico und Cernuda. Aber in dieser ganzen Zeit herrschte bei uns im Wohnheim eine gewisse Promiskuität, die aber nie über Küsse oder so etwas in der Art hinausging; homosexuell war keiner. Dalí wäre es egal gewesen, wegen seines Amoralismus. Aber es ist nichts passiert.

Wir reden von Dalí. Im Grunde ist der Haß von Luis darauf zurückzuführen, daß Dalí in seinen Erklärungen und Büchern die Homosexualität Federicos an die Weltöffentlichkeit getragen hat.

Nein. Federico war impotent. Wirklich homosexuell war in der ganzen Gruppe nur Gustavo. Einmal sind wir – im Renault, den ich damals hatte – für ein paar Tage ins Kloster von Piedra gefahren. Da hat er mir einiges über sein Sexualleben erzählt, mit Arbeitern! Das verletzte mich doppelt, mich, der ans Proletariat glaubte. Federico nicht. Er konnte einfach nicht. Verweichlichungen, Feigheiten, Schüchternheiten, Betätschelungen..., damit hatte es nichts zu tun.

Was für Zeiten! Herumknutschen, platonische Liebschaften. Nichts weiter. Viele von ihnen hatten kein Geld, um ins Bordell zu gehen, oder keine Möglichkeit, ein Mädchen kennenzulernen. Sie masturbierten einfach weiter, auch wenn sie dem eigentlich schon entwachsen waren.

Ich wollte mich schon mit Martín Dominguez schlagen – dem anderen Muskelprotz aus dem Wohnheim –, weil er behauptet hatte, Federico sei homosexuell. Eines Tages, als ich mit d'Ors...

A   Ach geh!

B   ...und mit Don Alberto zum Essen gegangen war, traf ich Federico wie aus dem Ei gepellt, mit seiner Krawatte. Ich sage zu ihm: »Ich muß mit dir über eine ernste Angelegenheit reden.« Wir gingen zusammen zum Essen in eine Kneipe in der Calle de Alcalá, die heute sehr elegant ist, mit Tischdecken und allem. Früher war davon keine Rede, und auf den Tischen standen überall Weinflaschen. »Sieh mal, Federico, es handelt sich um was sehr Ernstes.« Und ich fragte ihn mir nichts, dir nichts, ohne Umschweife, ob er es sei. Er sprang auf, zutiefst beleidigt. »Mit uns ist es für immer aus!« fauchte er. Am nächsten Tag haben wir uns wieder versöhnt. Für mich war er es nicht, zumindest damals. Vielleicht in Argentinien. Als er aus Kuba zurückkam, schien er mir lockerer. Aber er konnte nicht. Dalí hat es gesagt. Und Pepín* könnte es bestätigen. Auf jeden Fall muß gleich dazugesagt werden, damit da keine Irrtümer aufkommen, daß für uns ein Schwuler ein Mann wie jeder andere auch war, oder eine Frau wie jede andere. Er war eben schwul. Was kann man da machen! Man wird halt so geboren.

A Manchmal glaube ich, wir haben alle ein bißchen davon.

B Und außerdem darf man nicht vergessen, daß die beiden besten Dichter unserer Generation, Federico García Lorca und Luis Cernuda, homosexuell waren. Ich meine nicht jene allgemeine Begeisterung der Herren Schriftsteller unserer Generation für Männerfreundschaften und ihre Lebensweise, die den Verdacht nahelegen. Es gibt so viele, deren Namen ich nicht nennen möchte, weil es ihnen wahrscheinlich nicht recht wäre, die sich ständig küßten, aber eben nur so taten, als ob.

A Darin drückt sich im Grunde aber auch ein persönlicher Protest an der Gesellschaft aus, der ein eigenes Gewicht hat und den man mit berücksichtigen muß. In diesen und in anderen Punkten erinnert das Leben im Studentenwohnheim an das in Colleges wie Oxford oder Cambridge... Du sagst, er sei ein Weiberfeind und kein Schwuler gewesen. Es gibt keinen Grund, weshalb ich dir das nicht glauben sollte. Aber ein Freund von uns ist aus dem Wohnheim ausgezogen, weil er vom Gegenteil überzeugt war... Allgemein hat uns diese Geschlechtertrennung eine Menge Probleme gebracht: In der Residenz waren wir getrennt nach Señoritos und Señoritas (es ist seltsam, was für einen negativen Unterton dieser Ausdruck »Señoritos« hat), später auch im Athenäum und im Lyceum.

---

* *Pepín Bello*, einer der engsten Freunde Buñuels in der Madrider Zeit. Vgl. auch *Mein letzter Seufzer*, S. 52f

Von links: Dámaso Alonso, Luis Cernuda, F. G. Lorca, Vìncente Aleixandre

Was für ein Leben hast du geführt in den sechs Jahren in Madrid, bis du fünfundzwanzig warst?

B   Nun, ich habe mich den Ultraisten* angeschlossen. So habe ich Borges, Paskiewich – erinnerst du dich an ihn? –, Jahl, Huidobro, die Rivas Panedás, Eugenio Montes und Isaac del Vando Villar kennengelernt. Den großen und bedeutenden Isaac del Vando Villar. Und natürlich auch Guillermo de Torre und vor allem Ramón. Bei den Ultraisten kam ich zum ersten Mal mit anarchistischen politischen Ideen in Berührung, wenn man das so sagen kann. Wir beschlossen, eine große Sammelaktion zu veranstalten, um dem »Hunger der Kinder in Rußland« nach besten Kräften abzuhelfen. Wir ließen eine Menge Flugblätter drucken und verteilten sie in den Cafés und an den Kinos, und jeder von uns hatte eine Sammelbüchse bei sich: Guillermo de Torre, Rivas Panedás, del Vando Villar... Wir organisierten ein großes Festival im Teatro del Centro. Die bekannten Schauspieler und Sänger, die es damals im Teatro Real gab, wie die Xirgu, Borrás und die Argentina, waren dabei. Natürlich verzichteten sie alle auf ihre Gage, und es kam ziemlich viel Geld zusammen. Fünfzehn oder sechzehn Stars arbeiteten für uns, die allerbesten, die es zu der damaligen Zeit in Madrid gab. Cansinos** habe ich nie kennengelernt. D'Ors*** wohl,

---

* 1919 von *Guillermo de Torre* (1900–1971) gegründete geistige und literarische Avantgarderichtung in Madrid, in der sich spanische und lateinamerikanische Intellektuelle zusammenfanden.

** *Rafael Cansinos Assens* (1883–1964), Literaturkritiker, Übersetzer und Schriftsteller.

*** *Eugenio d'Ors* (1882–1954), katalanischer Essayist, Kunst- und Kulturkritiker.

der immer zu unserer Tertulia kam, mit Barradas und all den anderen
Ultraisten, im Café de Platerías – »Flaterias«, wie Federico sagte.
Einmal war auch Samblancat da. Wir saßen an unserem Tisch in der
Nähe der Tür. Das Café gibt es heute nicht mehr. Es hatte zwei
Ausgänge: einen zur Calle Mayor und den anderen zum Platz dahin-
ter. Dort bin ich Anarchist geworden, und meine Ideen haben sich bis
dreißig nicht verändert. Ich weiß nicht, ob ich bei diesen Tertulias Gil
Bel kennengelernt habe, ein Aragonese, Anarchist und Freund von
Rafael (Sánchez Ventura). Er war Chefredakteur der Zeitung der
CNT in Madrid. Im August 1936 habe ich ihn wiedergetroffen. Es war
der zweite Kriegsmonat, und er sagte ganz glücklich zu mir: »Wir
wollen eine Kolonie für Intellektuelle in Torrelodones gründen! Die
erste in Europa! Von den Bürgerlichen ist keiner mehr da. Die einen
sind geflüchtet, von den anderen wissen wir nicht, wo sie sind. Die
Sache ist nämlich die, daß alle Chalets leerstehen.« Und ich antwortete: »Fünfzehn Kilometer von der Front entfernt! Ihr habt wohl
nicht alle Tassen im Schrank?« Und er darauf: »Na klar, Mensch, ja.«
Und ich: »Mit Franco fünfzehn Kilometer vor der Haustür? Scher
dich zum Teufel!« Aber zurück zum Thema und zu den Banketten,
die wir zu Ehren von Vidal y Planas gegeben haben.

A Ödete dich das nicht an?

B Doch, natürlich. Wir sind alle zur Uraufführung von »Santa
Isabel de Ceres« ins Theater Eslava gegangen. Es war grauenhaft,
aber wir sind hingegangen. Und wir haben ihm zu Ehren ein Bankett
gegeben. Entweder unterstützt man die Anarchie, oder man läßt es
bleiben. Es war schlechter als Schmierentheater, aber er war ein guter
Kerl, Neffe des Kardinals von Tarragona, von Vidal y Barraquer.
Wirklich ein guter Kerl. Nach dem Krieg, als ich eine Abteilung bei
Warner Brothers unter mir hatte, brachte ich sie dazu, daß sie von den
sechs Autoren der Abteilung ihn unter Vertrag nahmen.

B Charakteristisch für jene Zeit war die Schlichtheit der Cafés, in
denen wir uns getroffen haben.

A Die Surrealisten haben das geerbt.

B Ja.

A Die Expressionisten in Deutschland und in der Schweiz haben
sich sehr viel schillerndere Treffpunkte ausgesucht.

B Da gibt es keine Gesetzmäßigkeiten.

La tertulia del Pombo. In der Mitte mit Pfeife: Ramón Gomez de la Serna

A Aber das Pombo hatte Charakter.

B Zumindest den, den Ramón ihm gegeben hat.

A Das Nacional…

B Jetzt hör aber auf! Das war doch was für ganz Feine. Federico ließ uns allein und ging mit den führenden Intellektuellen hin: »Heute haben mich Salinas oder Guillén (oder wer auch immer) zum Café eingeladen. Erstklassige Leute…« Und er ging und ließ uns stehen. Später freundete ich mich auch mit diesen »erstklassigen« Intellektuellen an.

A Ramón war der Mann, der unsere Generation am meisten beeinflußt hat.

B Im großen und ganzen hast du recht. In allem. Ramón war phänomenal.

A Im Pombo war ich nur ein- oder zweimal, weil mir die Umgebung nicht gefallen hat.

B Ich war jeden Samstag dort, von sechs bis Mitternacht. Hier kann ich dir ein paar Bilder zeigen. Im Gambrinus trafen wir uns nachmittags und im Platerías abends. Eugenio d'Ors kam dorthin, weil sie ihn bei den Versammlungen mit Ortega nicht haben wollten. Abgesehen davon, daß sie ihn nicht besonders ernst nahmen, störte sie, daß er mal Katalanisch, mal Kastilisch sprach. Für sie war es so was wie Verrat. Noch dazu bei seinem hochtrabenden Aussehen und seinem angeberischen Pariser Gehabe. Aber mit uns ist er gegangen. Ins Gambrinus kamen auch schon mal aktive Gewerkschafter: z. B. Santaularia, Herausgeber einer anarchistischen Tageszeitung in Sevilla, oder Samblancat und andere.

A Er ist vor kurzem hier gestorben.

B Ein ungewöhnlicher Mensch, der viel wußte. Ein sehr gewalttätiger Typ. Einmal haben Rafael Sánchez und ich ihn ins Studentenwohnheim zum Essen mitgenommen. Das war im September, zu der Zeit, als ich durch die Aufnahmeprüfung zur Agraringenieurschule gefallen bin und Américo* mir riet, die Fakultät zu wechseln. Er erzählte mir, daß Spanischlehrer für Amerika gesucht würden. Américo amüsierte sich sehr über Samblancat, vor allem wegen des Prologs, den er für einen jungen sozialpolitischen katalanischen Lyriker in dessen Buch schrieb. Ich sage Prolog, aber der Satz, an den ich mich erinnere, steht am Anfang oder am Ende, ich weiß nicht mehr genau. Er ging so: »Es gibt schon genug romantische Geschichten, die nur dazu taugen, die Klitoris alter Weiber in Erektion zu versetzen...« 1925 wurde zu Ehren von Ramón Gomez de la Serna ein zweifaches Bankett gegeben. Eines von der Real Academia und hochrangigen Leuten, im L'Hardy, und ein weiteres für die Jungen, die sich immer im Café de Platerías trafen, im »Oro del Rhin« – im »Rheingold«. Ramón fuhr mit einem Motorrad, besser gesagt mit einem Side-Car, von einem Bankett zum anderen. Damals gab es in Madrid außer Taxis auch Motorräder zum Leihen. Einmal habe ich in Rosales fünftausend Peseten gewonnen.

A Beim Spiel?

B Natürlich. Da habe ich mir den Luxus gestattet, für acht Tage ein Motorrad zu leihen, das ich mit ins Wohnheim nahm. Ich ging raus, setzte mich auf den Side-Car, und wir fuhren zu einem Café in der Calle de Alcalá oder zum Palace, um einen Wermut zu trinken und dann wieder zum Wohnheim zurückzufahren. Ich habe mich gefühlt wie ein Prinz. Ich habe Bilder von Banketten. Ich erinnere mich nicht mehr an alle.

---

* *Américo Castro* (1895–1972), Kritiker, Essayist, Philologe und Historiker.

Das Bankett im »Hardy«. Stehend in der Mitte:
Ramón. Vorne sitzend 2. v. l.: Lorca

A   Mit Ugarte hast du in Toledo einen Film über Gespenster gedreht...

B   Wir haben getrunken und getrunken. Den ganzen Tag lang.
Wir haben praktisch nichts gegessen. Einen Manzanilla nach dem
anderen runtergegossen und Tapas. Dann sind wir zum Paseo, zur
Alameda gegangen und haben alles im hohen Bogen über das Ge-
länder in den Tajo gekotzt. Egal wann wir ins Bett gingen, ich
stand wie immer um acht Uhr auf und machte einen Spaziergang.
Ich erinnere mich noch genau, wie mich eines Tages Eduardo von
der Seite her mit seinem Glotzauge ansah, als ich gerade beim Rasieren war, und zu mir sagte: »Ich hasse dich.« Und ich fühlte, daß
er es so meinte. Und ich sagte zu ihm: »Ich erwarte dich um zwölf
Uhr im Zocodover in dem und dem Café...« Und er kam. »Haßt
du mich immer noch?« fragte ich ihn. Und er: »Das wird vorbeigehen.«

A   Aber, hör mal, das ist doch alles halb so wichtig. Und du erinnerst dich heute noch daran! Hätte Eduardo etwa nicht wütend

darüber sein sollen, daß du ihn so früh geweckt hast, obwohl er selbst erst ziemlich spät ins Bett gekommen war. Seltsam, du behältst, was du gesehen und gehört hast, aber die Umstände vergißt du.

B Ja, vielleicht. Vielleicht hast du recht. Ich weiß nicht. Mit Morente ist mir was Ähnliches passiert. Ich ging in die Philosophie-Vorlesungen von Garcia Morente, zu Gaos Zeiten, obwohl ich eigentlich Literatur und Geschichte... studierte. Damals erklärte er gerade Kant. Ich verstand ihn hundertprozentig, aber als ich wieder raus war, war alles plötzlich wie weggeblasen aus meinem Kopf. Aber Ereignisse, visuelle Dinge, so was vergesse ich nicht.

A Welche Bücher hattest du damals schon gelesen?

B Von allem etwas. Die, die alle gelesen haben. Die ganze Liste der Detektive von damals: Nat Pinker, Sherlock Holmes, Nick Carter, Dick Turpin, die Heftchen von Ponson Du Terrail, Raffles, Salgari... Aber fast nichts von diesem langweiligen Herrn Jules Verne. Vielleicht gerade eben: »Die geheimnisvolle Insel« und »Zwanzigtausend Meilen unter dem Meer«. Aber sonst wenig. Später natürlich alles, was in der Bibliothek meines Vaters stand und mit Sex zu tun hatte, und das war sehr wenig. Aber dort habe ich, bevor ich nach Madrid gegangen bin, Rousseau, Voltaire, Diderot und auch den »Jean Christophe« gelesen. Ich weiß nicht, ob ich damals – ich glaube, es war 1918 – auch schon Schopenhauer und Nietzsche in den Sempere-Ausgaben gelesen habe, und natürlich, bevor ich nach Madrid gegangen bin, die Novela Semanal und die Novela Corta.

A Das waren aber Taschenbücher.

B Fünf Céntimos, dann haben sie zehn Céntimos gekostet. Felipe Trigo, Manuel Bueno, Diego San José... Und dann, als die »Colección Universal« herauskam, auch die Russen. Alle. Vor allem Dostojewski, Tolstoi, Andrejew, Kuprin, Korolenko, Gorki... Juan Chabás, einer von den oberschlauen »Erleuchteten«, so wie du, sagte damals zu uns: »Ihr lebt ja noch im Zeitalter des Samovar.« Ihr wart ja schon bei Cocteau, Valéry und Gide, die wir später dann auch gelesen haben. »La porte étroite« machte einen großen Eindruck auf mich. Fünfzehn Jahre später kam es mir wie eine Schmiererei vor. Und was soll ich dir erst von Cocteau sagen.

A Wir haben niemals aufgehört, die Russen zu lesen.

B   Vor kurzem habe ich versucht, wieder damit anzufangen, und ich kann nicht direkt sagen, daß sie mir überhaupt nicht mehr gefielen, aber fast. Von Tolstoi natürlich abgesehen. Aber ich kann nicht einmal mehr Dostojewski ertragen.

A   Man könnte sagen, daß es trotz der wenigen Jahre Unterschied zwei Generationen gab, die der »Biblioteca Sempere« und die der »Colección Universal«.

B   Die Russen haben wir in der Collección Universal gelesen.

A   Ja, aber wir haben niemals einen Blick auf die Sempere-Bücher geworfen. Für uns war Ortega, obwohl ich nie mit ihm einer Meinung sein könnte, der unangefochtene Wegweiser unserer Lektüre.

B   Ich verließ Madrid 1924, und Ortega hatte keinerlei Einfluß auf mich.

A   Natürlich, die »Revista del Occidente« wurde 1923 gegründet.

B   Ich wußte nicht einmal, wer er war.

A   Für dich war Benjamin Péret wichtig. Seit damals haben wir uns sehr verändert.

B   Ich habe einen Horror vor Proust. Diese furchtbaren, quadratischen Seiten ohne Punkt und Absatz, schwarz wie eine Spinne. Entsetzlich. Nie bin ich über die ersten Seiten von »Les jeunes filles en fleur« hinausgekommen. Sehr beeinflußt hat mich die Entdeckung von Fabre. Es muß 1920 oder 1921 gewesen sein. Und zwar so sehr, daß ich mich entschloß, Naturwissenschaften zu studieren. Aber das habe ich dir ja alles schon erzählt.

A   Wir haben gerade über Bücher gesprochen.

B   Spengler.

A   Aber Spengler... Wir sind doch schon im Jahr 1923 mindestens, wenn nicht sogar schon 1924.

B   Ich hab ihn gelesen wie einen Roman. Über den ersten Band bin ich nicht hinausgekommen.

A   Zurück zu den Ultraisten.

B   Zu denen vom Café Castilla, Carrere*! Den haben wir ganz schön an der Nase herumgeführt. Armer Kerl. Das mußte man gesehen haben, was für Haare der hatte, wie schlampig der war – alles voller Schuppen und Läuse. Alles bis zum Ausflug, den wir mit

---

* *Emilio Carrere*, Feuilletonist und Poet aus den Kreisen der Madrider Boheme.

Américo Castro und Gómez Moreno machten. Américo fing an zu erzählen, daß sie dort in Amerika, naja, in den USA, viele Spanischlehrer brauchten und daß es sehr leicht sei... Dann fragte ich ihn, was man tun müßte. »Was studierst du?« »Naturwissenschaften.« Vorher wollte ich Agraringenieur werden und hatte dafür ein oder zwei Jahre studiert, aber dann bin ich auf Naturwissenschaften umgewechselt, und nun sagte Américo zu mir, wenn ich nach Amerika gehen wollte – ich wollte nicht von dem Geld meiner Mutter leben; ich wollte aus Spanien weg –, dann könnte ich es nur unter der Bedingung tun, daß ich Literatur studierte. Am nächsten Tag fing ich damit an. Ich wechselte ins Fach Allgemeine Geschichte, und Ballesteros ließ mich erst durchfallen, aber dann machte ich doch noch mein Examen. Dann ging Centeno weg, und alle Welt begann, von der damaligen UNESCO zu reden (der Société Internationale de coopération intellectuelle, beim Völkerbund). Es sah so aus, als ob Eugenio d'Ors ihr Vertreter würde, und er wechselte von Amerika nach Paris. D'Ors war ein sehr guter Freund, und ich empfand große Bewunderung für ihn.

A   Ich habe ihn auch gekannt.

B   Hör mal, das brauchst du mir nicht zu sagen. Ich rede von 1922, 1923, 1924, der Zeit vor jenen berühmten Glossen. Ich glaube, das war 1928. Er hat nach einer Krankheit des Königs allen Ernstes im »ABC« über den Auftritt des Königs auf dem Balkon zur Begrüßung der Menge folgendes geschrieben: »Jetzt ist die Sonne aufgegangen.« Nein, nein. Der Eugenio d'Ors aus der Zeit davor, der hat uns gefallen. Er war einer der ganz Wenigen, die kompetent über Kunst reden konnten.

A   Ich habe ihn nie ausstehen können. Vielleicht, weil ich ihn damals zu Zeiten der »aufgehenden Sonne« und in Katalonien persönlich gekannt habe, wobei er seine verräterische Gesinnung deutlich gezeigt hat. Aber das war es nicht. Abgesehen von »Ben plantada«, hat mich dieser Schriftsteller nie interessiert, obwohl alle anderen ihn für bemerkenswert halten. Und bestimmt nicht deshalb, weil ich ihn nicht gelesen hätte. Ich glaube, keines seiner Bücher ist mir entgangen. Freunde von mir, in die ich absolutes Vertrauen hatte, wie z. B. Canedo, bewunderten ihn sehr. Aber mich hat er nie überzeugen können. Alle, so wie du selbst, erkennen inzwischen seine Aufgeblasenheit, seine Wichtigtuerei, sein übertriebenes Pathos. Trotzdem bewundern sie ihn alle. Und er gehört immerhin zu den wenigen Spaniern, zu den ganz wenigen – angesichts der riesigen, furchtbaren, barbarischen Ungerechtigkeit, mit der die Welt nach dem Sieg der Protestanten Spanien totgeschwiegen hat –, die die Grenzen überwanden und von denen noch heute Bücher gelesen und übersetzt werden. Sicherlich bin ich es, der sich täuscht.

B Vielleicht nicht. Wir reden sicher von verschiedenen Dingen. Die Sache war die: Ich wollte damals zu dieser »Coopération intellectuelle« gehen und Diplomat werden, und weil ich ja meinen Abschluß in Literatur hatte, war das verhältnismäßig einfach. Ich weiß nicht mehr, ob Don Alberto Jiménez oder Madariaga mich zu Don Pablo Azcárate geschickt hat. Ich sagte mir, es träfe sich ganz gut, nach Paris zu gehen und französische Politik zu studieren, gut Englisch zu lernen und englische Politik zu studieren. Und das alles beim Lesen von »Le Temps« und der »Times«. Und so bin ich dann hingefahren und habe angefangen, an einer Universität Französisch und Englisch zu lernen. Und in dieser Zeit habe ich mich auch dem Film gewidmet.

A Sagen wir mal, achtzig Prozent von dem, was du jetzt sagst, ist wahr, so als ob du damals mit deiner Mutter sprechen würdest. Aber jetzt ist nicht der richtige Zeitpunkt, um darüber oder über Vicens oder über andere Anlässe zu reden, die dich nach Paris geführt haben. Dich oder wen auch immer. Es ist seltsam, 1924 war das Jahr, in dem ich zum ersten Mal nach Paris zurückgekehrt bin. Nun gut, aber wir waren bei dir. Was hast du zur damaligen Zeit gelesen?

B Genau dasselbe wie du. Dasselbe wie alle anderen: Cendrars, Max Jakob... Eigentlich alle, die damals aktuell waren. Gide...

A Und die Surrealisten?

B Ja, aber nicht alle. Wie schon gesagt, bis 1927 waren sie für mich ein Haufen Schwule.

A Wann genau hast du Sade zum ersten Mal gelesen? Du hast mir mehr als einmal gesagt, daß seine Bücher für dein Leben entscheidend waren. Das bedeutet also, daß die drei Männer, die deine Weltanschauung und dein Schaffen geprägt haben, zunächst Federico García Lorca war, der dir in der Tat die Augen für die Welt des Geistes öffnete, fast zur gleichen Zeit Fabre, der dir die Welt der

Insekten gezeigt hat und schließlich der Marquis de Sade, 1929 und 1930, der dir eine vollkommen unvermutete Welt zugänglich gemacht hat.

B Von der auch die meisten anderen Leute nichts ahnten, weil man nicht ein einziges Exemplar von de Sade – nicht einmal per Zufall – finden konnte.

A Und heute, obwohl man heute seine Bücher lesen kann, versteift man sich auf das, was heute gewöhnlich als Sadismus bezeichnet wird, also auf das Pornografische, obwohl Sade genau das Gegenteil ist.

B Natürlich, der erste Atheist, der erste große Atheist, den es gab, war Sade, wenn wir mal von Heraklit und von ein paar jener Griechen absehen, über die wir nichts Genaues wissen. Vaillant hat mir erzählt, daß Lenin gesagt habe, Sade sei der erste große Materialist in der Geschichte gewesen. Vom philosophisch-moralischen Standpunkt aus gesehen, gibt es niemanden, der mit ihm vergleichbar wäre. Auf mich hat er einen ungeheuren Eindruck gemacht. Das erste Buch von ihm, das ich in die Hand bekam, gehörte Tual, der es mir eines Abends auslieh, als wir zusammen mit Desnos * zum Essen waren.

A In welcher Reihenfolge hast du ihn gelesen?

B Zuerst »Die hundertzwanzig Tage von Sodom«, dann »Justine«, »Juliette« und das »Boudoir«.

A Und »Le moribond«?

B Na klar. Ich weiß nicht mehr, durch wen ich es bekommen habe. Es ist hervorragend. Ich weiß nicht, ob es Breton oder Aragon war, der Noailles dazu brachte, ein Exemplar der »Hundertzwanzig Tage von Sodom« zu kaufen, das man in Berlin für vierzigtausend Francs bekommen konnte. Die Ausgabe von 1905, in einer Auflage von zehn Stück. Es war das Exemplar von Proust. Damals ist man an Bücher von Sade nicht herangekommen. Es war so gut wie unmöglich. Paß auf! Es war an dem Tag, als Crevel Selbstmord begangen hatte und nachdem Dalí ihn gefunden hatte – er war nämlich der erste, der in seine Wohnung kam, später kamen Breton, Noailles und ich, und sie sprachen mit Tota Cuevas de Vera, die seine Geliebte war. Du weißt ja, daß Crevel homosexuell war, aber weil das bei

---

* *Robert Desnos* (1900–1945), Schriftsteller und einer der ersten Surrealisten.

Surrealisten als böser Makel galt, unternahm er ein paar verzweifelte Versuche, davon loszukommen, und Tota versuchte alles, um
ihm dabei zu helfen. Sie war seine Geliebte. Tota jedenfalls war mit
einem Privatflugzeug aus London gekommen, und sie war kaum in
der Wohnung, da merkte sie schon, daß die vier Bücher von »Justine« fehlten. Wer hat sie genommen? Ich weiß es nicht, es hat auch
nie jemand erfahren. Außer uns war niemand da. Wir wußten alle,
was die Bücher wert waren. Für Dalí und mich selbst hafte ich, daß
wir sie nicht genommen haben. Noailles hatte sie selbst. Breton...,
das glaube ich nicht, denn er hatte sie mir doch vorher geliehen. Ich
weiß es nicht, aber es ist auch egal. Wer sie genommen hat, tat gut
daran, weil die Bücher von René an seine Familie gingen, ein Haufen
würdeloser Frömmler, an seine Schwester oder ich weiß nicht
wen.

A   Es gibt zwei Frauen, die sich die Ehre, dir den Tango beige-
bracht zu haben, streitig machen.
B   Das stimmt nicht. Ich habe ihn 1925 in einer Tanzschule in
Paris gelernt.
A   Genau wie ich im gleichen Jahr in Barcelona zusammen mit
Medina. In einer schmutzigen Wohnung in der Calle de Escudille-
ras im dritten Stock.
B   Ein Tanzlehrer und eine Tanzlehrerin. Und dann los.
Er trällert »La Cumparsita«.
A   Und wie wir schon gesagt haben, mußtest du nicht in den Krieg
ziehen.
B   Nein. Ich habe Philosophie und Literatur studiert. Das habe ich
schon mal gesagt. Fachrichtung Geschichte. Américo Castro, Men-
éndez Pidal und andere Koryphäen waren in der Prüfungskommis-
sion. Eine meiner Prüfungen habe ich zusammen mit Dámaso ge-
macht.
A   Aber hast du es bis zum Abschluß gebracht?
B   Ja natürlich. 1924. Anschließend bin ich nach Paris gegangen.
Meinen Doktor habe ich dann nicht mehr gemacht.
A   Bis du nicht 1917 nach Paris gegangen, um dort Musik zu stu-
dieren?
B   Nein. Aber sieh mal, es ist seltsam: In jeder Lüge steckt ein
Körnchen Wahrheit. Nachdem ich mein Abitur gemacht hatte,

fragte mich mein Vater, was ich machen wollte. Da habe ich ihm geantwortet, ich wollte Musik studieren und nach Paris in die »Schola Cantorum« gehen. Natürlich bin ich nicht hingegangen.

Filme, katholische Gespenster
und zwanzig exemplarische Träume

A Hast du nicht – nach »Las Hurdes« – daran gedacht, noch weitere Filme zu drehen?

B Auf meine Art, aber ohne eine klare Vorstellung davon zu haben. Das war bei mir nie so was wie ein »brennender Wunsch, meine Art von Filmen zu drehen«, nein. Es war eher ein unbestimmtes Gefühl, eine vage Sache. Ich wußte es schon, aber auf eine sehr wirre und nicht sehr bewußte Art, daß ich im Film etwas machen könnte, aber ich wußte weder wie noch wann. In Wahrheit war das Kapitel abgeschlossen. Ich dachte, ich würde keine Filme mehr drehen. Deshalb bin ich auch, als sie mich in Hollywood unter Vertrag genommen hatten, um in Frankreich zu drehen, nach Mexiko gegangen. Aus Trägheit bin ich dann beim Film geblieben. »Was machen Sie?« Da konnte ich doch nicht sagen: »Ich mache Schuhe oder ich mache Musik.« Ich sagte: »Ich mache Filme.« »Aha, sehr schön.« Dancigers hatte ich schon in Paris kennengelernt. Er sagte zu mir: »Bleiben Sie hier, und wir machen gemeinsam einen Film. Ich habe zwei sehr gute Sänger, Negrete und Libertad Lamarque.« Und ich sofort: »Sehr gut, was wollen wir machen?« Es gab ein Drehbuch von einem Franzosen, Michel Weber, der schon gedreht und außerdem auch schon mit Max Ophüls im »Sommernachtstraum« zusammengearbeitet hatte, zu dem er das Drehbuch schrieb. Der hatte ein Drehbuch, das von Goldsuchern handelte. Dann hatte ich ein Gespräch mit Magdalena, um es ins Mexikanische zu übertragen. Mit mexikanischem Dialog und allem, was dazugehört. Ich habe den Film vor allem deshalb gemacht, weil ich leben mußte, und dann auch, weil ich seit 1932 keinen Film mehr gedreht hatte. Das war 1945. Es hat mir Spaß gemacht. Ich habe es als technische Erfahrung angesehen. Ich bin noch einmal ins Studio gegangen, weißt du. Ich hab den Film (*Gran Casino*, 1947) gedreht. Danach haben sie mich drei Jahre lang geschnitten. Ich sage »geschnitten«, weil mich keiner mehr wollte und weil keiner mir mehr Filme geben wollte. Bis *El gran cala-vera*, der ein Kassenschlager wurde und mir erlaubte, *Die Vergessenen* zu drehen, das war das erste Mal, daß...

A Mit *Die Vergessenen* hast du gewissermaßen wieder zu dir selbst gefunden.

B Genau. Mit *Die Vergessenen* habe ich zu mir selbst zurückgefunden. Damals machten wir schlimme Zeiten durch. Na ja, vor allem Larrea. Ich hatte noch ein paar Ersparnisse aus dem Erfolg von *El gran calavera*. Wir haben viel gelacht. Mehr, als er zugibt. Er hätte alles gemacht, um Geld zu verdienen, und eine unserer Ideen hat schließlich den Grundstein für *Die Vergessenen* gelegt. Wir wollten einmal ein Melodram von übelster Machart drehen; es sollte von einem kleinen Aufschneider handeln, und wir gaben ihm den Titel »Seine Exzellenz, der Waisenknabe«. Wir haben nach Lust und Laune Episoden aneinandergereiht, eine schlechter als die andere, eine Ansammlung von Plagiaten, hier und dort entlehnt, als ob es ein Film von Peter Lorre wäre. Ich habe Dancigers davon erzählt. Es hat ihm überhaupt nicht gefallen, und er sagte zu mir, ich solle tun, was ich wolle, aber ernsthaft müsse es sein. Und, er hätte einen Spanier, mit dem ich zusammenarbeiten könne, einen jungen Schauspieler. Es war Alcoriza. Er stellte ihn mir vor, und ich fing an. Damals lasen Larrea und ich eine Meldung in der Zeitung – von der Art, wie man sie zu Tausenden finden konnte –, daß ein elfjähriger Junge tot auf einer Müllhalde gefunden worden sei. »Das könnte doch ein Aufhänger sein«, sagten wir uns. Wir haben ein paar Tage zusammengearbeitet, mit dir und mit Alcoriza, erinnerst du dich noch? Und sie haben euch bezahlt, aber ihr seid nicht in den Lohnbüchern geführt worden, wegen Gewerkschaftsgeschichten. Aus unseren Gesprächen entstand das Bild von einem zerzausten spanischen Edelmann, der die Avenida Madero entlanggeht, und von einem kleinen Straßenjungen. Im Film wurde daraus das Bild von einem Bettler, der in einer Abfalltonne das Foto eines Eroberers gefunden hat. Er sieht es an, sagt nichts und wirft es weg. Es bedurfte keines weiteren Kommentars. Damals fing ich an, zum Jugendgericht zu gehen, das Frauengefängnis zu besuchen, das von María Luisa Ricaud geleitet wurde. Sie erlaubte mir, Berichte zu lesen von den – wie hießen sie noch gleich –, ach ja, Sozialarbeiterinnen. Ich ging in Anstalten für Geisteskranke, studierte viele Arten von Bettlern, von...

A   Es kommt mir so vor, als wiederholtest du den Vorspann zu »Misericordia« von Galdós.

B   Das wäre der einzige Einfluß, den ich anerkennen würde, den von Galdós nämlich, den er ganz allgemein auf mich ausgeübt hat.

A   Und die Menge von Träumen, die es bei Don Benito gibt. Mehr als einmal habe ich gedacht, das wäre ein gutes Thema für eine Doktorarbeit.

B   Ganz ohne Zweifel. *Er trinkt seinen Cárpano, ich meinen Whisky.* Allein über vierzigmal habe ich nach Daten geforscht und dann Drehorte gesucht in den Baracken und Hüttenvororten. Und dann noch etwa zwanzigmal mit Fitzgerald, dem Bühnenbildner, und drei- oder viermal mit Alcoriza. Wenn ich allein war, verkleidete ich mich ein bißchen. Nicht, weil...

A   Schon gut! Das kann ich mir gut vorstellen.

B   Ich zog mir einen Overall an, einen Strohhut und ging in die Vorstädte, machte einen Rundgang, ging in die Slums hinein... All das interessierte mich sehr. Ich fühlte es richtig. Den Film haben wir dann im »Mexico«, im November 1950, wenn ich mich recht erinnere, uraufgeführt. Am ersten Tag hatten wir etwa fünfzig Freunde eingeladen. Nach der Vorstellung waren alle sehr freundlich, sie sagten: »Sehr gut, Buñuel, sehr gut.« Ohne den geringsten Enthusiasmus, und alle machten lange Gesichter. Bis dann Bertha, die Frau von León Felipe[*], kam – sie war Mexikanerin – mit ihren superscharfen Fingernägeln, wutentbrannt, eine wahre Bestie. Sie wollte mir allen Ernstes die Augen auskratzen (ich hatte Angst, aber ich konnte nicht ausweichen). Sie fuchtelte mir mit ihren Nägeln vor den Augen herum: »Elendiger! Canaille! Dreckskerl! Das sind doch keine mexikanischen Kinder! Ich werde verlangen, daß sie auf dich den Paragraphen 33 anwenden, du Halunke!« Sie war außer sich. Und Ruth Rivera direkt neben ihr, Tochter des Malers Diego Rivera, wie versteinert. Siqueiros zu meiner Rechten, der mich begeistert, mit echter Begeisterung, beglückwünscht hatte, sagte zu mir: »Mach dir nichts draus! Weiber!« Dabei war Bertha – natürlich

---

[*] *León Felipe Camino* (1884–1968), Lyriker; zusammen mit *Juan Ramón Jiménez* (1881–1958) und *Antonio Machado* (1875–1939) bildet er die sogenannte Dichtergeneration von 1914, die Vorläuferin der »Generation von '27«.

zusammen mit León – nicht nur einmal, sondern sechs-, zehn-, fünf-zehnmal bei uns zum Essen gewesen. Kurz, das alles war, wenn ich mich recht erinnere, an einem Donnerstag, und am Dienstag darauf war der Film schon vom Programm abgesetzt. Er war in Cannes dabei, bekam einen Preis, und später wurde er dank Ragasol wieder im Prado-Kino gespielt, wo er sieben oder acht Wochen im Programm blieb. Damals kamen auch Proteste vom mexikanischen Lehrerbund oder so etwas Ähnlichem und von irgendwelchen anderen Vereinigungen. Es hagelte Beleidigungen. Aber der Erfolg in Europa beschwichtigte sie alle wieder.

A Daß du durch *Die Vergessenen* wieder zu dir selbst gefunden hast, war das mehr Zufall, oder hast du es seit deiner Ankunft in Mexiko versucht?

B Nein, nein. Ich habe nichts versucht. Das kam mir unmöglich vor. Ich dachte, ich würde nie mehr zum persönlichen Film zurück-kehren. Ich dachte, das wäre vorbei. Denn meine Filme sind sehr persönliche Filme gewesen, ich war der Produzent und... ja alles eben.

A Dann muß es doch für dich schmerzlich gewesen sein, daß du nach den *Vergessenen* wieder zum kommerziellen Film zurückgekehrt bist...

B Nein.

A War dir das egal?

B Nein, nein. Das war mir nicht egal. Aber ich hatte eine Frau und zwei Kinder, ich mußte doch leben, oder? Und deshalb haben sie mir auch den – wie heißt er noch gleich? – *Susanna* angeboten, oder nein...

A *Susanna*, doch!

B Nein, nein. War denn *Susanna* der erste, den ich nach den *Verges-senen* gedreht habe? Der hat mir nicht besonders gefallen. Ich hab ihn bearbeitet, soweit ich konnte. Er hätte gut werden können, aber das Ende ist mir danebengegangen, weil das Ende ernst geworden ist. Aus dem Film hätte etwas werden können. Einige glauben sogar, er sei gut. Es gibt Leute, die ihn sehr gut finden. Ich habe immer, in jedem Film, versucht, einen Ausweg zu haben, dafür zu sorgen, daß es immer einen Weg gibt, den ich gehen könnte und auf dem ich tun konnte, was ich wollte, aber die Umstände waren meist ungünstig. Bis zu *Das verbrecherische Leben des Archibaldo de la Cruz*. Auch *Robinson*

Crusoe habe ich nicht drehen wollen, er wurde mir vorgeschlagen. Dancigers hat ihn mir vorgeschlagen – ein paar Amerikaner waren gekommen. Also drehte ich *Robinson Crusoe*, worauf ich von selbst niemals gekommen wäre, aber nachdem ich ihn einmal angefangen hatte, versuchte ich auch, ihn zu Ende zu bringen. Ich fühlte ganz persönlich, ich brachte mich persönlich mit in die Arbeit ein. Er hatte mehr Qualität und zudem einen besseren Stoff als *Gran Casino*, aber den hätte ich auch nicht aus eigenem Antrieb gedreht. Genauso wie ich *Das verbrecherische Leben des Archibaldo de la Cruz* nie gemacht hätte. Ich tat es, weil ich einen Film drehen mußte.

A   Aber er war doch ein großer Erfolg.

B   Was, welcher?

A   *Das verbrecherische Leben des Archibaldo de la Cruz.*

B   Ja, aber nicht hier in Mexiko. Ich glaube, er ist drei Wochen lang gelaufen. Nein, vier Wochen lang ist er gelaufen in einem Kino in ... Ich weiß nicht mehr, wie es hieß. Ich war nicht hier, ich war in Paris, als er gelaufen ist.

A   Im Palacio Chino.

B   Im Ausland ist er viel besser angekommen als in Mexiko. Ich finde ihn nicht besonders ansprechend. Vielleicht mit Ausnahme einiger Szenen ...

A   Wer hat ihn gemacht?

B   Die Alianza Cinematográfica. Patiño war der Produzent. Ein sehr guter Kerl. Er ist sehr anständig gewesen. Er hat nicht einmal das Drehbuch gelesen, gar nichts. Er hat nur gesagt: »Mach, was du willst!«

A   Soweit ich das sehe, liest kaum einer deiner Produzenten deine Drehbücher. Vielleicht weil ...

B   Nein. Sie lesen viel, sehr viel. Nur, inzwischen habe ich Handlungsfreiheit, damals nicht. Heute ist es immer so, daß, wenn wir uns nicht einig sind, wir uns voneinander trennen. Wenn der, der zahlt, nicht einverstanden ist, stimmt er gegen die Produktion des Films. Aber er kann nicht über einzelne Szenen bestimmen, sie abändern, damit sie den allgemeinen Moralvorstellungen, dem Geschmack des Publikums oder der Geschäftemacherei eher entsprechen. Heute ist es absolut verboten, sich in meine Angelegenheiten einzumischen.

A   Heißt das, daß du für die letzten Filme uneingeschränkt verantwortlich bist?

B   Ja.

A   Auch insoweit als du dich für das Geld des Produzenten verantwortlich fühlst...

B   Ja, ja... In den letzten Filmen mit Alatriste absolut. Wenn sie
nicht besser geworden sind, dann weil ich nicht konnte. Aber ich
hatte die Freiheit, zu tun, wozu ich Lust hatte. Ich habe mich jedoch
selbst beschränkt, mich selbst zensiert. Drei Stück zusammen mit
Alatriste; die ersten, die ich in Frankreich gedreht habe; und beim
letzten, *Die Milchstraße*, war ich total frei. Bei *Belle de Jour*, vollkommen frei. Ich war absolut frei, die Produzenten haben sich nicht ein-
gemischt. Im Gegenteil, sie haben verlangt, daß ich noch darüber
hinaus ginge. Bei *Nazarin* hatte ich nur relative Freiheit, weil Barba-
chano ein fürchterlicher Zensor ist. Er hat mir eine Szene einfach
herausgeschnitten, die für mich besonders wichtig war, mit ein paar
originellen Ideen drin. Er kürzte sie, weil er sie nicht drehen wollte.
In einem sehr freundlichen Ton sagte er zu mir: »Ich möchte sie
nicht drehen, denn Sie können sich sicher die Blamage hier in Mexiko vorstellen! Diese Szene können wir nicht drinlassen, alle Welt
würde sich dagegen...«

A   Ja, aber warum erzählst du mir nicht die Geschichte mit Hakim
in *Belle de Jour*, von den beiden winzigen Szenen, die Hakim im
Grunde zensiert hat, als...?

B   Vergiß, was ich gesagt habe. Ich möchte nicht über *Belle de Jour*
reden, weil ich es nicht weiß. Ich habe den Verdacht, daß die erste
Fassung von *Belle de Jour* ganz von der Zensur verboten wurde,
stimmt, ja. Auf dem Festival von Cannes ist er einstimmig abgelehnt
worden. Und als die erste Montage stand, hat Hakim ihn, glaube
ich, dem Direktor des Colysée gezeigt. Das ist eine Kinokette, der
mehrere Kinos gehören. Es heißt, sie wäre katholisch, in leitenden
Positionen säßen Katholiken. Dann ließen sie mir durch Hakim sagen, was der Direktor vom Colysée gesagt hatte: »Wir würden den
Film gerne in unser Programm nehmen, aber da ist eine religiöse
Szene, die unseren Gesellschaftern, unserer Verwaltung, nicht gefallen wird. Nämlich die Szene im Schloß, die nekrophile Szene.« Ich
hatte ziemlich diskret eine Totenmesse eingeschoben, bei der der
Graf und der Priester halfen, die beiden, sonst niemand. Niemand
war dabei. Ein Katafalk ohne Leiche und ohne Prostituierte. Später,
als er sie in den Sarg legte, sah man einen Christus von Grünewald,

der in der Ecke hing, direkt hinter der Kamera, und ich beschrieb das halbe Bild ganz detailliert: das Gesicht, die Nägel, die Hände, die Füße, die Fingernägel, nein, es ist schrecklich, der Christus ist wirklich beeindruckend. Er ist auch herausgeschnitten worden. Mit anderen Worten, es waren die religiösen Elemente, die eine erotische Szene einleiteten. Denn Erotik ohne Christentum ist nur halbe Erotik, ohne Christentum gibt es nämlich kein Gefühl der Sünde. Die agnostische Erotik ist eine erfrischende, natürliche Sache, aber die mit Christentum vermischte Erotik schafft das Gefühl der Sünde. Darin liegt aber der Konflikt. Und deshalb finde ich, daß die Szene dadurch zerstört wurde. Daß die Zensur diese Stelle gekürzt hat, war »ein kleiner Zufall«, nämlich der, daß durch Hakim die Zensur und der Colysée-Direktor den gleichen Geschmack bewiesen haben. Das ist alles, was ich sagen kann. Wer die Szene gekürzt hat, weiß ich nicht.

A   Dann gibt es für dich also in Indien keine Erotik?

B   Natürlich. Erotik, Eros schon, aber:

A   Aber nicht als Konflikt.

B   Nicht wie im Christentum, im Judentum oder so, vor allem im Christentum. Denn ich meine, das Gefühl der Sünde ist in keiner anderen Religion so weit entwickelt und so wirkungsvoll wie im Christentum.

A   Ist der Geschlechtsakt für dich etwas Diabolisches?

B   Nein, ich rede jetzt wirklich nicht mehr weiter. *Er lacht.* Wir haben heute schon so viel geredet. Gehen wir baden.

A   Gut, gehen wir baden, aber das Religiöse in deinen Filmen...

B   In meinen Filmen bringe ich immer mehr religiöse Elemente. Es ist fast schon so was wie Besessenheit in Richtung... Hast du auch nur einmal Politisches in meinen Filmen gesehen? Nie. Es gibt nichts darin, was mit Politik zu tun hätte.

A   Nein, für dich liegt das Wichtigste darin, daß, weil Sexualität ein Akt ist, der einen diabolischen Ursprung hat...

B   Ich weiß nicht, was Sexualität ist, werter Herr.

Er springt in den Swimming-Pool.

A   Deine Mutter war äußerst religiös.

B   Ja. Meine Mutter wußte in göttlichen Dingen über alles Bescheid. Ihr Gebetbuch konnte sie auswendig.

A   Und in welchem Alter hat sie dir zum ersten Mal von diesen göttlichen Dingen erzählt?

B   Na, schon als ich sehr klein war. Das Nachtgebet, bevor ich schlafen ging. Du weißt ja, ungefähr mit sechs oder sieben Jahren. Die Bilder mit dem Schutzengel...

A   Und den Rosenkranz beten.

B   Ja, als mein Vater in Kuba war, um seine Geschäfte aufzulösen, beteten wir jeden Abend den Rosenkranz. Das war eine spanische Familienangelegenheit. Der Vater auf Reisen! Für meine Mutter war damals die Reise meines Vaters nach Kuba so etwas wie heute für uns die Weltraumfahrten der Astronauten, oder schlimmer noch. Und er war ein oder zwei Monate fort. Die Hin- und Rückfahrt per Schiff hat fast einen Monat gedauert, dann noch einen Monat in Havanna. Zwei Monate lang jeden Abend den Rosenkranz beten mit der Dienerschaft, mit allen Kindern und...

A   Das war 1912, nicht wahr?

B   1912, ja. Ich hab mich oft verdrückt, das langweilte mich reichlich, obwohl ich ziemlich gläubig war. Meine Mutter hat die ganze Zeit nur die Phrasen aus der Kirche, von den Priestern und aus den Gebetbüchern heruntergesagt. Aber sie war auch keine Besessene, die von nichts anderem als von Religion geredet hätte. In der Hinsicht war sie normal, ganz normal. Gut, wenn der Anlaß da war, hat sie die Gebote befolgt... Das wohl.

A   Und wie war das in den kirchlichen Schulen?

B   Zuerst war ich in einer Marienschule. Dort bin ich ein Jahr geblieben. Ich glaube, Mantecón war auch dort. Nein, er war ja viel jünger als ich. Kurz, mit acht bin ich zu den Jesuiten gegangen und bin dort, bis ich vierzehn war, geblieben. Vierzehn oder fünfzehn, so um den Dreh. Ich blieb dort bis zum Abitur, das ich mit siebzehn gemacht habe. Das heißt, ich bin vielleicht 1915 von den Jesuiten weggegangen.

A   Das bedeutet also, daß dein Masturbieren rein jesuitische Ursprünge hat.

B   Ich weiß nicht, was Masturbieren ist, mein Herr, keine Ahnung.

B   Offene Räume machen mir Angst. Ich weiß nichts mit ihnen anzufangen. Folglich habe ich versucht, meine Figuren einzusperren.

Mit Catherine Deneuve bei den Dreharbeiten zu *Belle de Jour*

A   Die Dekors, große Dekors, so wie die Räumlichkeiten in deiner Familie zu Beginn des Jahrhunderts.

B   Schon möglich.

A   Die spanische Literatur ist auch eine Literatur der Eingesperrten. Eine Schrift der Klöster. Sogar die Schelmendichtung ist ein Rosenkranz der »Eingesperrten«. Es gibt kaum spanische Landschaftsmaler. Nur gegen Ende des 19. Jahrhunderts diejenigen, die die Generation von '98 ankündigen, die ihrerseits die spanische Landschaft entdeckt, damit du ihr wieder entfliehen kannst. Aus diesem Grunde gibt es keine richtigen spanischen Romantiker.

B   Und die »Amerikanisten« nehmen nur einen sehr kleinen Platz in der Geschichte der spanischen Literatur ein.

A   Und bist du nicht auch ein wenig »Amerikaner«?

B   Maurice Bessy erzählt es in seinem Buch. Hast du es nicht? Ich werde es dir geben, wenn du nach Hause gehst. Darin erzählt er diese Geschichte, die etwa 1954 oder so passiert sein muß, als ich Mitglied der Jury in Cannes war. Das ist eine sehr gute Sache, weil du immer irgendwas tun kannst. In dem Jahr wurde ein Film von Zinnemann, einem US-Amerikaner, vorgestellt, der erste, der außerhalb des Wettbewerbs lief. Und ich – als Juror – habe am nächsten Tag vor einigen Journalisten sehr abfällig über den Film gesprochen. So was tut man nicht. Die Jurymitglieder haben keinen Kommentar über Filme abzugeben. Und Vorsitzender war Cocteau. Zur Jury gehörten Kyrou und Benayoun, beide Surrealisten und trotzdem erbitterte Feinde von Cocteau. Es war ziemlich lustig. Jetzt erinnere ich mich, der Film von Zinnemann hieß: »From here to Eternity.« Armer Zinnemann, er war schwer getroffen; er hatte wahnsinnige Angst vor dem MacCarthyismus und deshalb einen unverschämt imperialistischen und antikommunistischen Film gedreht. Seine erste bedeutende Arbeit war die Verfilmung des Romans von Anna Seghers, »Das 7. Kreuz«, erinnerst du dich? Zehn Jahre vorher mit Spencer Tracy... Er muß eine schreckliche Angst ausgestanden haben. Weil ich gesagt hatte, der Film sei der letzte Krampf, fingen die amerikanischen Journalisten an, mich als Kommunisten zu beschimpfen. Was soll man dagegen machen? Das alles geht auf das Konto von Cocteau, aber es hat nichts mit ihm zu tun. Eines Tages bei einem Treffen der Jury sagte er zu mir: »Monsieur Buñuel, ich möchte mit Ihnen reden.« Ich sagte: »Sehr gut. Wann

Sie wollen, gerne.« Und er: »Wie wäre es im Carlton um fünf Uhr?«
»Sehr gut, um diese Uhrzeit ist sonst nichts los. Oben schon, aber
auch nicht sehr viel, denn entweder sehen die Leute sich die Nach-
mittagsvorstellung an, oder sie ziehen sich um für die Abendvorstel-
lung... Sehr gut.« »Einverstanden.«
Um Punkt fünf Uhr, denn ich bin sehr pünktlich, setze ich mich in
die Bar des Carlton und warte. Niemand kommt. Kurze Zeit darauf
kommt ein Pärchen. Sie setzen sich hin und gehen wieder. Noch
eines. Aber Cocteau war nicht zu sehen. Um halb sieben stand ich
auf und ging weg. Am Tag darauf trafen wir uns. »Was war denn
los?« »Das gleiche frage ich Sie. Ich war dort von fünf bis halb sieben, und wer nicht gekommen ist, das waren Sie.« Maurice Bessy
erzählt diese Geschichte in seinem Buch über Magie und übernatür-
liche Erscheinungen. In der Tat waren wir offensichtlich beide dort,
ohne uns zu sehen.

A Womöglich hast du schlecht zugehört, und er hat Majestic statt
Carlton gesagt.

B Nein. Damals war ich nur halb taub.

A Aber du warst immerhin schon halb taub.

B Du immer mit deinen rationalen Erklärungen. Vielleicht hast
du ja recht, und wir schreiben einen Bericht an einen Kongreß von
Hals-Nasen-Ohren-Ärzten mit dem Titel: »Wie sich im Gehör eines
halb tauben Individuums ein ›Majestic‹ in ein ›Carlton‹ verwandelt.«

A Roblès behauptet, damals hättest du für deine Filme die be-
rühmtesten Schauspieler der Welt aussuchen können.

B Nein, da erinnert sich Emanuel Roblès nicht richtig. Oder vielleicht hat er es auch nicht besser gewußt. Aber Tenouchi, der als
geiziger Produzent gilt, sagte zu mir*: »Wen brauchen Sie für die
Rolle?« Und ich antwortete ihm zum Scherz: »Greta Garbo.« Und
der Mann, weder geizig noch faul, ruft seine Sekretärin und bittet
sie, ihn mit Hollywood zu verbinden, damit er dort mit Greta Garbo
verhandeln könne. Dann sagte ich zu ihm: »Nein, Mann. Das war
nicht ernst gemeint. Wen ich wirklich will, ist Gina Lollobrigida.«
Und noch in der gleichen Nacht fuhren Jaeger und ich nach Rom.

---

* Buñuel spricht im folgenden über den Film *Cela s'appelle Aurore (Morgenröte)*, Frankreich/
Italien 1955.

Aber sie war umgezogen und empfing uns nicht einmal. Dann dachte ich an Lucía Bosé, die gerade Luis Miguel geheiratet hatte. Die Dinge sind dann so gelaufen, wie Roblès sie beschreibt, aber fast jeden Abend hat Luis Miguel mich angerufen im Hotel Boulevard Raspail, um zu erfahren, wer der Liebhaber werden würde. Bis man es ihm sagen konnte:»Es ist George Marshal.« Und dann fing er an, mich auszufragen, was für ein Typ das sei, welche Manieren er habe usw. Ich antwortete, daß er ein sehr ernsthafter Mensch sei, daß er verheiratet sei und daß er in einem Schloß wohne. Alles in bester Ordnung. Zuerst dachten wir daran, auf Sardinien zu drehen. Ich war zwei Wochen dort, um Drehorte zu suchen, angefangen in Cagliari usw., aber dann fragten wir uns, warum wir ins Ausland gehen sollten, wenn wir auch auf Korsika, was zu Frankreich gehört, filmen konnten. Und so war es dann auch. Luis Miguel ist ein paarmal gekommen, um Lucía zu sehen. Er war sehr eifersüchtig, wahnsinnig eifersüchtig. Aber mit einem eigenartigen Sinn für Humor. Stell dir vor, einmal war er bei Tenouchi zu Hause zum Essen eingeladen – du warst ja schon einmal da –, dort hinter der Estrella. Und es waren nur Lucía, Luis Miguel und Monsieur Bondass da, ein pleite gegangener französischer Produzent und Assistent von Tenouchi, ein wunderbarer Kerl. Wenn unter denen, die einen Witz hören, niemand eingeweiht ist, hat der Witz nichts Witziges an sich. Luis Miguel fing an, ernsthaft zu erzählen, ich würde mich alle zwei Monate in ein Irrenhaus einsperren lassen, weil ich mich zu irgendeiner barbarischen Tat imstande fühlte. Am nächsten Tag erzählte mir Bondass die Geschichte, und ich sagte zu Tenouchi:»Das finde ich überhaupt nicht lustig, das ist doch bloß ein Racheakt. Nicht, daß ich nichts erfinden könnte, aber – nur ganz wenige wissen es – vor zwei Jahren ist Luis Miguel in Córdoba von einem Stier angefallen worden, der ihm beide Eier abgerissen hat. So jetzt ist es ein Racheakt.«

B   Als de Sica nach Mexiko gekommen war, um»Los hijos de Sánchez« von Lewis zu drehen, sah er *Viridiana*, oder besser gesagt: er wurde ihm gezeigt. Und er ging vollkommen entsetzt hinaus. Er, ein Neorealist!

A   Wir wissen alle, daß für dich der Neorealismus das Schlimmste ist, was es gibt.

B   Ich habe es oft gesagt und gezeigt. Kurz, er ist vollkommen niedergeschmettert rausgekommen. Er fragte mich: »»Aber Buñuel, was
hat Ihnen die Gesellschaft denn getan? Hat sie Sie schlecht behandelt? Haben Sie sehr gelitten? Was für ein grauenvoller Film!« Natürlich sagte ich nein, daß ich den Film einfach so sehen würde und
daß er dazu gut sei. Er nahm Jeanne beiseite und fragte sie leise:
»Schlägt Ihr Mann Sie?«
Wir haben begonnen, über »Der Weg, der zum Himmel führt« *zu reden.*
Als Manolito* wollte, daß ich den Film mache, der auf einer Tatsache beruhte, einer Reise, die irgend jemand mal in einem Zweite-
Klasse-Wagen von Acapulco nach Zihuatanejo gemacht hat, da
sagte ich, es würde ihn dreißigtausend Pesos kosten, Drehbuch und
Regie... Bis dahin hatte ich immer fünfundzwanzigtausend Pesos
genommen. Aber was für Filme waren das! Es erinnert sich schon
gar keiner mehr dran: *Una mujer sin amor, La luja del engaño, Susanna.*
Und für *Die Vergessenen* habe ich auch fünfundzwanzigtausend Pesos
bekommen. Manolito war schon erstaunlich.
A   Und María Luisa?
B   Du lieber Gott, hör bloß auf. Das erste Mal, als wir bei ihr zum
Essen eingeladen waren, machte sie uns die Tür auf und sagte: »Sind
Sie Buñuel?« Ich antwortete: »Ja.« Und sie schrie: »Manolo! Aber
er ist ja gar nicht so häßlich, wie du gesagt hast!« Dann begrüßte sie
Jeanne, hob ihren Arm hoch, roch an ihrer Achselhöhle und sagte:
»Das gefällt mir. Das riecht sauber, nicht so wie die Eier von Ma-
nolo.« Später im Aufnahmestudio, als sie ziemlich spät kamen und
Manolo sie damit entschuldigte, sie hätte Kopfschmerzen, schreit
sie: »Was heißt hier Kopfschmerzen, mein Lieber, meine Tage hab'
ich!« Und Manolo hinter dieser Ziege. Denn sie war wirklich eine
Ziege... Ja, ja Manolito. Manolito, der beim Fahren den linken Arm
draußen auf dem Autodach liegen hatte, mit der anderen Hand das
Lenkrad festhielt, sich zu mir drehte und mit seinem unverwechsel-
baren Akzent sagte: »Wer konnte das schon vorhersehen, Luis! Was
das Leben so alles mit einem vorhat! Ich, ein Filmproduzent, was?
Was sagst du dazu? Ich und Filmproduzent...« Und er sagte das
mit jener kindlichen Zufriedenheit, die er nie verloren hat. Und so

* *Manuel Altolaguirre* (1905–1959), Lyriker aus der »Generation von '27«, der den Film pro-
duzierte.

einer muß dann auf derart absurde Weise auf einer geraden Straße, einer absoluten Geraden, in der Nähe von Burgos sterben. Sie sind sehr spät von San Sebastián weggefahren, ich glaube, so um elf. Sie müssen ziemlich viel getrunken haben. Sie waren auf dem Festival. Und dann mit dem Arm auf dem Autodach sterben. Es heißt, sie haben sich sechs- oder siebenmal überschlagen. Er soll nach der Beichte verlangt haben. Er war nämlich katholisch.

A   Armer Manolo, so mußte er sterben.

B   Seine Leiche haben sie nicht nach Madrid hineingelassen. Er liegt auf einem Friedhof in der Nähe. Ich weiß nicht mehr, auf welchem. Paloma geht hin, wenn sie da ist … Und dasselbe wird uns auch passieren, mir und dir … Das ist auch der Grund, warum ich nicht wieder in Europa Regie führen will. Hier fühle ich mich wohl. Ich habe alles, was ich brauche. Die Flaschen, die ich brauche. Und wenn ich einen Film machen will, dann würde ich ihn eben hier drehen. Mit französischem, italienischem oder sonstwelchem Kapital. Aber nach Europa zurückgehen, um einen Film zu drehen? Eines Tages fühle ich einen Schmerz … hier – *er zeigt auf sein Genick* – und was dann?

Ich war nie in der Partei wie Pierre Unik und Georges Sadoul. Beide mochte ich sehr gern. Sadoul liebte mich über alles, und ich ihn auch, aber er hat meine Filme nie verstanden. Als er 1950 *Die Vergessenen* gesehen hatte, schickte er mir ein Telegramm mit der Adresse einer Bar auf den Champs Elysées. Er war am Boden zerstört und weinte: »Du kannst so was unmöglich gemacht haben.« Ich fragte: »Aber weshalb denn?« Und er: »Ein Polizist, der einen kleinen Jungen beschützt! Und dann die Dialoge …« »Hör mal«, sagte ich zu ihm, »ich kann nicht leugnen, daß ich gegenüber der mexikanischen Regierung einige Zugeständnisse habe machen müssen. Aber das, nein. Wenn dich einer angreift, wenn einer dir mit seinem Messer ein Loch in den Bauch stechen will und ein Polizist kommt und ihm eins drauf gibt, dann ist das doch in Ordnung! Bloß weil ich mir kein Loch im Bauch einhandeln will, unterstütze ich doch noch lange nicht den Kapitalismus …« Aber er ließ sich nicht überzeugen. Das leuchtete ihm nicht ein. Und nicht nur ihm nicht, alle waren sie widerspenstig. Bis in Moskau – ich glaube, es war in der Prawda – eine Kritik von Pudowkin erschien, die überaus positiv war, von der Zartheit der *Vergessenen* redete und den Film in höchsten Tönen lobte. Danach änderten alle ihre Meinung, einschließlich Aragon, der ebenfalls seine Vorbehalte hatte, und von da an wurde *Die Vergessenen* einer meiner größten Filme. Sadoul hat nie etwas verstanden, aber er konnte mich sehr gut leiden. Und ich ihn auch.

A   Warum können deine Figuren eigentlich nie gut sein?

B   Das stimmt doch nicht, Nazarin ist gut. Sehr gut sogar.

A   Bei Galdós, ja. Aber du machst aus ihm den Inbegriff des Schlechten gegenüber den Menschen.

B   Na schön, so bin ich eben.

A   Na und?

B   Es spielt keine Rolle. Für mich ist Nazarin ein beispielhafter Priester. Das Schlechte ist die katholische Lehre. Ihn trifft keine Schuld.

A   Ich sage ja auch nicht, daß er schuld daran ist. Genausowenig wie der, der von Geburt aus hinkt oder »schlecht« ist, daran schuld wäre. Aber Tatsache ist, daß Nazarin in deinem Film, wenn du schon nicht das Wort »schlecht« akzeptieren willst, so doch zumindest nicht gut ist.

B   Das sagst du. Ich respektiere deine Meinung, aber du täuschst dich.

A   Daß er am Ende weint, weil er den Glauben verliert, weil er an den Menschen glaubt, war eine Erfindung von Octavio Paz.

B   Dagegen gibt es nichts zu sagen. Er weint, weil er zum ersten Mal Zweifel spürt, Zweifel an seinem Glauben. Er weist die Nächstenliebe der Alten zurück, später nimmt er sie an. Er ist sich über nichts mehr im klaren.

A   Wir leben heute, es könnte sich genausogut um einen Hilfsarbeiter wie um einen Priester handeln. Er hat den Glauben nicht verloren, aber er zweifelt: das ist das große Problem unserer Zeit. Nazarin könnte auch ein Kommunist unserer Tage sein. Von daher auch die universale Bedeutung deines Films im Jahre 1960, und darin liegt auch der Grund, weshalb er Sadoul beispielsweise auf den ersten Blick nicht gefallen würde und auch weshalb er zur damaligen Zeit Octavio Paz so gut gefallen hat. Der Film ist Ausdruck unserer konfusen Welt. Gestern abend habe ich *Nazarin* wieder gesehen und bin dabei, meine Meinung zu ändern.

B   Das ist gut. Der Zweifel, die Unsicherheit, das sind gute Erscheinungen.

A   Mich hat jener letzte Satz von Nazarin vollkommen verwirrt. *Dios se lo pague* (vergelt's Gott), das war der letzte Satz im Film.

B   Das ist doch vollkommen normal. So sagen wir in Spanien.

A   Und in Mexiko. Du vergißt immer, daß der Film in Mexiko spielt. Es ist nämlich so, daß das nicht der Kernsatz des Films ist, obwohl es der letzte Satz ist und obwohl er von der Hauptfigur gesprochen wird.

B   Welcher denn?

A   »Sieh mich an: ich tue Böses, sie tun Gutes. Aber was taugt dann ihr Leben? Sie auf der guten Seite, ich auf der bösen... Weder sie noch ich sind zu etwas nütze.«

B   Du hast recht.

A   Dieser Gute, der ständig auf irgendeine Weise Böses tut. Die Szene mit den Arbeitern...

B   Ja. Und der Tote – es gab natürlich nur einen Toten. Das ist aber von mir! Nicht von Galdós!

B   Ich würde gerne einen Film über die Cholera drehen.

A   Den hast du doch schon gedreht!

B   Ja, schon, eine Szene in *Nazarin*.

A   Ja, mit einer der ungewöhnlichsten Aufnahmen, die es in deinen Filmen gibt. Die mit dem Mädchen auf der Dorfstraße mit einem Leintuch in der Hand. Ich weiß nicht, weshalb sie mich an den Hamlet von Wachtangow erinnerte, als sie im oberen Teil des Bildes vorbeiging und ihren roten Mantel schwenkte...

B   Das mit der Cholera... Ich habe viele Romane darüber gelesen. Einen von Thomas Mann. Ich wollte, daß eine Epidemie ausbrechen würde und die Leute nicht mehr aus dem Haus könnten.

A   *Der Würgeengel.* Erinnere dich daran, daß du in dem Film eine Fahne hißt, die die Leute daran hindert näherzukommen, eben damit sie glauben, daß es eine Epidemie gibt.

B   Du hast recht. Ich konnte mich schon gar nicht mehr daran erinnern. Das ist ein Kindertraum von mir, als die Cholera 1911 in Spanien war, die »Vendrell-Cholera«, wie man in Zaragoza sagte. Mein Vater nahm eine Wohnung in Vitoria, weil es hieß, daß die Cholera noch nie bis Vitoria gekommen war. Schließlich sind wir doch nicht nach Vitoria gegangen. Die Angst ging vorbei, und wir sind in Zaragoza geblieben. Aber auf alle Fälle ist mir dieser Gedanke an die Cholera zu einer fixen Idee geworden. Abgesehen davon ist sie ja auch wirklich eine Plage, eine Geißel.

A Weiß Gott. Gibt es eigentlich jemanden, mit dem du am liebsten zusammengearbeitet hast?

B Mit allen hat es mir Spaß gemacht, aber vor allem mit Alatriste. Wenn du mit ihm sprichst, du wirst schon sehen, er wird mich in den höchsten Tönen loben. Alle Statuen sollen abgerissen und durch meine ersetzt werden. Ein seltsamer Typ. Er hat wirklich wunderbare Sachen gemacht. Er kann sich an vieles noch genau erinnern, aber er kann es auch genauso schnell wieder vergessen. Bei einem der ersten Male, als wir zusammen spazierengingen, sagte er zu mir: »Man kann von mir behaupten, was man will, daß ich kein ernstzunehmender Mensch sei, daß ich schamlos sei, daß ich ein Gauner sei, aber eins wird man nie sagen können, nämlich daß ich schlecht verkaufe.« Und er hat recht. Mit *Simon in der Wüste* hat er Sachen gemacht, die vorher keiner für möglich gehalten hätte. Er hat auch heute noch recht. Neulich kommen da ein paar Engländer, die sagen, sie hätten von dem Film gehört und sie wollten ihn gerne kaufen. Er dauert nur fünfundfünfzig Minuten. Und du kennst ihn ja, das ist kein einfacher Film.

A Mit welchem Film legen sie ihn zusammen?

B Was weiß ich. Mir ist es auch egal, mit einem Dokumentarfilm aus Tanganjika oder mit irgendeinem Melodram. Sie haben ihm zehntausend Dollar in bar geboten und später vierzig Prozent vom Gewinn. Das ist ein vernünftiges Angebot. Er hat ihnen geantwortet: »Ich habe Ihr freundliches Angebot empfangen. Ich bedauere zutiefst, Sie lediglich zu einem Fest hier einladen zu können, wenn Sie zufällig einmal nach Mexiko kommen. Ich verspreche Ihnen, daß es mich mindestens zehntausend Dollar kosten wird.« Alles gelogen. Aber so ist er. Er kann gut verkaufen. Heute, fünf Jahre nachdem er gedreht worden ist, verkauft er den Film in aller Welt und zu einem sehr günstigen Preis. Mal hat er Geld, mal hat er keinen Pfennig mehr. Du hast mich gefragt, mit welchem Film zusammen er gezeigt wird: *Simon* besteht aus fünf Filmrollen. Er hat Orson Welles in Madrid getroffen und ihn gefragt, ob er nicht einen Film für ihn machen wollte, zu den Bedingungen, die er frei stellen könnte, eben um das Programm zu vervollständigen. Orson sagte ja, daß er den »Don Quijote« machen wollte, und Alatriste sagte natürlich nein.

A   Den Quijote in fünf Rollen...

B   Weil er keine Kopie des »Simon« in Madrid hatte, sagte er: »Ich werde Ihnen den Film morgen in Rom zeigen.« »Sehr gut.« Und sie sind hingefahren. Orson hat den Film gesehen, und er hat ihm sehr gut gefallen. Auf dem Rückflug haben sie sich dann geeinigt. »Schön«, sagte Orson Welles. »Sie machen, was Sie möchten«, meinte Alatriste, »und wenn er fertig ist, schicken Sie mir ein Telegramm.« »Sehr gut«, antwortete Orson, »und Sie schicken mir zwanzigtausend Dollar und dann während der fünf Wochen Filmaufnahmen hundertachtzig Dollar.« Kurze Zeit danach schickt ihm Orson Welles das Telegramm. Und bis auf den heutigen Tag wartet er auf sein Geld.

Stell dir mal vor. Jetzt vor kurzem trifft er sich in Madrid mit Berlanga und einem jungen Drehbuchschreiber und einigt sich mit ihnen über einen Film. Es sind beide gute Kerle. Sie handeln einen Preis aus, vier Millionen Peseten für Berlanga und eine Million für den Drehbuchautor. Alatriste schlägt vor, der eine solle als Vorschuß fünfhunderttausend Peseten, der andere hunderttausend bekommen. »Verdammt! Ich hab' mein Scheckbuch nicht dabei. Treffen wir uns am Montag in der Bank. Um zehn Uhr.« Um Punkt zehn Uhr treffen sich die drei in der Bank. Alatriste unterschreibt ihnen einen Scheck über sechshunderttausend Peseten. Berlanga geht an die Kasse. Da waren auf dem Konto von Alatriste noch ganze zweitausend Peseten. »Ach, verdammt! Das hatte ich vollkommen vergessen. Na ja, ich hatte einige Rechnungen zu bezahlen... Aber macht euch keine Sorgen, morgen fahre ich nach Mexiko, und am Montag habt ihr euer Geld.« Die warten bis heute drauf. Aber ich versichere dir, bei mir hat er sich fabelhaft verhalten. Er hat mir fünfhunderttausend Peseten bezahlt, um einen Film zu machen, den ich damals unbedingt drehen wollte. Aber dann haben wir ihn doch nicht gemacht. Und deshalb habe ich den *Simon in der Wüste* umsonst gedreht. Jetzt will er mir ein Haus in Cuernavaca schenken.

A   Ist er sehr reich?

B   Jetzt sagt er, er hätte viel Geld. Er macht eine Unmenge von Geschäften, und er hat eine von diesen Zeitschriften der Regenbogenpresse.

A   Wie hast du ihn kennengelernt?

B   Ich glaube in Madrid; nicht hier. Seine erste Frau Ariadne Walter arbeitete 1955 in einem meiner Filme mit, *Das verbrecherische Leben des Archibaldo de la Cruz*. Später hat er Silvia Pinal geheiratet, als ich mit ihm *Viridiana, Der Würgeengel* und *Simon in der Wüste* gedreht habe.

A   Und weil er dir mehr oder weniger sämtliche Freiheiten gelassen hat, sind das deine besten Filme.

B   Und jetzt will er mir unbedingt ein Haus schenken. Unglaublich! Aber, was für ein Verkäufer! Es ist schon seltsam, wie sich die Dinge ändern. Vor fünf Jahren wußte in Italien kein Mensch, wer ich bin. Heute schlagen sie sich über meine Filme die Köpfe ein.

A   Unsere Zeit ist offensichtlich eine Zeit der Verwechslung, deiner Verwechslung: der Buñuel des *Goldenen Zeitalters* mit dem der *Milchstraße*.

B   Der Buñuel des *Goldenen Zeitalters* ist ein Mann, der sich seiner selbst und seiner Ideen sicher ist. Ein Mann, der sein Ziel erreicht hat, der die Wahrheit gefunden hat. Er kämpft gegen das, was er haßt, er ist ein Anti. Es ist ein klarer, entschlossener Film ohne Geheimnisse. Nichts. Sehr surrealistisch natürlich, aber ohne Geheimnisse. Meine Gedanken sind glasklar. Nicht meine, sondern die Gedanken der surrealistischen Gruppe sind absolut durchsichtig. Alles, was sie an Anti-Ideen hat: Anti-Familie, Anti-Vaterland, Anti-Religion, Anti-Alles, sie sind ganz klar ausgedrückt, sehr wild. Seitdem sind vierzig Jahre vergangen, und der Zufall wollte es, daß ich noch immer derselbe bin. Ich glaube weder mehr noch weniger als vor vierzig Jahren. Ich bin derselbe geblieben, ich habe meine Ideen, die sich natürlich weiterentwickelt haben. Aber heute finde ich eine Welt vor, in der alles vertauscht ist, die Werte, die früher positiv waren, sind heute negativ; rechts und links haben sich vertauscht. Wir leben in einer unwahrscheinlich konfusen Welt. Wir wissen nicht, wohin wir uns bewegen. Die Wahrheit ist unerreichbar, und ich glaube nicht an sie. Ich glaube nicht, daß sich die Wahrheit irgendwo versteckt. Mich stören die Leute, die die Wahrheit gefunden haben, persönlich und intellektuell – egal ob in einer bestimmten Doktrin oder in einer bestimmten gesellschaftlichen Gruppe... Und weil ich der gleiche geblieben bin, hat *Die Milchstraße* einen zwiespältigen Aspekt, eine zwiespältige Form. Eigentlich glaube ich, sieht man sehr gut, daß ich mich nicht verändert habe.

Aber es gibt Aspekte, die den Zorn oder die Mißbilligung derer heraufbeschwören könnten, die mich als puren Anti und nichts sonst betrachten, nicht wahr? Die könnten zum Beispiel sagen: »Warum behandelt er dieses ekelhafte Thema?« Das kann dazu führen, daß Leute sich von mir abwenden, sogar meine eigenen Freunde. Ich glaube, ich bin derselbe geblieben, und die Zweideutigkeit des Films ist die Zwiespältigkeit unserer Zeit, ohne daß ich etwas dafür könnte.

A Das ist absolut klar... Diese Zwiespältigkeit ist fast das einzige Thema, das uns noch geblieben ist. Das Seltsame ist nur, daß dich immer noch die gleichen Themen begeistern wie die von vor vierzig Jahren.

B Ja.

A Das heißt, man kann getrost sagen, daß du zwischen deinem neunundzwanzigsten und deinem neunundsechzigsten Lebensjahr, in deiner vierzigjährigen Cineastenzeit, mit demselben Thema, das sich dir schon durch Kindheit und Jugend aufgedrängt hat, anfängst und aufhörst. (*Das Goldene Zeitalter* war weder dein erster Film, noch wird der hier dein letzter sein.) Du machst also wirklich heute dasselbe wie damals.

B Ja. Religion und Surrealismus. Jesuiten und Surrealisten.

A Das heißt, der Papst und Breton.

B Ja. Ich bin auch heute noch ein unbeirrbarer Anhänger der surrealistischen Ideologie. Die Lehre der Jesuiten ist zwar verschwunden, aber zweifellos haben sie mich geprägt.

A Christus und der Marquis de Sade sind vor langer Zeit gestorben, aber man sieht ja, was sie noch heute anrichten.

B Das ist eine ungewöhnliche Erfahrung in meinem Leben, die mich für immer geprägt hat.

A Und genauso ist es mit den Surrealisten. Wenn auch die Gruppe offiziell verschwunden ist, so sind doch ihre Vorstellungen noch lebendig.

B Ja. Ihre Vorstellungen sind immer noch unvermindert da. Sie bleiben in Kraft. Die Studentenrevolte in Paris war meiner Meinung nach absolut surrealistisch, durch und durch. Zu meiner Zeit waren wir einundzwanzig Surrealisten in der Gruppe. Einundzwanzig höchstens. Da waren ein Jugoslawe, vier oder fünf untergeordnete Leute. In Japan gab es eine surrealistische Gruppe, auf den Kanarischen Inseln, aber in Paris waren wir einundzwanzig. Und die Stu-

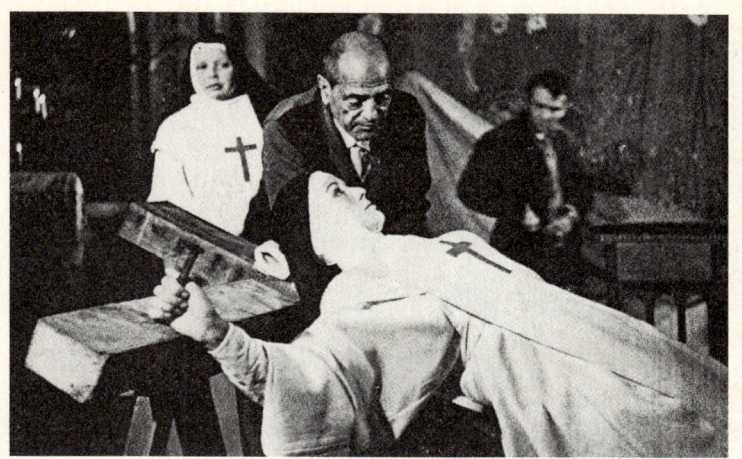

Bei den Dreharbeiten zu *Die Milchstraße*

denten waren achthunderttausend. Darin liegt der Unterschied. Und wohin gehen wir? Was wollen sie zerstören? Religion, Vaterland, Familie, Kapital? Es ist genau dasselbe, dieselbe Ideologie. Die Parolen, die »Mots d'ordre« lauten: »Die Phantasie an die Macht.« Ich erinnere mich, wie einer von Christus sprach in einem Artikel mit dem Titel: »À bas la putain de Nazareth.« Und mit der ›putain‹ – der Nutte – meinte er Christus. Und an der Sorbonne hing ein Schild: »Nieder mit dem Schuft...«, es hieß nicht »putain«, ich erinnere mich nicht mehr, aber es war ein Slogan gegen Christus. Alle waren zum Verwechseln ähnlich. Surrealisten, die zwischen Anarchismus und Kommunismus hin und her schwanken. Mit anderen Worten, wir sind eine Kraft. Die Surrealisten sind auf die Straße gegangen, jetzt, mit der Studentenrevolution in Paris. Der Surrealismus ist nicht tot. Und in der Poesie hat er sogar das letzte Wort noch gar nicht gesprochen, noch ein letztes Wort. Die Gruppe ist verschwunden, die Gründer und Erhalter des Surrealismus sind fast alle tot, aber die Welt hat reagiert. Die Leute von damals sind heute fünfundsiebzig oder achtundsiebzig Jahre alt. Ich bin sicher, daß sie nicht mehr so denken wie damals zur Zeit der Zürcher Skandale, aber sie sind immer noch die gleichen.

A Mit der *»Milchstraße«* hast du erstmals wieder einen Film aus lauter Gags gemacht, einen nach dem andern, ohne den Anspruch zu erheben, irgendwas beweisen zu wollen – genau das, was du immer wolltest, dir immer gewünscht hast.

B   Ketzereien...

A   Ja, aber du bist weder dafür noch dagegen. Du beweist nichts. Es sei denn, du hättest dir vorgenommen zu beweisen, daß die apostolisch-römische Version immer eine andere gewesen ist. Es gibt keine Fortentwicklung in der Geschichte. Der Jakobsweg ist und bleibt der Weg, wie er von Lazarillo de Tormes in seiner Geschichte nach den Stationen seiner Herren beschrieben wird. Du hast einen pikaresken Film gemacht, und zwar in dem Sinne, wie auch ein pikaresker Roman zu definieren wäre. Denn genau wie in der berühmten Erzählung, wo sich Lazarus verheiratet und ihm Hörner aufgesetzt werden, läßt du deine beiden Pilger am Ende mit der Nutte in den tiefen Wald gehen, um das Wort »Ende« zu feiern.

B   Nein, du wirst es nicht glauben. Zuallererst habe ich Ketzereien auf Zettel geschrieben. Alle, die ich finden konnte, und das sind eine ganze Menge. Ketzereien entstehen aus Geheimnissen. Es gibt sechs große Geheimnisse. Die einen gehören zum Dogma selbst, die anderen zu den Schwierigkeiten, zu den Widersprüchen. In dem Film behandele ich sechs Ketzereien. Drei große: die vom Geheimnis der Eucharistie (die Fleischwerdung), die von der zweifachen Natur Christi und die der Dreifaltigkeit. Die drei kleinen sind die der Erscheinung des Bösen (Manichäismus), die der Göttlichen Gnade und die, die sämtliche Geheimnisse der Maria umfaßt. Das ist schon eine schöne Anzahl, die ich auf meine Weise behandele. Du weißt ja, daß ich für Christus keinerlei Sympathie übrig habe und daß ich im Gegensatz dazu der Jungfrau Maria den größten Respekt zolle.

A   Mit wieviel Jahren hast du »Das Leben Jesu« von Renan gelesen?

B   Ich glaube mit sechzehn. Es machte einen großen Eindruck auf mich. Vor allem das mit den sechs oder sieben Geschwistern von Jesus. Ich lese das Buch jetzt wieder, weil es mir Spaß macht.

A   Und wie kam es zur Idee für *Die Milchstraße*?

B   Das war in Venedig bei der Vorstellung von *Belle de Jour*... Ich fragte Carrière: »Was hältst du von einem Film über Ketzerei?« Er willigte ein. Wir fuhren nach Madrid und dann zum Parador de Cazorla. Dort sind wir fünf oder sechs Wochen lang geblieben, und die erste Drehbuchfassung war fertig. Wir fuhren nach Paris zurück. Und ich dachte, das würde niemanden interessieren. Aber dann hat Silbermann sie gelesen. Er sagte zu mir, er würde ihn machen. Ich fuhr fünf oder sechs Wochen nach Hause, nach Mexiko, schrieb das Drehbuch, kam wieder nach Paris zurück, und dann haben wir den Film gemacht.

A Wann?

B 1967.

A Warum sehen wir den Pfarrer, der auf dem Flur lauscht, plötzlich im Inneren des Zimmers?

B Was?

A In der Szene mit der Jungfrau mit Bett und dem Mann im anderen Bett...

B Was?

A Warum ist der Pfarrer drinnen und draußen gleichzeitig?

B Ah! Weil es mir genauso geht. Immer wenn ich mit einem Priester durch die Tür spreche, ist er plötzlich drin in meiner Wohnung und auf einmal wieder verschwunden...

A In der *Milchstraße* beziehst du dich nur oder fast ausschließlich auf die Religion.

B Die Religion, die Dogmen und die Ketzerei.

A Und die Politik läßt du in Ruhe.

B Ich glaube nicht, daß ich die Politik...

A Nein, nein. Weder die Polizei, noch die Eltern, noch sonstjemanden.

B Nein.

A Es sind nur die ewigen Dinge geblieben, die dich seit deiner Jugend bis heute beschäftigen.

B Ja. Du wirst zugeben, es ist schwierig, wenn es um Ketzerei geht, die Polizei mit hineinzubringen. Das geht nicht.

A Natürlich nicht. Was ich sagen wollte, ist, daß ich dort gewissermaßen den Punkt deiner ewigen Wiederkehr sehe. Mit der *Milchstraße* kehrst du genau wieder zu deiner Kindheit zurück.

B Ja, stimmt.

A Denn damals hattest du nichts gegen die Familie, gegen das Vaterland oder gegen die Polizei.

B Weder für noch gegen. Ich wußte nicht, was die Polizei war. Gar nichts wußte ich, bis ich siebzehn war. Natürlich, stimmt genau. Ich konnte weder gegen die Polizei noch gegen irgend etwas anderes sein. Auch nicht gegen die Familie. Auch wenn ich damit ein schwarzes Schaf unter den Surrealisten bin, man mußte nämlich seine Verwandten, seine Eltern hassen, um Surrealist zu sein. Nein, aber das stimmt, das bringt mich wieder auf die Religion, sie ist das einzige... Eigentlich könnte man auch den gleichen Film auf die Politik oder auf die Kunst anwenden. Aber ich weiß es nicht. Mich interessiert die Politik überhaupt nicht. Das heißt, sie interessiert mich natürlich. Ich weiß mehr oder weniger, was politisch in der Welt los ist und... Aber ich weiß nicht.

A   Was die Kunst angeht... Das würde ein Geschrei geben, Luis, wenn du dich mal mit der Kunst anlegen solltest, das würde ich gern erleben.

B   Mit der was?

A   Mit der Kunst.

B   Ach so, mit der Kunst.

B   Bevor ich aus Paris weggegangen bin, habe ich ein paar Leute, acht insgesamt, eingeladen, den Film anzusehen. Hernando Viñes und seine Frau, Manolo (Angeles Ortiz), Cortázar, der mit zwei Weibsbildern ankam: Er hat sie mir vorgestellt, aber bei meiner Taubheit habe ich nicht verstanden, wer sie waren.

B   Zum ersten Mal hat mir Carlos [Fuentes] keine Antwort geschickt, obwohl er es doch war, der sich immer so für meine Filme begeistert hat und große Lobeshymnen singt. Er hat sogar Vorträge über meine Filme gehalten, bis nach Italien.»Was ist denn los?« fragte ich ihn.»Ich bin enttäuscht. Ich muß ihn noch einmal sehen«, antwortete er mir. Weil Cortázar in der Eile und dem Trubel schon gegangen war, fragte ich Carlos:»Was sagt denn Cortázar?« »Daß es ein Film ist, der vom Vatikan bezahlt worden ist.« Da kannst du mal sehen. Was den Marienkult angeht, halte ich mich natürlich absolut ans Dogma, das macht mir richtig Spaß. Pater Peña hat ihn an einem Sonntag gesehen. Und ich fragte auch ihn:»Was halten Sie davon?« »Mein Gott, das wird vielleicht einen Krach geben!« war seine Antwort. Ein Jesuit war auch dabei. Ich:»Was werden die hohen kirchlichen Würdenträger sagen?« Da hat er nur mit den Daumen nach unten gezeigt.

A   Die werden entzückt sein.

B   Natürlich!

Ich erzähle ihm von dem Brief von María Teresa León*, in dem sie, nachdem sie
»Die Milchstraße« *gesehen hatte, den Film als »katholisch und apostolisch«*
bezeichnet. Und »römisch«, behauptet sie hartnäckig. Er lacht.
Ich war noch nie atheistischer.

A   Ich habe gerade den *Nazarin* wieder gesehen.

B   Also in der *Milchstraße* habe ich es ganz genau genommen. Und
alle, außer der Kritiker von »La Croix«, haben applaudiert. Am
Abend der Uraufführung sind ein paar meiner alten Freunde gekommen, um mit mir zu reden. Aragon meinte: »Mit diesem Film ist
alles gesagt.« Elsa erging sich in Lobreden.

Er kommt wieder auf den Brief von Rafael und María Teresa zu sprechen.

Erzähl ihnen… erzähl Rafael, ich hätte gesagt, wenn er in unser
Alter käme, er in einen Spiegel schauen und an das Morgen denken
solle, an den Tod, daran, was passieren kann, daran, was aus uns
werden wird…

A   Mein Gott! Was mußt du dich amüsiert haben, als du diese
Filme gemacht hast!

B   Woher willst denn du das wissen?

A   Ich kann's mir vorstellen.

B   Gut. Du sagst Rafael – María Teresa nicht, sie hat nämlich keinen Sinn für Humor –, du sagst also zu Rafael, ich hätte dir ganz
zerknirscht gesagt: »Wir müssen zum Glauben zurückkehren, den
uns unsere Eltern gelehrt haben. Wir nähern uns einem Punkt, von
dem wir nicht wissen, was er für uns bereithält…« *(Mit reuevollem
Gesicht, die Augen zum Himmel emporgewandt, die Hände gefaltet:)* Natürlich dementierst du dann alles. Und ob Rafael Sinn für Humor hat!
Vielleicht sagt er: »Dieses Tier!« oder »Dieser Rohling von Luis!«
Aber dann wird er lachen. Ich habe meine Filme immer mit Musik
unterlegt. Mit der Musik der anderen natürlich. Nach meinem Geschmack. Aber jetzt, in der *Milchstraße* habe ich es zum ersten Mal in
den Vorspann geschrieben: »Musik: Luis Buñuel.« Es kommt aber
gar keine Musik drin vor. Ich habe lediglich einen gregorianischen
Refrain mit einem lateinischen Text versehen, den ich von Dámaso
Alonso habe, und von ein paar Nonnen singen lassen. Sehr hübsch.

---

* Schriftstellerin; verheiratet mit *Rafael Alberti.*

Rafael Alberti und seine Frau María Teresa di León beim republikanischen
Marionettentheater mit kommunistischen Pionieren im belagerten Madrid

Wir machen einen Rundgang durch sein Gärtchen, das von hohen Mauern umge-
ben ist. Wir sehen uns seinen Feigenbaum an.

So wollte ich ihn für die *Milchstraße* haben. Ich stellte mich hier hin.
Jesus verflucht ihn, und der Baum verwelkt: die Blätter werden gelb
und fallen ab; die Kamera schwenkt hoch, und auf der anderen Seite
des entblätterten Feigenbaums sieht man Jesus stehen. Weil es in
der Umgebung von Paris keine Feigenbäume gibt, versicherte mir
Silbermann, er hätte in London einen fabelhaften Spezialisten für
Trickaufnahmen, ich sollte mir keine Sorgen machen, das würde
wunderbar herauskommen. Das Ende vom Lied war, daß er, nachdem er mir schon zugesagt hatte, die Szene des Films hat streichen
müssen.
Wir machen ein paar Schritte. Er hat Freude am Efeu, der die hohen Mauern
seines Gartens bedeckt. Er zeigt auf die Mauer im Hintergrund, die höchste von
allen:
Die Nachbarn haben den Efeu abschneiden lassen. Er hat ihnen angeblich Licht weggenommen. Es ist eine Schande. Silbermann sagte

mir dieser Tage, er würde mir sechs Monate Europaaufenthalt schenken. Wo und wie ich wollte. Ich sollte mir einen Film ausdenken, ihn machen oder es auch bleiben lassen. Ich lehnte natürlich ab.

Ich blicke mich um. Man ist ziemlich eingeengt.

Ich möchte von hier nicht weg.

Ich erinnere mich an den eingesperrten San José Purúa, seine eingeschlossenen Figuren, daran, worüber wir vorher gesprochen haben, von der Erinnerung.

Niemand kann aus seiner Haut.

A Aber man kann doch von den andern reden... Deshalb schreibe ich Romane, und deshalb machst du Filme. Nur so können wir in die Welt hinaussehen. *(Die Bücher, die wie Efeu an den Wänden meines Hauses hochklettern.)* Niemand kann wirklich von sich selbst reden. Niemand wagt es. Wir erzählen Dinge, die von Interesse sein könnten (Collingwood, Gaos, Einstein, Churchill), aber über äußere Ereignisse. Wie es drinnen in uns aussieht, kein Ton.

B Weshalb?

A Ich habe es dir doch vorher schon gesagt, vor allem aus Feigheit. Wenn es nicht stimmt, dann versuch doch, deine Biographie zu verfilmen.

B Ich bin doch nicht Fellini.

A Nein, im Ernst. Niemand redet wirklich über sich selbst.

B Doch, man kann erreichen, daß ein des Lesens und Schreibens unkundiger Hirte sich selbst beschuldigt, er habe daran gedacht, seinen Vater oder seine Schwester umzubringen. Aber darüber können wir nur lachen. In Wahrheit ist man nie mit sich selbst im reinen.

A Das erste, was man wissen sollte, ist, wer man selbst ist. Ich glaube, das ist ziemlich schwierig. Man ist immer ganz nahe bei sich und paßt auf, daß nichts durchdringt, was einen verraten könnte.

B Ich für meinen Teil könnte eine ganze Zeit damit verbringen, schlecht über mich zu reden. Und das mit Recht.

A Aber du tust es nicht. Nein, niemand schreibt wirklich seine Memoiren. Weder Rousseau noch Gide. Niemand. Sie verschweigen weitaus mehr als die Hälfte. Verschiedene Verlage haben es mir angeboten. Ich habe mich immer geweigert und werde mich auch in Zukunft weigern. Ich schreibe lieber Romane. Oder würdest du vielleicht deine Memoiren schreiben?

B Auf keinen Fall. Schon deshalb, ich sage es noch einmal, weil ich sehr schlecht über mich reden würde. Über die anderen nicht. Von einigen würde ich gut reden.

A   Auch obwohl du weißt, daß sie Hurensöhne sind?

B   Ja, wenn sie meine Freunde wären. Warum auch nicht?

A   Aus Feigheit, sage ich dir. Der Mensch ist vor allem feige. An zweiter Stelle kommt die Heuchelei.

B   Aber es gibt Menschen... Das Schlechte ist die Gesellschaft. Ein schändliches Gebilde. Der Mensch ist nicht schlecht. Die Gesellschaft ist schlecht.

A   Aber sie ist doch nicht vom Himmel gefallen. Ich habe ein Buch von Sade gelesen, in dem er beteuert, Gott hätte die Erde für das Böse geschaffen...

B   Nein, nein, für das Gute und das Böse zugleich.

A   Aber damit gestehst du ja die Existenz Gottes ein.

B   Nein.

A   Das Gute und das Böse, die aus dem Nichts entstanden sind?

B   Warum? Warum Gott allein?

A   Deshalb schreiben wir nicht unsere Memoiren. Wir können nicht trennen zwischen...

B   Doch. Ich hätte genug schlechte Sachen, die ich über mich erzählen könnte.

A   Das hast du jetzt schon zweimal gesagt.

B   Das Problem ist, ich würde anfangen und nie wieder aufhören.

Zwei ausgesprochen liebenswürdige Personen kommen zu Besuch aus Madrid, um sich mit ihm über die Verfilmung von Tristana *zu unterhalten. Er empfängt sie sehr freundlich, bewirtet sie gut, führt sie herum. Er lehnt nicht ab, er hält sie hin (die gegebenen Umstände geben ihm da recht: Ausnahmezustand, allgemeine Unsicherheit usw.). Er nimmt mich beiseite und versichert, daß er den Film nicht machen wolle. Auf keinen Fall. Aber er lädt seinen Drehbuchautor Julio Alejandro zum Essen ein, und was die Meinung der potentiellen Produzenten angeht, so sind sie tatsächlich davon überzeugt, daß Buñuel früher oder später nach Toledo kommt, um den Film zu drehen. Ich auch. Aber er leugnet es, er will immer selbstsicher aussehen. Ohne wirklich zuzugeben, daß er jetzt nicht nach Spanien gehen würde. Die Sicherheit, die in diesem kleinen Ausschnitt der Welt existiert, ist einer der Gründe, weshalb er so gerne hier bleibt. Wer hat noch erzählt, daß er im vergangenen Jahr während der Studen-*

tenrevolte von Mai bis Juni von Paris nach Belgien geflohen ist? Dieser Mann ist schon seltsam, ein überzeugter Anhänger der militanten sozialen Revolution, der bereit ist, beim ersten Scharmützel wegzulaufen...

B Nein. Ich würde *Tristana* machen. Er gefällt mir. Nur das Ende würde ich abändern. Es ging doch nicht darum, Galdós zu belästigen, und was hältst du davon, um die Wahrheit zu retten, würde ich dazuschreiben: »frei nach Galdós«, oder was meinst du?

A Ja.

B Aber was ich auf keinen Fall will, ist eine Prüfung; mit vorher lesen und herummäkeln. Sie sollen ja oder nein sagen. Und dann drehe ich oder ich drehe nicht.

B Ich mache keine Filme mehr über Religion oder Erotik.

A Und *Tristana?*

B Na gut, aber da ist ja von beiden nicht viel drin.

A Hast du nicht gesagt, du würdest überhaupt keine Filme mehr machen?

B Ich bin nur ein schwacher Mensch. Aber ich hab' ihnen gleich gesagt, nur unter der Bedingung, daß sie mich machen lassen, wozu ich Lust habe. Und daß ich es nicht wegen des Geldes mache. Ich habe erst kürzlich vier Filme abgelehnt, wofür ich wenigstens viermal soviel wie für *Tristana* bekommen hätte. Glaubst du übrigens, ich kann schreiben, »frei nach Galdós«, obwohl ich den Schluß geändert habe?

A Ja, Mann, natürlich.

B Aus Respekt gegenüber Don Benito.

18. April 1971. Essen im Hause Buñuel zusammen mit Silbermann, Fernando Rey, den Alcorizas, die sich darum geschlagen haben, Zapata kennenzulernen, den Produzenten von Tristana: *ein mittelalterlicher Madrider in mittleren Jahren. Obwohl er ständig von den Alpen und einem ständigen Wohnsitz in Venedig schwärmt, sprudelt er, sobald von Spanien die Rede ist, nur so vor ungebremstem Nationalismus und einer ungebrochenen Vorliebe für »judías con chorizo«*, die verblüffen. Es kommt zu einem gewaltigen Krach, weil ich irgendwann meinen Ärger nicht mehr zurückhalten kann. »So etwas wie das spanische Essen gibt es nicht noch einmal!« beharrt er wütend. Ich*

---

* *Dicke Bohnen mit scharfer Paprikawurst.*

merke, was los ist, und schlucke. *Raquel Alcoriza und Silbermann stehen mir bei.*

Mit Silbermann rede ich zehn Minuten lang. Was für eine Freude, mit einem Mann zu reden, der ernsthaft Latein studiert hat! Ich sage das ohne Ironie. Später hat er sich vom Film und dem Geld jagen lassen. Aber das ist nicht so wichtig: das Wesentliche bleibt. Wir reden einen Augenblick über das Judenproblem. »Man muß einmal erlebt haben, was die Juden in Polen waren: Geächete. Im Grunde haben Marx und Herzl ihr Leben lang nichts anderes gesucht als die Lösung des Judenproblems. Der eine wollte das Problem international lösen, daraus entstand der Marxismus. Der andere versuchte es auf nationalem Wege, daraus entstand der Zionismus...« »Ja, und vielleicht sind beide gescheitert.« *Wir reden von Malraux, von Aragon.* »Er war nie Kommunist. Außer dem sowjetischen gibt es keinen Kommunismus«, *sagte er. Und über Buñuel:* »Er ist nie Anarchist oder Kommunist gewesen: im Grunde ist er ein alter überzeugter Liberaler.« *Über die Vereinigten Staaten.* »Dort kann man machen, was man will, sogar nichts.«

Fernando Rey ist schrecklich enttäuscht von allem. Er erzählt mir von seinem Vater – Oberst Casado, republikanischer Artilleriebefehlshaber, nicht zu verwechseln mit dem vom letzten antikommunistischen Aufstand von 1939: Er ist siebenundachtzig Jahre alt und lebt in Madrid. »Es ist seltsam: nie hat ihn jemand nach dem Krieg gefragt... Adjutant von Azaña in der Artillerie. Er hatte am 19. Juli Dienst. Einer von der Miliz meldete sich im Präsidentschaftssitz an.* »Ich möchte mit Señor Azaña reden! Ich möchte den Präsidenten sprechen!« »Das geht nicht.« »Ich möchte aber!« »Ich habe soeben General Fanjul getötet!« »Das ist nicht wahr: Fanjul ist verurteilt und erschossen worden. Einen Augenblick.« Der Oberst ging hinein, um mit dem Präsidenten zu reden: »Draußen ist ein Mann, der Sie sprechen möchte, Herr Präsident. Er sagt, er habe Fanjul getötet.« »Sagen Sie ihm, ich empfange keine Mörder.« Azaña war tief getroffen von dem, was in der Montaña-Kaserne passiert war.* »Ja«, *sage ich zu ihm,* »das ist ein Satz, mit dem Azaña gut beschrieben wird.« *Fernando Rey erwartet weder von Spanien noch von der Welt irgend etwas. Genau wie Silbermann ist er zutiefst besorgt über die grenzenlose Grausamkeit, die überall*

---

* Am 19. Juli 1936, zwei Tage nach Beginn der militärischen Erhebung unter Franco, stürmten republikanische Milizen und eine große Volksmenge die Montaña-Kaserne in Madrid, deren Besatzung sich den Aufständischen angeschlossen hatte. Nachdem mehrmals von der Kaserne aus in die Menge geschossen worden war, ergab sich die Besatzung schließlich; ihr Befehlshaber, General Fanjul, wurde verhaftet und kurz danach erschossen, ein Teil der aufständischen Soldaten wurde von der aufgebrachten Menge erschlagen.

um sich greift. Er erzählt von Kolumbien, wo er vor zwei Jahren einen Film gedreht hat, und von den schockierenden Bildern, die er dort gesehen hat. Gewalt und Chaos in der heutigen Welt, und keine Besserung in Sicht. »So gut wie möglich leben«, ist Silbermanns Devise, »das Traurige ist nur, daß das Leben so kurz ist.«

Buñuel beteuert seinen neuen Antisowjetismus, der aus der Lektüre von Solschenizyns »Krebsstation« stammt.

»Wir haben nichts gewußt, nein, nichts haben wir gewußt...« Ich betrachte ihn mit einer gewissen Ironie. Schon wieder diese Leier! Er wußte hundertprozentig, was passierte, aber er war mit der stalinistischen Vorstellung von der Organisation der Welt einverstanden, und zwar immer dann, wenn es ihn nichts anging.

Silbermann bietet ihm an, ihn von der »scharzen Liste« in den USA streichen zu lassen, wenn er sich dazu verpflichtet, für ihn (kostenlos) einen Film in New York zu machen. »Einverstanden!« sagt Luis. »Sie alle sind meine Zeugen.« Und Luis fügt hinzu: »Und statt dessen Dalí draufschreiben.« »Das würdest du nicht wagen«, sagen wir. »Wer weiß... ich gehe dann hin mit meinem Schnurrbart...« Er zwirbelt ihn nach oben. Ich bin sicher, daß er nie einwilligen wird, in den USA zu arbeiten oder gar einen Film umsonst zu machen. Aber wenn Silbermann es überhaupt erreichen würde – »Er ist verrückt«, sagt er zu mir –, dann höchstens einen Film hier in Mexiko oder in Paris. Niemals in den Vereinigten Staaten.

A   Reden wir noch mal über die erotische Bedeutung der Religion.

B   Ja, ja. Es gibt Erotik in der Religion.

A   Was verstehst du darunter?

B   Das Gefühl der Sünde.

A   Und was hat die Sünde zu bedeuten?

B   Das Gefühl der Sünde im Sexualakt zum Beispiel. In allem, was mit Sex zu tun hat.

A   Aber was hat das mit Religion zu tun?

B   Sehr viel. Weil es die weltliche Sünde ist. Es gibt Sünde, weil es Religion gibt, oder etwa nicht? Ohne Religion gäbe es kein Gefühl der Sünde. Jede Religion hat ihr Gefühl der Sünde, dessen, was Tabu ist, und dessen, was kein Tabu ist. Und ich hatte immer das Gefühl, daß der Sexualakt ein Tabu ist. Er ist so etwas wie Sünde, Befleckung. Aber heute sündige ich überhaupt nicht mehr, es ist mir egal. Dennoch habe ich immer dieses Gefühl. Das einzige Interview, in dem ich ehrlich über meinen Atheismus und all das Auskunft gegeben habe, gab ich vor kurzem in Paris einem Jesuiten aus Zaragoza. Das hat ihnen so gut gefallen, daß sie es, anstatt in Zaragoza in »Hechos y Dichos« in Madrid veröffentlicht haben. Offensichtlich halten sie mich noch nicht für ein verlorenes Schaf, aber sie haben keine Ahnung. Die wollen die Dinge nicht so sehen, wie sie sind. Ich glaube wirklich, er war der erste, dem ich die Wahrheit gesagt habe.

A   Na klar, ein Jesuit, und dann noch aus Zaragoza.

B   Nein, aus Navarra oder aus dem Baskenland, glaube ich. Er heißt Pater Artela Lusuviaga, S. J.

Das S. J. läßt er sich genüßlich auf der Zunge zergehen.

Gestern nacht ist Buñuel aus Madrid zurückgekehrt. Heute essen wir zusammen im Parador. Er ist unverändert. Er sagt, er habe aller Welt erzählt, ich hätte ein Buch über Spanien geschrieben, in dem ich mich schrecklich mit der spanischen Küche anlege. Und alle hätten protestiert.

B   Die anderen Sachen, naja. Aber was das Essen angeht...! Ducay und Gurruchaga haben mir geboten, was ich will, damit ich einen Film mache. Wenn du zu mir nach Hause kommst, zeige ich dir den Vertrag: was ich will, wann ich will und wo ich will.

A   Hör mal, du führst dich auf wie ein Junge, der neue Schuhe gekriegt hat. Und dann willst du mir erzählen, Kino mache dir keinen Spaß.

B   Das stimmt auch, Kino macht mir keinen Spaß. Ich gehe nie ins Kino, höchstens, um den Film eines Freundes anzusehen.

A   In Ordnung, aber selbst machen schon...

B   Kino machen? Daß die Kamera hier oder da stehen soll, einem Schauspieler sagen: »Mehr Leidenschaft!« *Er baut sich vor mir auf.* Wollen wir mal sehen, sag mal: »Ich liebe dich.« Nein, feuriger! »Ich liebe dich.« Fürchterlich. Reden wir nicht mehr davon. Damit will ich nicht gesagt haben, daß, wenn ich mich in zwei oder drei Monaten sehr langweile, ich nicht nach Madrid oder Frankreich fahren würde, um dort meinen »letzten Film« zu drehen. *Er lacht.* Wenn ich schon einen mache, dann den, den ich zusammen mit Carrière geschrieben habe, der mir am besten gefällt: *Der diskrete Charme der Bourgeoisie.*

Bei den Dreharbeiten zu *Tristana*

Er trinkt noch einen Martini, ich bleibe beim Whisky.

B   Mir ist das Alter wirklich lieber. Dir nicht?

A   Doch.

B   Bloß da kann es passieren, daß du womöglich am nächsten Morgen gar nicht mehr aufwachst. Stell dir vor, ich fange einen Film an, und mitten drin, zack! Es ist eine Gemeinheit, denn du siehst die Dinge wirklich besser, aber wenn du Diabetes hast oder was mit dem Herzen... große Scheiße!

Der Geschäftsführer kommt mit einer Zeitung.

»Sehen Sie mal Don Luis, Sie haben wieder einen Preis bekommen. Meinen Glückwunsch!«

B   Zeigen Sie mal her! Von wem? Ach ja, vom Journalistenverband! Vielen Dank. *Er gibt ihm die Zeitung zurück.* Bei *Tristana* habe ich mich geirrt. Ich habe gesagt: »Das wird ein großer Erfolg in Spanien. Die dicken Tanten und die alten Knacker werden kommen, er wird ihnen gefallen. In Italien auch, etwas weniger, aber auch ein Erfolg. Und in Südamerika sowieso. In Frankreich aber weniger.« Und jetzt siehst du ja, woher die besten und klügsten Artikel kommen: aus den USA.

A   Nie weiß man, für wen man arbeitet.

Wir essen. Er trinkt Wein und macht mich ganz neidisch. Wir reden, was wir immer reden. Und ein bißchen über Politik.

A   Hast du Aragon in Paris gesehen?

B   Nein. Wen ich wie immer gesehen habe, leicht zerstreut, das war Sartre. *Er imitiert ihn mit seinem schiefen hervorspringenden Auge, was ihm sehr leichtfällt.* Er will sich unbedingt beim Verkauf seiner Zeitung »La Cause du Peuple« verhaften lassen. »La Cause du Peuple!« Naja, wenn du unbedingt willst... Was für eine Schande! Sieh dich doch mal um. In Polen, in Kuba. Im Jahre eintausend hatte man die Hoffnung, daß die Menschen weniger arbeiten und besser leben würden, und was ist dabei herausgekommen?

A   Ja, das haben wir immer gewußt. Unsere Zeit ist nicht besser gewesen.

B   Ich rauche und rauche, obwohl ich eigentlich gar nicht darf.

A   Gut. Gehen wir.

B   Ja, denn Alcoriza kommt um sechs.

A   Ich fand immer, es existiere bei dir eine Dichotomie zwischen Denken und Handeln.

B   Ja, das ist sehr eigenartig, aber so bin ich nun mal. Auf der einen Seite meine Ideen; auf der anderen die Wirklichkeit. Zur Zeit des Spanischen Bürgerkrieges, das kannst du mir glauben, war alles, was wir uns ausgedacht hatten, Realität. Zumindest, was ich mir vorgestellt hatte: Verbrennung von Klöstern, Krieg, Morde, und ich starb fast vor Angst; und nicht nur das, ich war auch dagegen. Ich bin Revolutionär, aber die Revolution jagt mir Angst ein. Ich bin Anarchist, aber ich bin absolut gegen Anarchisten.

A   Du bist Kommunist, aber durch und durch bürgerlich.

B   Ja. Und ich bin Sadist, aber ein vollkommen normales Wesen. Ich habe alles im Kopf, aber in dem Augenblick, wo sich die Gelegenheit bietet, meine Wünsche in die Tat umzusetzen, flüchte ich und will nichts davon wissen. Alles, was nicht christlich ist, ist mir fremd. Hübscher Satz, was? Ich kenne viele berühmte Sätze. Zum Beispiel dein Satz, der Philipp II. zugeschrieben wird: »Um der Kultur in der Welt zum Durchbruch zu verhelfen, braucht man Kanonen.« Der ist von mir. Wenn ich sage, soweit es sich auf die Kunst bezieht, alles Nicht-Christliche ist mir fremd, so meine ich damit die Kunst seit dem Parthenon. Ich finde die Kunst der Schwarzen scheußlich, genau wie die Kunst der Japaner und die Aztekenkunst. Die arabische Kunst, die reine arabische, bloß nicht! Schlimmer noch als die der Azteken. Von der Hindukunst ganz zu schweigen. Für mich ist das alles keine Kunst. Die einzige wirkliche Kunst ist...

A   Die europäische.

B   Nicht alles. Diese ganze afrikanische Kunst, ich hab' das nie verstanden. In Paris 1930 mußte ich ja sagen, aber das war nicht wahr. Diese ganze barbarische Kunst, hör mir bloß auf damit! Ja, ja, ich habe viele berühmte Sätze gesagt. Zum Beispiel den: »Ich habe meine Heerscharen nicht ausgesandt, um gegen die...

A   ...die Alimente zu kämpfen.«

B   Sehr gut! So wird er noch besser: »Ich habe meine Schwadron nicht geschickt, um gegen die Alimente zu kämpfen.«* Sehr gut. Und es stimmt sogar.

---

* Aub und Buñuel parodieren hier den berühmten Satz, den Philipp II. nach dem Untergang der Armada ausgerufen haben soll: »Ich habe meine Heerscharen nicht ausgesandt, um gegen die Elemente zu kämpfen!«

A   Aber, wo wir schon einmal über so etwas wie Lebensmittel sprechen: Kaum etwas ist dir so lieb und teuer wie die barbarische spanische Küche und die barbarischen spanischen Weine.

B   Natürlich. Aber das ist doch nichts Barbarisches. Ihr wollt doch
bloß alle nicht zugeben, daß beides besser als alles andere ist. Mit
Galdós ist es dasselbe. Warum hat Galdós nicht das Ansehen, das
ihm zusteht? Das habe ich schon zwanzigtausend amerikanische
Lehrer gefragt. Keine Ahnung natürlich. Dann plötzlich, vor zwei,
drei Jahren, ist »Formento« oder einer von diesen Romanen zum
Bestseller geworden.

A   Du vergißt nur eins: wir leben im Jahr 1970, und Galdós war um
1900 sehr bekannt in Frankreich, England und Amerika.

B   Aber vergleich das mal mit dem Erfolg von Dostojewski oder
Gorki oder Anatole France!

A   Vor allem der letzte von den dreien, bei den Surrealisten...

B   Nimm, wen du willst, Zola von mir aus.

A   Vielleicht hast du recht. Weder bist du der erste, der es ausspricht, noch bin ich der erste, der es wiederholt. Das »Schwarze
Spanien« ist der Preis, den wir für unsere Popularität bezahlen
müssen, was das 15., 16. und 17. Jahrhundert angeht. Sie haben
uns von der Landkarte gestrichen und zur Hölle geschickt. Sie haben der Inquisition eine Bedeutung beigemessen, die sie nicht
hatte.

B   Wie, die sie nicht hatte?

A   Das hängt davon ab, von welchem Standpunkt aus du es be-
trachtest. Die protestantische Inquisition war nicht weniger grausam, ganz zu schweigen von der jüdischen. Und die Intoleranz deiner lieben kommunistischen Freunde...

B   Halt, das ist was anderes.

A   Für dich. Nicht für den, der unter ihr zu leiden hat. Aber, wie
dem auch sei, es stimmt, daß die spanische Literatur für die Sünden
der spanischen Gesellschaft bezahlen mußte. Obwohl das seltsamer-
weise bei der Malerei nicht der Fall ist.

B   Es wäre zu überlegen, inwieweit Picasso, Juan Gris, Miró und
Dalí überhaupt spanische Maler sind.

A   Nein, ich habe an Velázquez, Murillo, Goya usw. gedacht.

B   Aber nichts von alledem erklärt mir, wie es kommt, daß niemand in Europa oder in der Welt von Galdós gehört oder etwas von

ihm gelesen hat, sich auf der anderen Seite aber jeder bestens bei Dickens auskennt.

A Was spielt das schon für eine Rolle, ob der Leser, das Publikum, weiß, ob das, was er hört oder liest, ernsthaft gemeint ist oder nicht? Authentizität ist etwas für die Galerie. Ich bin für Reproduktionen: je mehr, desto besser. Ich weiß nicht, ob das, was ich mache, seriös oder seriell ist. Auch nicht, wenn es falsch ist. Ich weiß es nicht.

B Nein, das ist »modern style«. Ich will überhaupt keinen Stil! Bei mir zu Hause habe ich einen gewöhnlichen Kühlschrank. Worauf es mir ankommt, ist, daß der Weißwein kalt ist und das Mineralwasser eiskalt. In den Häusern der anderen finde ich Kunstkram in Ordnung, manchmal auch in meinen Filmen, wenn unbedingt nötig. Aber darin zu leben? Nein. Zum Leben nur das Notwendigste. Ja, es muß einwandfrei sein, aber nur das Allernotwendigste. Es ist wie beim Lieben. Alles andere ist Dichtung.

A ...oder Film.

B Oder Film.

A Eigentlich ist das grundlegende Thema deiner Kunst die Gewalttätigkeit.

B Ja.

A Es ist das Thema, das alle Welt wirklich verblüfft hat. Es hat nie einen Regisseur gegeben, der... nein, ich rede nicht von körperlicher Grausamkeit. Die Wut, das was Gewalttätigkeit genannt wird, außer sich sein, die ungehemmte Gewalt, die Kraft, bisweilen gegen alle Vernunft und Gerechtigkeit zu handeln, der Zorn... Genau das, was mich ab einem gewissen Punkt dazu bringt, die Dinge lieber von außen zu betrachten. Aber du bist ein gewalttätiger Mensch in dem Sinne, daß du zu einer Dummheit fähig bist, nicht wahr?

B Ja, das stimmt.

A Ohne imstande zu sein, dich zu...

B ...bremsen. Obwohl ich zwei Minuten später in die entgegengesetzte Richtung laufe.

A Gut, aber in diesen zwei Minuten...

A Die erste Reaktion kommt instinktiv und ohne Einsetzen meines Verstandes, die Gewalt kommt von innen heraus. Jetzt nur noch selten, aber das hat mir viel geholfen.

A Hast du dich von innen heraus getrieben gefühlt, wenn du außer dir warst? Von welchem Alter an? Erinnerst du dich daran?

B   Nein.

A   Warst du noch ein Kind?

B   Ja.

A   Aus Wut wegen...

B   Gewalttätige Wutanfälle, ja. Schon als ich noch klein war.

A   Aber das war, weil die anderen nicht das getan haben, was du wolltest, und weil du jemanden getroffen hast, den du nicht erwartet hattest, der dir auf die Nerven ging, aus körperlichem Schmerz?

B   Nein. Es war wie das mit deinen »Verbrechen«: »Ich brachte ihn um, weil er anders dachte als ich.« Ungefähr so. Ja, ein bißchen »er hat ihn umgebracht, weil er anders dachte als er«. Zu Anfang konnte es wegen einer physischen, mechanischen Sache sein. Später ist die Gewalttätigkeit in Diskussionen noch heftiger geworden. Und als ich ein Junge war, bin ich normalerweise plötzlich an die Decke gegangen, weil jemand nicht so dachte wie ich oder weil ich etwas hörte über jemanden, das mich ärgerte... und, ich weiß nicht...

A   Und da konntest du dich nicht beherrschen.

B   Nein. Ich bin mir dessen bewußt, aber ich kann nichts gegen diese Gewalttätigkeit machen. Es ist wie ein epileptischer Anfall.

A   Diese Gewalttätigkeit, hat sie dich nie auf Ideen gebracht?

B   Nein, auf keine einzige. Aber ich sage es dir noch einmal, eine Sache, die mich verblüfft: ich sehe die Gewalt in meinen Filmen nicht. Na gut, wenn ich so tu', als ob sie das Werk eines anderen wären, dann könntest du mich im einzelnen auf die Anzeichen von Gewalt hinweisen, aber ich sehe sie nicht. Genauso wie ich die Erotik nicht sehe. Die Erotik... Ich bin jedesmal hingerissen, wenn ich Bücher lese, die von der Erotik in meinen Filmen reden. Ich empfinde Bewunderung, weil ich es nicht sehe. Ich merke es nicht. Und deshalb glaube ich auch, daß ich immer ziemlich irrational handele. Später bin ich in der Lage, mir darüber bewußt zu werden. Man kann es mir erklären oder..., aber ich bin mir dessen nicht richtig bewußt. Weder über die Bedeutung meiner Filme, die Bedeutung, die sie für bestimmte Leute haben. Weder über die Erotik noch über die Gewalt. Ich merke es erst später. Ich schwör's dir! Ich glaube, es wird übertrieben. Wenn ich daran denke, sage ich: »Sie haben ein Luftschloß auf etwas gebaut, das ich als sehr klein ansehe, dem ich nur wenig Bedeutung beimesse.« Es verwirrt mich, ich staune, daß sie all dem eine solche Dimension angedichtet haben. Ich selber bemerke das alles nicht. Die Erotik, ich weiß nicht, die Erotik...

A Ich auch nicht.

B Ich kann dir versichern, in Tausenden... naja, in vielen Büchern und im »Diccionario de Erotología«, es ist unglaublich... Das ist ein solcher Schinken und einer von denen, über den die meisten Seiten geschrieben worden sind, bin ich... Es ist nicht zu fassen.

A Es ist absurd, in jedem beliebigen Hollywoodfilm gibt es mehr Erotik als in irgendeinem deiner Filme.

B Gut. Aber die Leute sagen etwas ganz anderes. An die Leute, die in Hollywood Erotik machen, erinnert sich nachher kein Mensch mehr. Ich dagegen bleibe für die Leute Erotizist, ein Erotophiler, oder so was in der Art. Ich weiß nicht, warum.

A Es gibt Gewalt, zum Beispiel im *Nazarin* oder im *Würgeengel*...

B Überall ist Gewalt.

A Du glaubst also, du bist nicht gewalttätiger als jeder andere normale Mensch?

B Ich weiß nicht, ich glaube nicht.

A Aber du hast mir von ein paar Gelegenheiten erzählt, bei denen die Gewalt für dich die gewissermaßen normale Lösung war. Erzähl mir zum Beispiel von Huidobro*. Warum da wohl...

B Das ist doch keine Gewalt, vielmehr so was wie Verbitterung. Das ist eigentlich eher imaginär. Mir wurden ständig Schmähbriefe geschickt, und irgendwann fand ich, jetzt sei es genug. Ich bin nämlich ziemlich sensibel. Es macht mir keinen Spaß, jeden Tag unter meiner Post Briefe von ehemaligen Freunden zu finden, in denen ich beschimpft werde, verstehst du. Und irgendwann fand ich: »So, jetzt reicht's.«

A Wie war es genau?

B Ich war damals in Hollywood. Ich bekam einen Brief von Cossío, in dem er mich beschimpfte. Er sagte, ich sei ein Konterrevolutionär, *Das Goldene Zeitalter* sei ein bürgerlicher Film.

---

* *Vicente Huidobro* (1893–1948), chilenischer Dichter und Gründer mehrerer poetischer Avantgarderichtungen, vor allem der kreationistischen Schule.

A In welchem Jahr war das?

B Cossío, der Maler.

A Ja ja, Cossío del Pomar, der Peruaner. In welchem Jahr das war?

B Als ich in Hollywood war, 1931, Anfang 1931. Ich bin im November 1930 dorthin gekommen. Und das war im Februar 1931. Ein Schmähbrief. Ich war äußerst befremdet, schwieg aber. Als ich nach Paris kam, rief ich Cossío an. Ich war sehr hart mit ihm. Ich sagte zu ihm, er sei das und das, ein monströser Zwerg, eine Gichtkralle... Ich weiß schon gar nicht mehr, was ich alles zu ihm gesagt habe. Ich würde ihm ohne weiteres die Fresse polieren, weil er sich nicht verteidigen könne, ich sei viel stärker als er, und ich würde ihm das mein Lebtag nicht vergessen. Daraufhin ging Cossío ins Dôme, wo sich Huidobro, Milicua, Castanyer immer trafen... Und sie fingen an, mir Schmähbriefe zu schicken: Du bist dies und jenes usw. ... Und Castanyer schrieb: »Eines Tages werde ich größer sein als du, dann kannst du was erleben.« Und Huidobro: »Mein Herr, daß Sie es wissen, ich bin der Begründer des Surrealismus, des Dadaismus« und was weiß ich, wovon noch.« Vier Seiten lang ging das so. Und »Sie konnten noch gar nicht lesen, als ich schon das und das gemacht habe.« Naja, und am Ende sagte er zu mir: »Aber Schluß jetzt mit meiner Autobiographie. Sollte ich Sie irgendwo wiedertreffen, dann kenne ich jemanden, der mit einem Schlitz im Bauch wieder nach Hause geht, oder so was Ähnliches, oder Sie bekommen eins über die Rübe gezogen oder...« ich weiß nicht mehr, was alles. Und da beschloß ich, ein für allemal Schluß zu machen, und ging zu ihrem Treffen ins Dôme. Armando Viñes ging mit mir. Als wir hinkamen, warf einer von ihnen mit einer Streichholzschachtel nach mir und traf mich am Ohr. Ich sagte: »Der ist ja bewaffnet.« Als ich das nächste Mal wieder aufkreuzte, war nur noch Gilberta da, eine Frau, in die sich Cossío verliebt hatte. Sie sagte: »Hallo, wie geht's, so nach Hollywood?« und noch irgendwas. Ich sagte: »Sind sie nicht gekommen? Die treffen sich doch jeden Abend hier?« Sie: »Ja, aber heute abend sind sie ins Kino gegangen, ich weiß nicht, in welchen Film.« Und so. Ich wartete eine halbe Stunde, dann ging ich. Und nichts ist passiert.

A Ja. Aber du hast ganz vergessen zu sagen, daß du eine Pistole gekauft hattest.

B Ja, ja. Ich hab' eine fünfundsechziger Pistole gekauft und war entschlossen, mich zu verteidigen und auf Huidobro zu schießen. Aber wahrscheinlich hätte ich es nie getan, ich habe nämlich ziemlich viel Phantasie, mußt du wissen. Die Gelegenheit kommt, und wahrscheinlich passiert dann gar nichts. Oder ich schütte ihm eine Tasse Kaffee ins Gesicht, und es setzt Hiebe. Das Schlimmste, wozu es hätte kommen können, wären Ohrfeigen gewesen. Aber für den Fall der Fälle bin ich mit seinem Schmähbrief in der Tasche hingegangen. Falls ich doch auf ihn hätte feuern müssen und die Polizei mich verhaftet hätte, dann hätte ich beweisen können, daß ich mit dem Tode bedroht worden bin. Eigentlich ist das alles eher ein Produkt meiner Phantasie. Es ist wahr, es ist so passiert. Aber ich übertreibe die Realität immer ein wenig und die Probleme auch. Ich bin immer pessimistisch, und ich mache aus einer Mücke einen Elefanten. Wegen einer Gefahr, eines Unfalls, einer Situation, sowohl was die Politik angeht als auch was die Gesellschaft betrifft, bei allem. Ich mache stets aus einer Mücke einen Elefanten. Zum Beispiel, wenn meine Frau weggefahren ist und um sieben immer noch nicht zurück ist, bilde ich mir ein, sie hat einen Autounfall gehabt. Ich erwarte immer nur das Schlimmste. Ich kann nichts dagegen machen. Bei dieser Sache mit Huidobro war auch alles nur Phantasie. Nichts wäre passiert. Huidobro hätte mir den Bauch nicht aufgeschlitzt, und ich hätte nicht auf ihn geschossen.

A Natürlich nicht. Nein, aber bei anderen Gelegenheiten, von denen du mir erzählt hast, gab es auch die theoretische Möglichkeit, mit einer Pistole herumzufuchteln. Ihr habt doch auf Cocteau gewartet, um ihn zu verprügeln.

B   Ja, nein. Wir haben ihm aufgelauert und Wache geschoben an seiner Haustür, um ihn zu verprügeln. Zusammen mit Eluard und Thirion.

A   Ja, und später wart ihr...

B   Etwas mußten wir tun... Da standen wir halt vor der Tür von Cocteau und warteten darauf, daß er herunterkäme. Das war doch zur Zeit der »Action directe« der Surrealisten, weißt du noch?

A   Ja, aber eure »Action directe« bestand darin, danach in den Autobus zu steigen und den Nonnen in den Arsch zu kneifen.

Wir essen köstlich zu Abend.

B   Ich weiß ja, daß du wieder Fragen stellst oder sagst, ich sei ein Geizkragen, weil ich die Brotscheiben zähle. Aber das macht mich einfach rasend, wenn sieben oder acht Brote zum Frühstück gekauft werden, wenn wir nur drei oder vier brauchen. Wem soll das nützen? Ich habe jahrelang von Geld gelebt, das mir geschickt wurde. Wirklich, noch bis vor sechs oder sieben Jahren verdiente ich pro Jahr vom Filmen nicht genug. Und am Anfang habe ich sogar manchmal zwei oder drei Jahre lang überhaupt keinen Film gemacht. Und erinnere dich mal, das waren fünfundzwanzigtausend Pesos pro Film. Wenn du meinst, daß man davon leben kann... Später dann ist es besser geworden. Dieses Haus habe ich zum größten Teil von dem Geld bezahlt, daß ich für die *Morgenröte* bekommen habe.

Ponti hat mir angeboten, »La casa de Bernarda Alba« mit Sofía Loren in der Hauptrolle zu drehen. Aber ich habe kein Interesse. Vielleicht ein Film über die Pest. Die Pest interessiert mich. Aber ein Film, der sich in zwei oder drei Wohnungen abspielt. »Le Hussard sur le toit« von Giono zum Beispiel.

A   »Die Pest« von Camus...

B   Die ist sehr intellektuell.

A   Glaubst du an Inspiration? Oder hindert dich die notwendige Aufeinanderfolge von Kameraeinstellungen daran? Inwieweit hat die Montage für dich mit dem Endergebnis etwas zu tun?

B   Filmen ist Zufall, ein notwendiger Zufall, damit die anderen es sehen. Aber mir kommt es auf das Szenarium an, das »Skript«, die Situationen, die Geschichte, die Dialoge. Das Wort Kamera taucht in meinen Skripts nicht ein einziges Mal auf. Ich habe nie eine Vorstellung von der Szenerie oder davon, wie ich genau vorgehen will. Ich bereite nichts vor. Ich weiß nie, was ich in der nächsten Einstellung machen werde.

A Und du sagst, du glaubst nicht an Inspiration?

B Ich weiß nicht, wie ich's dir erklären soll. Ich kenne die Szene. Ich weiß, was passiert, ich weiß, was sie sagen sollen, aber ich weiß nicht, ob ich mit dem einen oder dem anderen Objekt anfange. Manchmal finde ich in einer Szene, daß es zuviele Ein- und Ausgänge gibt, dann lenke ich die Kamera auf etwas anderes und mache etwas, daß sie deine Stimme hören und der Schauspieler kommt rein oder umgekehrt, je nachdem. Aber alles nacheinander, schon montiert. Deshalb schreibe ich auch keine Nummern drauf, und es gibt in meinen Filmen fast keine »Close-ups«. Es ist nicht notwendig, Brustbilder zu machen. Worauf es mir ankommt: Die Szenen selbst müssen etwas aussagen, müssen zu etwas nütze sein, sie müssen zum Zuschauer gelangen, ohne ihm zu schmeicheln. Ich will nicht, daß niemand mehr in der Szene ist, nachdem der Schnitt fertig ist. Normalerweise nehme ich mir zwei Stunden Zeit, bevor ich mit dem Filmen anfange, um über die Szene des Tages nachzudenken. Und ich weiß, wie ich anfangen werde, aber ich weiß nie, wie es weitergeht.

A Ziehst du das Bild dem Wort vor, wenn du etwas sagen, mitteilen willst?

B Nicht, daß ich es vorziehen würde, aber im Film kann ich sagen, was ich möchte, aber wenn ich schreibe, nicht. Aber ich glaube nicht, daß das Bild dem Wort überlegen ist.

A Deshalb heißt es, daß du ein »billiger« Regisseur bist. Du brauchst nur wenige Meter Film, um das zu sagen, was du willst.

B Vielleicht. Eine Szene nehme ich nicht öfter als zwei- oder dreimal auf. Der Film wird mit allen Aufnahmen montiert und zusammengeklebt (die erste, die zweite und die dritte, die erste und die zweite oder die erste allein). Dann sage ich zu den Leuten in der Montage: die erste, die zweite oder die dritte, je nachdem. Die Montage eines Films kostet mich nur ein paar Stunden, auch wenn die Arbeitskopie fünf oder sechs Stunden lang ist wegen der Wiederho-

Paul Eluard und seine zweite Frau Nush

lungen. Danach braucht man nur noch kleinere Verfeinerungen zu machen. Ich »sehe« den Film, bevor ich ihn drehe, und ich komme ins Studio mit einer genau festgelegten Vorstellung. Und schon gar nicht lasse ich eine ganze Szene von verschiedenen Standorten aus drehen. Nein, ich sage: bis hier hin und Schnitt. Ich numeriere die Szenen nie, erst nachher im Studio zur Produktion. Später merke ich dann manchmal, daß es besser gewesen wäre, wenn ich noch eine Verlängerung gedreht hätte. Aber, da kann man nichts machen. Es ist dann auch nicht mehr allzu wichtig. Proben, ja Proben mache ich viele. Mit guten Schauspielern gibt es keine Probleme, es genügt, wenn man ihnen erklärt, was man will. Mit den schlechten ist das schon schwieriger, denn dann muß ich ihnen nicht nur alles erklären, sondern ich muß die Szenen auch noch vorspielen, und ich bin ein sehr schlechter Schauspieler.

A   Ist der Surrealismus nun eine neue Romantik oder nicht? Auf der einen Seite die Ablehnungen von Crevel und Eluard, auf der anderen die Zustimmung der Mehrheit. Ich sage dir ein für allemal, für mich hat das keine große Bedeutung, es sei denn, man beweist uns, daß es ein Paradies für die Romantiker und ein anderes für die Klassiker gibt mit den dazugehörigen Höllen.

B Der Unterschied liegt bekanntlich darin, daß in dem einen das Gefühl die Rationalität besiegt, während im Klassischen das Gegenteil der Fall ist. Daß ich die erste Position unterstütze, bedeutet nicht, daß ich der Vernunft nicht ihren Wert zugestehen würde.

A Glaubst du an die Möglichkeit, daß der Mensch sich bessert?

B Wenn ich einfach so antworten würde, ohne nachzudenken, nein. Wenn ich länger darüber nachdenken würde – ich bin langsam –, dann weiß ich nicht, welche Antwort ich dir in ein paar Tagen darauf geben würde.

A Glaubst du an Vorahnungen?

B An Vorahnungen nicht, aber an Vorgefühle.

A Das sind Synonyme.

B Ich nenne es lieber Vorgefühle. Die Phantasie denkt sich tausend Dinge aus, aber du wählst eins heraus und triffst ins Schwarze. Das ist doch phänomenal. Du denkst dreitausend Sachen, und drei treffen zu…

A Die Esoterik und der Materialismus widersprechen sich. Aber deine Kunst ist geradezu die Vereinigung von beiden.

B Ich würde es nicht Esoterik nennen, sondern Mysterium. Die Wahrheit ist, daß ich die Wissenschaft hasse, ich habe einen Horror vor der Technologie. Das wird mich vielleicht eines Tages dazu bringen, an die Absurdität Gottes zu glauben. Hast du gemerkt, ich habe »Absurdität« gesagt.

A Hast du den »Sohar« gelesen?

B Nein.

A Du hast dich für die Kabalistik interessiert, genau wie Breton?

B Nein.

A Erklärst du dich gerne, oder läßt du dich lieber erraten?

B Sie sollen mich erraten.

A Und wenn das Gegenteil von dem herauskommt, was du gewollt hast?

B Dann freue ich mich.

A Man kann sagen, daß der Surrealismus antireligiös und atheistisch, materialistisch und antiklerikal war.

B Ich bin nicht mehr antiklerikal.

A   Im Laufe unseres Lebens haben wir mit sehr bewußten Surrealisten zusammengelebt, aber auch mit solchen, die es waren, ohne es zu wissen.

B   Wie Pepín Bello. Worauf es mir ankommt, was mich interessiert, ist der erste Instinkt, die natürliche Reaktion. Das Schlimme ist nur, daß man in den meisten Fällen an Konventionen klebt, an sozialen Konventionen. Was kann man da schon machen? Deshalb interessieren mich die Surrealisten nicht mehr.

A   Du bist also nicht einer Meinung mit Elsa Triolet, wenn sie behauptet, daß der Surrealismus »ein altes kokettes Weib ist, das nicht mit Anstand alt werden kann«?

B   Wo behauptet sie das?

A   Im Prolog zu einer Majakowski-Anthologie. Und sie ist sich sicher, daß das eine »bereits überwundene Etappe der Romantik war«.

B   Die gehen mir auf die Nerven, solche Phrasen sind mir schon immer auf die Nerven gegangen. »Ein altes kokettes Weib!«

A   Vielleicht ist es Neid.

B   Kann sein, sie ist nie zu den Treffen der Surrealisten gekommen. Mir geht inzwischen auch Aragon auf die Nerven, der sie wie eine zweite Gala behandelt.

A   Hat Freud auf dein Werk einen besonderen Einfluß ausgeübt?

B   Ich weiß nicht. Aber eines kann ich mit Sicherheit sagen. Ich habe viel von Freud gelesen, seit ich dreiundzwanzig war.

A   Ist das Rationale für dich der »bête noire«, so wie für Breton?

B   Ja, und ich räche mich. Ohne leugnen zu wollen, daß das Rationale bisweilen nützlich ist.

A   Der »Geist des Verneinens«, von dem Poe als für die Poesie unerläßlich spricht, war er in dir, oder ist er aus deiner Beziehung zum Surrealismus entstanden?

B   Er war schon in mir.

A   »Die Freiheit der Kunst, für die Revolution; die Revolution zur endgültigen Befreiung der Kunst.« Bist du damit einverstanden? Diese Parole ist aus dem Jahre 1938 von Breton und Trotzki. Oder hast du dich im Laufe der Zeit der pessimistischen Weltanschauung von Lévi-Strauss angeschlossen, wonach der Mensch zu nichts imstande ist, außer zur Zerstörung der Schöpfung?

B Eher kann ich mich Lévi-Strauss anschließen. Ich habe ihn in New York kennengelernt zusammen mit Breton. Ein ziemlich humorloser Mensch.

A Aus der Entfernung gesehen war der Surrealismus der zwanziger Jahre, obwohl er die Bedeutung, die er damals hatte, immer noch nicht verloren hat – dein Werk beweist es –, voller Automystifikationen. Breton behauptete, die Rettung läge in der Liebe, selbst wenn sie nur aus Sexualität bestünde. Kannst du ihm da zustimmen?

B Alles ist eine Frage der Zeit, der Epoche. Natürlich, als ich jung war, glaubte ich das nicht. Damals gab es für mich die platonische Liebe, möglicherweise durch den Einfluß der Religion. Später nicht mehr. Nie habe ich das eine vom anderen trennen können.

A Erinnere dich daran, daß Breton von seinem »giftigen Schatten« und seinen »mysteriösen Perversionen« spricht.

B Mich stößt jede sexuelle Perversion ab. Die Homosexuellen gehen mich nichts an. Das ist ihre Sache. Aber bewußt ist es keiner. Die stoßen mich genauso ab, wie sie Breton abgestoßen haben: ganz natürlich.

A Aber in deinen Filmen…

B Ich habe mich in den Humor geflüchtet.

A So wie mit dem Satz, der später berühmt geworden ist und den eine Reihe von Idioten ernst genommen haben. Er ging so: *»Ein andalusischer Hund* ist nicht mehr als eine verzweifelte Aufforderung zum Verbrechen.«

B Das habe ich gesagt, um die Journalisten vor den Kopf zu stoßen. Der eine ist eben sadistisch, der andere… Damit sie sich aufregen sollten.

A Aber heute würdest du so etwas nicht mehr sagen.

B Ich weiß nicht. Ich habe Lust, einen Film zu machen, der dem allgemeinen Geschmack widerspricht, gegen alle Ideologien. Ein bißchen davon steckt in der *Milchstraße.* Ja, einen Film gegen die Kommunisten, die Sozialisten, die Katholiken, die Liberalen, die Faschisten. Aber ich verstehe nichts von Politik. Eine Politik, in der mein Nihilismus deutlich würde. Ein Film gegen Christus, gegen Buddha, gegen Shiva. Christus war ein gemeiner Kerl. Aber der bärtige blonde Christus, an den wir gewöhnt sind – und nicht der schlecht rasierte und düster dreinblickende von Pasolini –, den hasse ich. Die Jungfrau Maria nicht. Die Jungfrau Maria ist bewundernswert. Aber nicht die alte, zahnlose Jungfrau Maria, wie ich sie hätte zeigen sollen, sondern Maria mit ihrem Schleier und ihrer Toga, die ihr bis hinunter auf die Zehen fällt. Ich weiß nicht, wer das Märchen erfunden hat, die Jesuiten hätten uns beigebracht, ihr zu Ehren zu masturbieren. Was für ein Schwachsinn! Im Monat der Marienfeierlichkeiten wurden sie sogar noch strenger in bezug auf die Tischmanieren. Wir durften keine Hand unter dem Tisch lassen, für den Fall, daß wir Zettelchen austauschen wollten, wir durften unseren Kopf nicht in die Hände stützen, für den Fall, daß wir schlafen wollten.

A   Viele streichen, wo sie nur können, deinen Atheismus heraus. Manchmal ist es richtig lästig.

B   Ich bin der Atheist, über den am meisten geredet wird. Weil sie mir nicht nachsagen können, ich schliefe mit Greta Garbo oder ich geißele Nonnen ... Sie reden und diskutieren über meinen Atheismus, als ob es die wichtigste Angelegenheit der Welt wäre.

Im Grunde ist er damit ganz zufrieden.

A   Der ehrwürdige Vater Claudio Sorgi schreibt in der neuesten Ausgabe des »Osservatore Romano«: »Das Kino ist auf dem Wege, zu einer zweiten, großen Erbsünde zu werden.« Findest du das auch?

B   Das finde ich nicht schlecht. Etwas hochtrabend vielleicht. Aber warum sagt er das?

A   Weil – wie er sagt – das Heidentum auf Vergeltung aus ist.

B   Blödsinn. Du lieber Gott!

A   Der ehrwürdige Vater Sorgi behauptet steif und fest, daß das Kino zu einer menschlichen Sünde wird, zu einer kollektiven Sünde, weil es die vollkommene Widerlegung der Schönheit, der Güte und der Wahrheit durch die Menschheit ist.

B   Es ist genau das Gegenteil. Die Sache ist nur die, daß dieser heilige Vater eine Vorstellung von Schönheit, Güte und Wahrheit hat, die direkt aus dem funkelnden und blutigen Antlitz des heiligen Herzens Jesu entsprungen ist.

A   Er ist davon überzeugt, daß man heutzutage, sobald man ein Kino betritt, in einen Orgiensaal kommt.

B   Von seinem Standpunkt aus hat er recht, weil für ihn die »echten« Orgien die sind, die uns heute vom kommerziellen Kino geboten werden, das sich schließlich nicht sehr von dem unterscheidet, was man in den Theatern am Paralelo in Barcelona oder im Teatro

Martín in Madrid, ganz zu schweigen von den Pariser Zeitschriften der »Belle Epoque« geboten bekommt.

A   Vielleicht gibt sich der ehrwürdige Vater deshalb keinen großen Illusionen hin. Hör mal zu, was er schreibt:»Es gibt niemanden, der das Trauma des Kontakts oder die Widerwärtigkeit einer schlechten Erfahrung überwinden könnte, worin sich das Böse in eine rasende Phantasie der irrationalen Sittenlosigkeit verwandelt, ein Zeichen des Sadismus oder einen perversen Plan gegen den Menschen.« Und er schließt mit den Worten:»Das Publikum darf nicht ins Kino gehen. Alle müssen sich darüber einig sein und nicht hingehen. Nicht um das Kino zu sabotieren, sondern aus dem ehrenhaften Bestreben heraus, die Luft zu reinigen.«

B   Da bin ich mit ihm vollkommen einer Meinung.

B   Für mich war das ganze Leben lang der Koitus und die Sünde ein und dieselbe Sache. Selbst dann noch, als ich meinen Glauben verloren hatte. Es ist schon seltsam: Da verliert einer seinen Glauben, aber nicht das Gefühl der Sünde.

A   Mit anderen Worten, du hast das Gefühl für jegliche Sünde verloren, die nichts mit dem Fleischlichen zu tun hat.

B   Ja.

A   Das ist doch etwas Physisches und nichts Metaphysisches.

B   Ich weiß nicht. Vielleicht hast du da recht.

A   Man könnte eine Studie über dein Werk machen, ausschließlich aus dem Blickwinkel dieses Gefühls der sexuellen Besessenheit.

B   Oder der politischen oder kriminalistischen Besessenheit.

A   Es ist seltsam zu hören, wie du deine politischen Vorstellungen mit Hilfe von pikaresken Bezügen ausdrückst. Bettler, Schurken geben deinen Filmen einen sozialen Beigeschmack, wenn nicht sogar einen »politischen«. Die Sexualität und die Gesellschaft bilden die Grundlagen deiner Interpretation von der Welt durch die Religion, was eine andere Art ist, dasselbe zu sagen. Es ist seltsam, wie einfach für dich alles aus diesem Blickwinkel wird. Die Paranoia in *Er* könnte nicht besser gezeigt werden, nicht einmal historisch.

B   Historisch?

A   Ja, die Schusternadel, der Keuschheitsgürtel und die Rasierklinge.

B   Das ist der Einfluß von Sade.

A   Die Sache ist die: Zuschauer einer deiner Filme zu sein – und zwar Zuschauer im weitesten Sinne, dem so wenig Dinge wie möglich entgehen –, ist eine Prüfung seiner Intelligenz und der Unredlichkeit. Sie könnten als Test gelten.

B   Ich würde in etwa dasselbe sagen wie Sade: »Ich wollte, Gott existierte, damit ich ihm ins Gesicht spucken könnte.« Weshalb soll man die Tiere leiden lassen, weshalb die Kinder? Immer noch besser die Menschen... Sie sind schlecht und sie verdienen es. Aber Tiere und Kinder... Das würde man sich nie verzeihen. Da ist ein Mann, der in einer Zeitung liest und auf dem Bett sitzt. Er senkt die Zeitung, blickt in die Kamera und sagt: »Mein Haß gegenüber der Wissenschaft und mein Horror vor der Technologie bringen mich vielleicht noch zu jenem absurden Glauben an Gott.« Dann geht der Film weiter, als ob nichts gewesen wäre. Und genau das ist meine Meinung. Das ist auch heute noch eine vollkommen surrealistische Haltung. An Gott zu glauben ist absurd, aber mehr noch hasse ich die Technik und die Wissenschaft. Das Wort Atheismus fängt an, mir auf die Nerven zu gehen.

A   Aber du hast dieses Wort selbst andauernd gebraucht!

B   Vielleicht deshalb. Sag es, schreib es einmal, aber dann benutz ein anderes Wort, auch wenn du es sagst.

A   Es ist in der Tat ein häßliches Wort.

B   Ich leugne auch nicht, daß ich es bin. Und heute bin ich atheistischer denn je, aber trotzdem geht mir das Wort auf die Nerven.

A   Du hast mir einmal erzählt, daß sie dich aus New York herausgeworfen haben, weil du Atheist seist oder weil du gesagt hättest, du seist es.

B   Mehr oder weniger deshalb. Eher mehr als weniger deshalb.

A   Weil du gesagt hast, du bist ein »agnóstico« – ein Wort, das im Spanischen gut klingt und eine so hübsche Vergangenheit hat.

B   Aber wenn es Gott nicht gäbe, wozu wäre dann das Leben gut?

A   Dann gäbe es einen Gott für die Ameisen, einen für die Reptilien... Einen pro Spezies.

B   Vielleicht so wie es mehrere für die Weißen und ein paar tausend für die Schwarzen gibt. Gott schließlich und endlich. Aber die Spezies sind nicht wichtiger als die Farben: ein Gott für die weißen Schmetterlinge, ein anderer für die gelben.

A   Einer für die Starken, ein anderer für die Schwachen.

B   Du brauchst gar keine Witze zu machen, für uns ist das das Einfachste.

A   Wie willst du denn allen Ernstes von Gott reden? Lies mal die Zeitungen. So eine Welt zu erschaffen, hat die Mühe nicht gelohnt.

B   Vielleicht war Gott nicht besonders intelligent, sondern nur impulsiv. Da haben wir's. Die Kugel rollt, die Sünde explodiert! Ein Feuerwerk in den Galaxien.

A   Kunst, Spiel und Feuer!

B   Um Mantecón zu ärgern, wenn ich sterbe, sagen wir so vierundzwanzig Stunden vorher, lasse ich alle meine Freunde rufen und sage zu Jeanne, sie soll einen Pfarrer rufen. Und ich werde beichten und werde alles machen, was zu tun ist, nur um Mantecón zu ärgern. Er ist nämlich der schlimmste Atheist unter meinen Freunden.

A   Sehr gut. Und ich, wenn ich jetzt nach Spanien fahre und sie mich an die Wand stellen, verlange ich nach einem Strohhut, und bevor sie schießen, werde ich schreien: »Es lebe Cartagena!«

B   Was?

A   Es lebe Cartagena!

B   Ah, ich verstehe. Es geht darum, die anderen zu ärgern, ohne daß sie wissen, weshalb.

A   Das sind Witze, die nur Spanier verstehen. Wir verstehen für gewöhnlich keine anderen, und das ist ganz natürlich. Aber bist du sicher, daß es nicht um mehr geht, als José Ignacio zu ärgern? Es heißt, Salinas*, der allem Anschein nach ein ebensolcher Atheist war wie du, soll sich bekehrt haben lassen.

B   Das wußte ich nicht.

A   Um »wie ein spanischer Edelmann« zu sterben, soll er gesagt haben.

B   Das macht sich auch in Boston gut. Aber bist du sicher?

A   Nein. Und ich glaube es auch nicht. Solita und Juan Marichal halte ich für vertrauenswürdiger. Sie haben bei Pedro Totenwache gehalten und leugnen es ausdrücklich und mit Entrüstung.

---

* Pedro Salinas (1891–1951), Lyriker, Dramatiker und Essayist aus der »Generation von '27«.

Buñuel zieht einen Zettel aus seiner Tasche.

B   Hier sind zwanzig Träume. Sie sind sehr schematisch, ich habe sie für mich aufgeschrieben, um mich daran erinnern zu können. Ich kann sie für dich ausbauen, aber das hat nichts zu bedeuten. Das sind Träume, die ich fünf- oder zwölfmal geträumt habe, alle. Die geringste Wiederholung ist fünf- oder sechsmal.

A   Und in welchem Zeitraum?

B   Über Jahre hinweg, in den letzten fünfzehn oder zwanzig Jahren. Da ist zunächst der berühmte Zug. Von dem habe ich bestimmt zwanzigmal geträumt, etwas mit einem Zug, einem Bahnhof. Der Zug fährt ab, ich will einsteigen mit meinem Koffer – zack! Weg ist er. Ein anderer Zug: Ich steige ein, ich stelle die Koffer ab, ich steige wieder aus dem Zug und sage:»Ich gehe noch eine Weile auf dem Bahnsteig auf und ab.« Ich werde abgelenkt, der Zug fährt ab und meine Koffer mit ihm.»Meine Koffer…« Ich weiß nicht genau, was ich rufe. Ich habe oft Varianten von diesem Traum geträumt. Daß ich den Zug verpasse, die Koffer vergesse, daß ich zur Gepäckaufbewahrung gehe und alles sehr kompliziert ist, mit viel Bürokratie, daß ich noch hier und dahin gehen muß, und so fährt mir der Zug vor der Nase weg. Und dann noch ein anderer Traum: Abgründe. Egal ob in einem Gebirge, auf einem Gipfel oder auf einem sehr hohen Gebäude. Ich stehe wie gelähmt auf einer Stelle, die nur ein ganz schmaler Rand vom Abgrund trennt. Der Traum kommt sehr oft. Manchmal gelingt es mir hinunterzusteigen, oder ich wache auf. Vor etwa fünfzehn bis zwanzig Jahren schoß ich auf mich, und nichts passierte. Ich sage mir:»Du träumst«, und ich schieße. Aber heute traue ich mich nicht mehr, auf mich zu schießen. Noch ein anderer Traum: Mein Vater und meine Mutter leben. Ich weiß, daß sie tot sind, ich fühle einen starken Schmerz, und gleichzeitig habe ich Mitleid mit ihnen, vor allem mit meinem Vater. Es tut mir leid, daß er tot ist, und ich muß es vor ihm verheimlichen. Er sitzt sehr ernst am Tisch, und ich sage irgendwas. Ich sage:»Ich weiß, daß er tot ist.« Aber nein, wie schrecklich. Ein anderer: Ich muß bei einer Theatervorstellung mitmachen, und ich weiß meine Rolle nicht mehr. Angst. Das dauert eine Ewigkeit, ich sehe ein riesiges Zimmer mit Lehnstühlen, ein Szenenbild. Leute sind in der Szene, und ich muß die Rolle X spielen und weiß nicht, welche.

A   Gibt es Publikum?

B Im allgemeinen nicht. Manchmal schon, aber manchmal ist auch das Publikum noch nicht da, und ich weiß meine Rolle nicht mehr und studiere sie ein. Es ist unmöglich, eine Sache einzustudieren, die ich dann anschließend machen muß. Und die Vorstellung beginnt. Ich kann heimlich entwischen, fühle mich aber sehr unbehaglich. Wer bekommt meine Rolle? Kurz, fast alle Träume sind Angstträume. Noch einer: Darin geht es ums Vögeln, schon seit vierzig Jahren habe ich diesen Traum, meistens Möchtegern-Schweinereien. Die Nachbarn beobachten mich durchs Fenster, oder sie kommen zu ungelegener Zeit ins Zimmer, oder ich finde mein Glied nicht, oder es ist verstopft. Ich habe eine tolle Verabredung, bin unheimlich geil, aber...

A Nein, das mit dem Fenster ist sehr wichtig. Die Leute, die...

B Ja, daß mir die Nachbarn durchs Fenster zusehen. Ein Mädchen, auf das ich damals vor vierzig Jahren in San Sebastían unheimlich scharf war, ist bei mir auf dem Balkon, und alle ihre Brüder sind auch da, und ich sage: »So, die nehm' ich mir.« Ich ziehe den Vorhang zu, aber dann kriege ich keinen hoch. Noch einer: Ich habe weder Arbeit noch Hoffnung, eine zu bekommen. Angst, Enttäuschung. Ich habe keine Angst, aber naja, eigentlich sollte ich einen Film machen, verstehst du. Das zieht sich ganz lang hin, weil es nachher im Traum Zwischenfälle gibt. Ich gehe los, um Arbeit zu suchen. Es ist unmöglich, sie geben mir keine. Ich bin vollkommen fertig.

A Das ist so in etwa nach deiner Ankunft hier in Mexiko.

B Seit fünfzehn oder zwanzig Jahren wiederholen sich diese ganzen Träume immer wieder.

A Da muß es Gründe, Konditionierungen geben...

B Kann sein, schon möglich..., und in Amerika hab' ich sie auch gehabt. Kann sein. Ich kann dir nicht genau sagen, wann all diese Träume angefangen haben. Aber sie sind noch gar nicht so alt. Ich träume sie seit ungefähr zwanzig, fünfundzwanzig Jahren. Vor allem seit ungefähr fünfzehn Jahren wiederholen sie sich immer öfter. Ein paar von diesen Träumen habe ich zwanzig- oder dreißigmal gehabt. Ein anderer: Ich habe kein Geld. Ich habe kein Geld, und ich traue mich auch nicht, meine Mutter anzupumpen, weil sie mir schon so viel gegeben hat, und ich weiß nicht, was ich machen soll. Ich denke nicht an die Familie. Es ist die Angst, kein Geld zu haben.

Grauenhaft. Ein anderer: im Haus, wo ich meine Kindheit verbracht habe. Gespenster. Früher hatte ich große Angst; heute nicht mehr. Heutzutage gehe ich in mein Haus, gehe hoch in den ersten Stock, ohne Licht anzuschalten, und sage:»Ich werde beweisen, daß ich die Erscheinung und das Gespenst, wer es auch immer sein mag, vertreiben kann.« Ich bin im Dunkeln. Ich gehe rein und schließe die Zimmertür. Ich habe Angst. Plötzlich sehe ich Anzeichen eines Gespensts, ein Geräusch, einen Sessel oder so was. Dann sage ich:»Ihr Kanaillen, ihr Hurensöhne, was ist los mit euch, zeigt euch endlich...«, und so weiter. Ich beschimpfe die Gespenster, aber ich stehe ehrlich große Angst dabei aus.

A   Gespenster in Form von Ektoplasmen, oder so etwas?

B   Ja, ja, genau. Aber im allgemeinen von Toten. Die Erscheinung eines Toten. Eine Heidenangst hab ich, aber ich kann ziemlich gut widerstehen. Ein anderer: Der ist psychoanalytisch gesehen ganz klar. Auch unheimlich. Ich habe ihn vielleicht sieben- oder achtmal geträumt, seit ich in Catemaco *Der Tod in diesem Garten* gemacht habe. Der Traum handelt von lauen Gewässern, etwas ölig, ganz ruhig, hellgrün und in der Nähe des Waldes. Der Wald beginnt hier, aber die Bäume sind sehr hoch und werfen ihre Schatten über das Wasser. Ich bin im Wasser und schwimme friedlich darin herum, ich lasse mich fast treiben, weil das Wasser ziemlich zäh ist, wie Öl, sage ich dir, hellgrün, genauer gesagt wie grüne Augen, grünlich. Das ist die Mutter, nicht wahr? Da gibt es keinen Zweifel. Ich habe von einem See, Bäumen, Erde, dem Fruchtwasser geträumt. Ich schwimme friedlich, aber ich habe Angst. Der Urwald macht mir Angst, aber ich fühle gleichzeitig eine gewisse Wollust. Es macht mir Spaß, aber zur gleichen Zeit auch Angst. Eine große Stille. Alles ist bewegungslos. Es ist die Mutter. Ein anderer, sehr oft wiederkehrender Traum: Spinnen in tausend Gestalten. Ich komme irgendwohin, großer Beifall, ich gehe zu Bett, und dann kommen Spinnenbeine irgendwoher. Es sind tausend verschiedene Arten. Einfach unerträglich. Ein anderer, den viele Leute haben: mit Raubtieren. Auch sehr bekannt ist der Stier, der Tiger. Ich flüchte. Ich gehe zu einer Corrida. Der Stier bricht aus. Ich flüchte durch die Gänge. Der Stier verfolgt mich. Ich mache eine Tür zu, aber der Stier hat viel Kraft, und ich wache auf. Noch einer, der sehr wichtig ist: Ich bin Komplize eines Mörders gewesen. Ich habe vor acht oder zehn Jahren

Aus *Das verbrecherische Leben des Archibaldo de la Cruz*

jemanden getötet, zusammen mit anderen Freunden. Wir haben ihn
beerdigt und so. Zehn Jahre sind vergangen, und plötzlich fällt mir
ein, daß einer meiner Komplizen, ich weiß nicht mehr wer, von der
Polizei festgenommen worden ist. Man hat einen Arm des Toten
gefunden. Da packt mich eine panische Angst davor, daß sie auch

mich entdecken könnten. Ich habe große Angst, daß mich die Polizei entdecken könnte. Ein anderer, ein unbeschreiblicher Traum, der einzige unbeschreibliche, religiöse Traum: Mitten in einem rührenden, außergewöhnlichen Musikstück, einer himmlischen Melodie erscheint mir die Jungfrau Maria, die Unbefleckte. Aber ganz stereotyp mit ihrem blauen Mantel...

A Ja, die aus deinem Film.

B Ich werde von einem überaus angenehmen Gefühl durchflutet. Ich glaube, durch das Gefühl und nicht durch meinen Verstand gewisse Geheimnisse der Religion zu verstehen. Das Gefühl dieses Traums bleibt lange Zeit in mir. Das ist der einzig positive. Ein anderer: Ein erzählter Traum, ich habe ihn im *Diskreten Charme der Bourgeoisie* genau wiedergegeben: Im Traum gehe ich auf einer Straße und treffe einen Freund. »Was machst du hier? Ich hab dich mit Pepito gesehen«, sage ich zu ihm. »Aber, was soll das heißen, mit Pepito? Der ist doch vor fünfzehn Jahren gestorben.« »Ach, ja«, antworte ich, »du hast ja recht, er ist ja gestorben. Ich hatte ihn gerade eben noch getroffen.« Ein Mädchen mit einer weißen Tunika kommt, wir sehen uns mit einem sehr zärtlichen Blick an, und dann stellt sich heraus, daß alle tot sind, weißt du. Genauso habe ich die Geschichte in *Der diskrete Charme der Bourgeoisie* erzählt. Ein anderer, der mich – wie der mit der Jungfrau Maria – sehr bewegt: Ich sehe mich zusammen mit meinem Hund Tipi, ein Hund, den ich im Haus hatte. Es war ein Straßenhund, den ich sehr gern mochte. Er bellt, als ob er etwas von mir will. Ich sehe, wo er ist, Jeanne ist bei der Arbeit, und der Hund sieht mich, kommt zu mir gelaufen und bellt, als ob er was von mir will. Als ich wieder aufwache, verspüre ich große Angst, unendliches Mitleid für Tipi. Das ist das Gefühl und die Vorahnung meines Todes. Aber das alles weckt in mir eine wahnsinnige Angst, die manchmal tagelang anhält. Und ich sage: »In Wahrheit ist es mein Tod, denn der Hund ist gestorben...« Ein anderer: in aller Öffentlichkeit seine Notdurft verrichten oder nackt herumlaufen. Den Traum wirst du bestimmt auch schon gehabt haben. Ob ich mich nun gerade auf der Reforma oder auf dem Champs-Elysées befinde, ich verrichte meine Notdurft, weißt du, und die Leute, die vorbeigehen, und ich, wie ich alles zuhalte... und ich weiß nicht, was ich machen soll. Dann stehe ich auf und schließlich..., ich bin vom Pech verfolgt. Ein anderer: Gewitter, Regen,

Blitze. Ich suche Unterschlupf. Das ist auch ein langer Traum. Ein Wald, eine hübsche Villa mit großen Glasscheiben, es fängt an zu regnen, ich bekomme es mit der Angst, Blitze, ich suche Unterschlupf. Ich gehe hinein in eine Wohnung aus Kristallen, und Sachen gehen an mir vorbei: Die Blitze und die Panik gehen weiter. Die Angst auch. Ein anderer, der sehr gut war, fällt mir im Moment nicht mehr ein. Den habe ich vielleicht dreißigmal geträumt: Ich bringe Objekte oder Menschen zum Schweben, indem ich meine Hände auflege. In manchen Träumen gelingt mir das nicht. »Mal sehen, was mit dem Stuhl ist, gestern habe ich ihn zum Schweben gebracht.« Dann passiert nichts. Ich habe kein Glück. In den allerwenigsten Träumen gelingt es mir. Plötzlich sehe ich, wie sich der Stuhl um drei Meter hebt. »Was für ein Wunder!« sagen die anderen. Noch ein Traum: Ich betrüge meine Eltern. Ich habe das Abitur nicht gemacht. Ich bin im Abiturszimmer, aber ich schaffe es nicht, obwohl ich schon längst im richtigen Alter bin. Dann sage ich: »Und meine Mutter? Was soll das, verdammte Scheiße, ich kann selber für mich sorgen, soll sie sich eben aufregen.« Aber die Prüfungen finden morgen statt, und ich war in den letzten Monaten nicht mehr in der Schule. Geschichte, Geographie... Ich falle überall durch. Ich sage: »So, dann gehe ich eben zu meiner Mutter und erzähle ihr alles, und daß sie sich zum Teufel scheren kann. Ich brauche keine Karriere, ich hab mein eigenes Auskommen.« Und der letzte Traum ist der mit der Autofellatio, wo ich selbst an meinem Glied sauge. Mein Körper muß im Traum sehr klein sein, weil ich ohne Mühe daran saugen kann. Aber es bringt mir nicht das geringste Glücksgefühl. Der Traum ist blöd, er gefällt mir überhaupt nicht. »Was für ein Glück«, sage ich, »ich kann mir selbst einen runterholen.« Aber nein, gar nichts.

A   Und hast du den schon lange oder...?

B   Den mit der Autofellatio habe ich auch schon sehr lange. Ich werde ihn so sechs-, sieben- oder achtmal geträumt haben. Schon ziemlich alt. Das sind die zwanzig Träume, an die ich mich erinnern kann. Da nimm!

Er gibt mir die Liste mit den eigenhändig numerierten Träumen.

Da ist wirklich alles drin! Religion, Erotik, Tod...

A   Von daher erklärt sich auch deine Abneigung gegen Spinnen. Für dich stellen sie den Tod dar. Vor dreißig Jahren hättest du einen Film mit all diesen Träumen machen können.

B   Natürlich, Szene an Szene… Aber nein.

A   Nein, das würde im Film nicht funktionieren. Zudem kommen sie dir heute seltsam vor.

B   Schon möglich.

A   So wie deine veränderte Einstellung zur Jungfrau Maria.

Er wirft mir einen derart ironischen Blick zu, daß ich beinahe laut loslachen muß.

Gespräche über Luis Buñuel

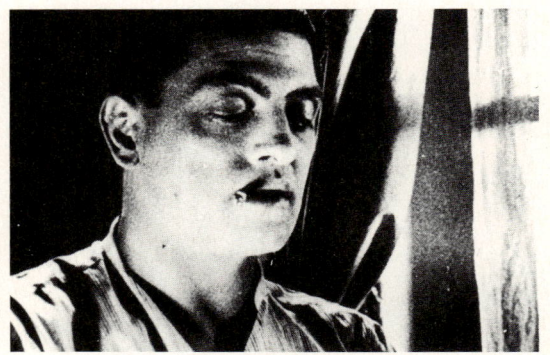

Luis Buñuel in *Ein andalusischer Hund*

Rafael Alberti, 1985

Louis Aragon

Mit Schwester Conchita

Mit Fernando Rey

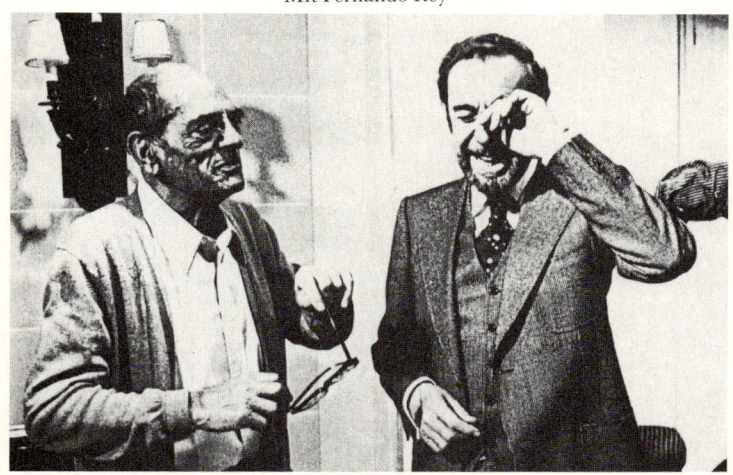

Conchita Buñuel

CB Das erste, an das ich mich erinnere, ist, daß er uns immer unsre Spielsachen weggenommen hat – er war noch sehr klein, so etwa zwölf Jahre alt –, um sie einer Freundin, die er damals hatte, zu schenken. Eine Freundin, die natürlich so um die zehn Jahre alt war.

A Sie hieß Isabel.

CB Isabel Matutano. Sie lebt noch. Sie lebt in Calanda. Eine sehr gute Frau, aber unwahrscheinlich dick. Damals war sie sehr hübsch und graziös.

A Und danach? An welche Freundinnen erinnerst du dich noch?

CB Die zweite war schon hier in Madrid. Luis sah viel älter aus, als er war. Als er auf die achtzehn Jahre losging, hatte er hier eine Freundin, die zweiundzwanzig oder noch älter war.

A Ach ja. Das war Concha, nicht wahr?

CB Nein, nein, früher, viel früher.

A Früher?

CB Ja. Er wird so um die siebzehn gewesen sein.

A Wer war das?

CB Ich weiß nicht, wie sie hieß. Sie war ein Mädchen von hier, aus Madrid. Und dann, weil er nach etwas aussah, bildete sich ihr Vater ein, daß Luis aus einer sehr reichen Familie käme, und bat ihn...

A Ach ja, sie arbeitete in einer Apotheke.

CB Nein, nein. Das war ein gutes Mädchen. Eine von denen, die man in Madrid »una niña bien« – ein anständiges Mädchen – nennt. Und dann wollte der Vater die Sache legalisieren, und Luis sagte, er wollte sie heiraten. Aber den Sommer über ging er nach Calanda und wußte nicht, wie er mit ihr Schluß machen sollte. Schließlich schrieb er ihr einen Brief und tat so, als ob er jemand anders wäre. Er schrieb, sein Freund Luis habe sie angebetet, aber er sei bei einem schweren Motorradunfall ums Leben gekommen. Und er sei mit ihrem Namen auf den Lippen gestorben. Später dann, drei oder vier Monate danach, ist er ihrem Vater hier in Madrid auf der Straße begegnet; der hat ihn daraufhin mit dem Stock durch die ganze Stadt gescheucht.

A Was für eine Geschichte! Du und Luis, ihr kommt ganz gut miteinander aus, nicht wahr? Er hört auf dich.

CB Manchmal hat er niemanden, mit dem er reden könnte. Und dann bespricht er mit mir Sachen aus seinen Filmen, aus Büchern, Familienangelegenheiten. Und manchmal, ja, gibt es Sachen, die ich ihm sage, und er gehorcht nicht, sondern er akzeptiert es einfach. Man muß bedenken, Luis ist sehr impulsiv, und er braucht Zeit zum Überlegen. Einmal wollte er ein Landhaus verkaufen und sagte zu mir: »Ich will nichts dafür haben. Ich werde es dem und dem aus Calanda schenken.« Da antwortete ich ihm: »Gut. Aber das ist fast unmoralisch. Denn das ist jemand, der nie in Calanda gearbeitet hat.« Es war ein Richter. »Er hat nichts gemacht, du solltest es dem geben, der es gebaut hat.« So in der Art. Er sagte: »Nein. Wenn ich etwas mache, dann will ich es auch machen. Und wenn ich etwas sage, dann mache ich es auch.« Aber den Brief hat er zwei Tage lang aufgehoben, und nach den zwei Tagen hat er ihn zerrissen und getan, wozu ich ihm geraten hatte. Na ja, er hatte eben darüber nachgedacht...

A So was nennt man Einfluß auf jemanden haben.

CB Ach ja? Das brauchst du nicht zu glauben, denn ich bin immer das dumme Huhn in unserer Familie gewesen, und Luis hat sich oft über mich lustig gemacht.

A Ja, aber du bewunderst Luis, wie deine Mutter ihn bewundert hat.

CB Ja, er war ihr Lieblingskind. Meine Mutter liebte Luis über alles, das stimmt.

A Und worin hat sich diese Vorliebe ausgedrückt?

CB In vielen kleinen Dingen. Zunächst darin, daß sie mit allem, was Luis machte und sagte, einverstanden war. Sie war immer froh darüber. Und vor kurzem tat sie mir leid. Als Luis *Er* gemacht hatte, schickte er ein Foto, auf dem er als Mönch verkleidet war. Und meine Mutter, der es – wegen des Geredes der Leute natürlich – gar nicht gefallen hat, daß Luis nicht religiös war, zeigte das Bild einer

Freundin. Damals fing sie an, das Gedächtnis zu verlieren. Sie sagte zu ihrer Freundin: »Sieh mal, und trotzdem kritisieren sie meinen Luis so. Seht alle her.« Darauf die Freundin: »Herr Jesus! Was für eine Gotteslästerung!« Meine Mutter war vollkommen niedergeschmettert. Sie hatte gemeint, wenn er sich im Mönchsgewand fotografieren ließe, würden sie schon glauben, daß er ein religiöser Mensch sei.

A Was für ein hinterwäldlerisches Provinzleben! Und zu allem Überfluß hattet ihr noch eine ganze Reihe Geistliche in der Familie.

CB Viele. Das hat einen ziemlich großen Einfluß auf die Familie gehabt. Nicht auf unsere Denkweise, sondern auf unseren Tagesablauf, weißt du, Verwandte und Nicht-Verwandte. Wie oft kamen sie zum Essen! An manchen Sonntagen waren drei Geistliche zum Essen da. Einer von ihnen war ein Onkel von uns. Und wir nannten sie Krokodile, weil sie unersättlich waren, absolut unersättlich! Jedesmal wurde mehr gekocht, und jeden Sonntag aßen sie noch mehr. Es gab da noch einen anderen Onkel, der Priester war. Ich erinnere mich an eine witzige Geschichte: Wir hatten eine Lehrerin, und als ich so ungefähr fünfzehn Jahre alt war, las ich in einer Zeitung, ein weiblicher Fötus sei gefunden worden. Ich wußte nicht, was ein Fötus war, und fragte unsere Mademoiselle: »Mademoiselle, was ist ein Fötus?« Sie wurde knallrot und sagte: »Das brauchen Sie noch nicht zu wissen.« Dann ging ich zu meiner Schwester Alicia und fragte sie: »Sieh mal. Da steht etwas in der Zeitung, was ziemlich häßlich sein muß, weil Mademoiselle unheimlich böse geworden ist.« Da wollten wir wieder in der Zeitung nachsehen, aber sie hatten den Artikel schon rausgeschnitten. Dann ging ich zu diesem Onkel, der Priester war, um ihn danach zu fragen: »Onkel, was ist ein Fötus?« Da schlug er mich und sagte: »Halt den Mund, du schamloses Ding!« Das war die Erziehung, die wir damals bekommen haben. Wir wußten überhaupt nichts. Mit achtzehn Jahren wollte uns unsere Mutter immer noch weismachen, die Kinder kämen aus Paris.

A Das ist doch seltsam, oder nicht? Denn, wenn man so auf dem Land lebt...

CB Nein, aber wir lebten ja nicht richtig auf dem Land. Wir haben uns ja immer nur ein paar Tage in Calanda aufgehalten, und nie sind wir allein gelassen worden, nicht einmal mit einem Verwandten aus dem Dorf. Sie haben uns sehr isoliert gehalten. Und die Lehrerin ist immer bei uns geblieben, wenn unsere Freundinnen da waren.

A Und wie ist in dieser Umgebung die Nachricht aufgenommen worden, daß Luis sich dem Surrealismus angeschlossen hatte?

CB Die Wahrheit ist, daß niemand zu Hause damals wußte, was der Surrealismus war.

A Gut, aber auf jeden Fall haben sie gewußt, daß es etwas Atheistisches war, oder zumindest hätten das die Priester gesagt.

CB Wenn ich's doch sage, nein. Ich glaube, die Priester wußten genauso wenig, was der Surrealismus war und ob er was Atheistisches war. Vom Surrealismus zu reden war in Zaragoza damals so, als ob man heute vom Mond redet. Ach was, der Mond ist heute jedem weitaus näher als damals der Surrealismus. Und ich war zu Hause immerhin die, die am meisten gelesen hatte – hatte auch keine Ahnung, was der Surrealismus war.

A Und ihr wußtet auch nicht, was in der Familie Dalí passiert war, von den Skandalen, über die sich damals die Leute aufregten?

CB Nein, auch nicht; heute ist das Leben einfach anders. Aber damals, ich weiß nicht, es fehlte das Zusammenleben mit den Menschen von außerhalb. Manchmal wurde gemunkelt, Luis sei nicht religiös, aber weiter nichts. Niemand hat das mit der surrealistischen Sache in Zusammenhang gebracht, nicht einmal mit dem Wort atheistisch.

A Warum ist Luis von den Jesuiten weggegangen?

CB Er ist von den Jesuiten weggegangen, weil er wirklich so aufmüpfig war und die Erziehung dort so haßte, daß sie es zu Hause gemerkt haben und mein Vater eingewilligt hat. Danach ist er zum »Instituto« gegangen.

A Und wann seid ihr von Zaragoza nach Madrid gefahren, um für Luis ein Zimmer in einer Pension zu suchen? Was ist dort passiert?

CB Mein Vater und meine Mutter sind hingefahren, wir anderen nicht. Es war damals normal, daß man die Kinder, die studieren wollten, in einer Pension unterbrachte. Aber meine Mutter war außer sich. Ihr kamen alle schmutzig vor. Sie fand, in keiner könne man gut essen. Sie war entsetzt von dem Gedanken, ihn da lassen zu müssen. Dann erzählte jemand – ich weiß nicht mehr wer – vom Studentenwohnheim, der Residenz. Daraufhin sind sie hingefahren, und meiner Mutter gefiel es. Sie fand es wunderhübsch. Sie sprach viel von den Zimmern, dem Garten... Meine Mutter war noch sehr jung und interessierte sich vor allem für Äußerlichkeiten. So wie sie uns Mädchen in die Herz-Jesu-Schule oder zu den Jesuiten gegeben haben. Nie kam ihr der Gedanke, die Erziehung könnte mehr oder weniger religiös sein. Nein, sie kannte nur eine Art von Erziehung, die Erziehung der besseren Leute, der man es ansah, daß sie gut war, ohne daß man danach fragen mußte.

A   Gut, und dein Vater?

CB   Mein Vater wird wohl nicht religiös gewesen sein, auch wenn er das nie deutlich gezeigt hat; nicht wegen der Leute, sondern unseretwegen. Ich glaube, daß das für ihn keine Rolle gespielt hat, obwohl er später gemerkt hat, daß es mit der Religion wohl doch noch etwas anderes auf sich hatte.

A   Und was erzählte Luis so vom Leben in der Residenz, wenn er nach Zaragoza kam?

CB   Luis ist zu Hause immer ziemlich zurückhaltend gewesen, auch wenn er von Sachen sprach, die nichts mit der Familie zu tun hatten. Von Treffen, von Freunden, davon, daß er geboxt hat... Solche Sachen, Dinge ohne Bedeutung. Aber später, als sie ihn rausgeworfen haben, ist mein Vater böse geworden und ließ ihn nach Zaragoza kommen. Da haben sie ihm ein etwas seltsames Zimmer zurechtgemacht, und er hat seine ganzen Bücher mitgebracht. Das war die Zeit, als ich anfing, mir ein anderes Bild vom Leben zu machen, weil ich anfing, in seinen Büchern zu lesen. Ich war damals sehr jung, achtzehn Jahre alt (gut, heutzutage ist man in dem Alter nicht mehr jung). Ich fing an, russische Literatur zu lesen. Und später habe ich dann auch »Das Leben Jesu« von Renan gelesen, und ich glaube, daß mir das alles später geholfen hat, mich allmählich zu verändern, einen anderen Bildungshorizont zu bekommen. Und ich glaube auch, daß ich Margarita ein klein bißchen verändert habe, weil sie noch etwas jünger ist als ich. Aber meine anderen Schwestern sind vollkommen anders. Sie sind sehr religiös und, ich weiß nicht, sogar Franco-Anhänger.

A   Das habe ich schon gehört. Und wann ist Luis nach Madrid zurückgegangen?

CB Ziemlich bald. So etwa sechs oder sieben Monate später. Sie haben eingesehen, daß Zaragoza nichts für ihn war, und dann ging er zurück. Obwohl ich glaube, daß das nach dem Tode meines Vaters gewesen sein muß, ich glaube...

A Dein Vater ist 1923 gestorben.

CB 1923, ja. Luis muß da zweiundzwanzig gewesen sein. Nein, dann war es doch, bevor mein Vater gestorben ist.

A Nein, nein. Luis muß dreiundzwanzig gewesen sein, er ist doch Jahrgang 1900, erinnere dich mal.

CB Na gut, in Ordnung, dreiundzwanzig. Ich hatte bloß gerade gerechnet, daß mein Vater... Nein, das stimmt doch nicht; er hat den *Andalusischen Hund* gleich darauf gemacht, oder?

A Nein. Der *Andalusische Hund* ist von 1928.

CB Weißt du, ich und Zahlen... Ich weiß nicht, ob Margarita mir sehr ähnlich ist, aber an Daten erinnern wir uns beide nie.

A Wann hast du Dalí kennengelernt?

CB Ich habe ihn nie kennengelernt. Ich habe von ihm gehört, aber ich habe ihn nie kennengelernt. Obwohl ich ihn sehr gerne kennenlernen würde, weil bei meiner Schwester Margarita und mir irgendwie der Wunsch gewachsen ist, ihn zu beschimpfen, ich weiß nicht, weshalb. Es ist wie eine Manie. Wenn wir zusammen sind, sagen wir: »Ich werde ihm das und das sagen.« »Dann sage ich ihm das und das.« Wir haben einen Heidenspaß dabei, uns auszudenken, was wir ihm alles an den Kopf werfen wollen.

A Er würde das sicher gerne erfahren, und wer weiß, vielleicht würde er es auch gerne erleben.

CB Es ist schon seltsam, ich weiß nicht, warum wir ihn so unsympathisch finden.

A Mit Fug und Recht.

CB Mich stößt etwas seine falsche Originalität ab, die so gekünstelt ist, so unwürdig, so..., ja das alles.

A Und auch, wie er sich benommen hat.

CB Natürlich. Und dann auch seine Art, sein Kriechertum gegenüber Franco.

A Aber er ist doch gar kein Franquist.

CB Nein? Um so schlimmer, wo er es doch vortäuscht.

A Er gibt sich dafür aus. Er ist so atheistisch wie eh und je, trotz allem, was er in der Öffentlichkeit sagt und tut. Und hinzu kommt,

daß man sich gegenüber einem Freund wohl nicht schlechter beneh-
men kann als er gegenüber Luis, genau wie er es mit Federico getan
hat...

CB Ja, das weiß ich. Aber ich glaube manchmal, auch wenn er sich
gegenüber Luis anständig verhalten hätte, wäre er trotzdem immer
noch ein widerwärtiges Individuum. Ich weiß nicht, warum, ich
habe noch nicht darüber nachgedacht.

A Als Luis nach Paris gegangen ist, hat das deine Mutter gern
gesehen, oder ist er einfach so weggegangen, ohne etwas zu sagen?

CB Nein, nein. Er hat meine Mutter überzeugt. Meine Mutter hat
sich immer von Luis überzeugen lassen. Sie hatte große Angst, es
könnte ihm etwas passieren. Am Anfang war sie nicht mit Jeanne
einverstanden. Sie kannte sie nicht, aber sie hatte aufgrund irgend-
welcher verrückter Vorstellungen furchtbare Angst davor, er könnte
eine Französin heiraten, oder auch davor, Luis könnte nicht mehr
zurückkommen. Aber später hat meine Mutter dann Jeanne so sehr
ins Herz geschlossen, daß, wenn sie Luis einen Brief schrieb, sie immer hinzufügte: »Deine Frau, dieser Engel Gottes, dieser himm-
lische Engel, der auf Erden wandelt.« Das sagte sie ständig, und sie
mochte sie wirklich sehr. Und später, die Geschichte mit dem *Andalusischen Hund*. Luis bat meine Mutter um Geld, und obwohl ich nicht
glaube, daß Luis es wußte, meine ich, daß er meine Mutter beeinflußt hat, damit sie ihm das Geld für den *Andalusischen Hund* gegeben
hat.

A Hatte deine Mutter Zweifel?

CB Meine Mutter wollte nicht. Die Sache mit der Filmerei war für
sie fast so was wie Jahrmarktsgaukelei, nichts Gutes. Und als Luis
Geld von ihr wollte, sagte sie: »Nein, für einen Film nie, niemals.«
Aber ich sagte zu ihr: »Sieh mal, Mama, wenn Luis Zahnarzt wäre,
würdest du ihm eine Praxis bezahlen, wenn er Arzt wäre, auch.
Wenn er Rechtsanwalt wäre, eine Kanzlei... Gib ihm doch das
Geld.« Ich weiß nicht, ob ich sie damit überzeugt habe, aber sie hat
ihm das Geld gegeben, und er hat den *Andalusischen Hund* gemacht.

A Das finde ich sehr gut, Aber wann hast du den *Andalusischen
Hund* überhaupt zum erstenmal gesehen?

CB Ich habe ihn gesehen, sobald er hier in Madrid gezeigt
wurde.

A Und wie hast du ihn gefunden?

CB Na, sehr eigenartig, aber obwohl ich nichts von diesen Dingen verstand und auch nicht daran gewöhnt war, gab es da schon etwas, das mich anzog, das mir gefiel.

A Und hat ihn deine Mutter auch einmal gesehen?

CB Nein. *Ein andalusischer Hund* nicht. Wenn überhaupt, dann viele Jahre später, aber ich glaube, nein.

A Und *Das Goldene Zeitalter* auch nicht, versteht sich.

CB Auch nicht. *Das Goldene Zeitalter* habe ich hier zusammen mit meinem Mann gesehen. Der Film hat mir gefallen, und er hat mich ziemlich verwirrt. Aber ich war sehr heuchlerisch, meinem Mann gegenüber muß ich eine unwahrscheinliche Heuchlerin gewesen sein. Ich erinnere mich, daß ich mich verstellt habe, daß ich aufgestanden bin und gesagt habe, daß der Film mir nicht gefallen hätte. Aber in Wirklichkeit hatte er mir gefallen. Ich habe ihn dann nicht wieder gesehen. Hinzu kommt, daß, weil ich den Film gesehen hatte, ich später ins Gefängnis mußte.

A Wie das?

CB Ja, ich lebte hier in Madrid. Ich war damals ein wenig exhibitionistisch. Ohne so recht zu wissen, was der Kommunismus war, fühlte ich mich zu allem hingezogen, was links war: Sozialismus, Kommunismus. Ich konnte damals das eine vom anderen nicht sehr gut unterscheiden, alles erschien mir...

A Wer waren deine Freunde?

CB Ich hatte keine. Mein Mann hat nie zugelassen, daß ich Freunde hatte, ich durfte nicht einmal mit den Mädchen reden, nichts. Ich lebte wie hinter Gefängnismauern. Damals kaufte ich von Zeit zu Zeit die »Mundo Obrero«, und dann ging ich durch die Straßen fast, wie ich schon sagte, wie ein Exhibitionist, mit meiner »Mundo Obrero«, damit die Arbeiter, die am Straßenrand standen, es sehen sollten. Ich wußte nicht, wie ich es sonst machen sollte. Als der Krieg anfing, lebte ich hier in Madrid, und mein Mann, der zum Generalstab gehörte, kam ins Gefängnis, obwohl er unpolitisch war. Im November, an dem Tag, an dem man glaubte, die Nationalen kämen...

A Am siebten.

CB Am siebten, ja. Ich bin mit meinen Kindern zum Haus von Luis gegangen.

A Aber Luis war doch nicht mehr da?

CB Nein, Luis war nicht da. Er war im September oder Oktober nach Frankreich gegangen. Ich war ganz allein. Ein paar Tage darauf sorgte Hidalgo de Cisneros, der damals im Ministerium saß, dafür, daß ich nach Frankreich ausreisen konnte, und ich setzte mich mit General Rojos in Verbindung... Na ja, ich nicht, weil ich ihn nicht kannte, weil mir mein Mann ja nicht erlaubte, irgend jemanden kennenzulernen (ich lebte wie eine Gefangene, das habe ich dir ja schon gesagt: keine Freundinnen, schon gar keine Männer), aber dann hat er General Rojos verständigt... War er eigentlich damals schon General?

A Oberst.

CB Ja. Und er hat damals im Haus meines Bruders gelebt.

A Im Hause deines Bruders Alfonso oder...?

CB Nein, nein, in dem von Luis, dort Ecke Menéndez Pelayo und Calle Ibiza. Rojos hat dort mit seinen Kindern während der Belagerung von Madrid gewohnt. Ihm haben wir es zu verdanken, daß sich die Bibliothek meines Bruders gut erhalten hat. Dann, als Madrid befreit wurde – ich sage nicht gerne »befreit«, aber das sind nun einmal die Worte, die gebraucht werden –, als Madrid dann »befreit« wurde, kam meine Mutter zusammen mit einer Freundin in Luis' Haus, und sie machte sich daran, die Bücher zu zerreißen. Sie zerriß und verbrannte eine Unmenge von Büchern. Und zwar alle, die ihrer Meinung nach Luis, wenn sie ihn festnehmen würden, vors Erschießungskommando bringen könnten. Sie hat seine Bibliothek zerstört.

A Gut, aber sie wird daran gedacht haben, daß sie dich wegen einer viel geringeren Sache fast erschossen hätten.

CB Ja, das ist eine andere Geschichte. Ich bin über Alicante nach Frankreich geflogen, mit einer Air-France-Maschine, und blieb im Haus der Lehrerin meiner Kinder, die schon mit ihnen in Paris war. Dann kam meine Familie mich abholen und hat mich mit nach Zaragoza genommen. Mit anderen Worten, ich war eine Verräterin, ich war zum Feind übergelaufen. Und als ich einen Monat lang in Zaragoza war, kamen sie mich holen. Natürlich war ich nicht gläubig, aber ich wollte meiner Mutter einen Gefallen tun und betete gerade einen Rosenkranz mit ihr. Man sagte mir, zwei Herren warteten auf mich. Ich ging zur Tür und sah, daß es zwei Polizisten waren. Sie nahmen mich mit und verhörten mich drei oder vier

Stunden lang, sie wechselten sich ab. Und das erste Verhör... Aber ich glaube, das ist uninteressant, das brauche ich nicht zu erzählen, oder?

A   Doch, doch.

CB   Das erste Verhör, das war einer, der ein Kamerad von Luis gewesen war, er hieß Coderque und war Polizist.

A   Wann war das, in welchem Jahr?

CB   Na, ich bin übergelaufen, ich bin im Dezember... 1936 nach Zaragoza gekommen. Sie verhörten mich und fragten mich, ob ich antireligiöse Erklärungen gemacht hätte. Ich habe dir ja schon gesagt, daß wir in unserer Erziehung dumm gehalten wurden, und das einzige, was ich gesagt habe, war, daß Jesus der erste Sozialist gewesen ist, den es gegeben hat. Und dieser Coderque sagte zu dem anderen Polizisten, der auch meine Familie kannte: »Wollen wir das mit Rücksicht auf die Freundschaft, die uns mit ihrer Familie verbindet, nicht ins Protokoll schreiben?« Und der andere darauf: »Gut, gut.« Dann sagte er zu mir: »Das wiederholen Sie besser nicht mehr, das könnte Sie sehr teuer zu stehen kommen.« Sie sagten zu mir, ich müßte diese Nacht in der Zelle verbringen. Aber dann haben sie mich in einem Büro schlafen lassen, auch aus Freundschaft. Naja, was heißt schlafen... Es gingen zwei Wachen die ganze Nacht über vor mir auf und ab, und ich saß auf dem Stuhl. Ich gab mich als Dame und sehr höflich und sagte zu einem von den beiden: »Sie dürfen sich setzen.« Er: »Ich weiß.« Ich glaubte, er setzte sich aus Höflichkeit nicht hin, dabei wollte er einfach nicht. Dann brachten sie mich zum Haus eines Guardia-Civil-Obersten, der ein Verwandter meines Mannes war, aber fünf Tage später haben sie mich freigelassen. Ich ging nach Hause. Später gab es einen Bombenangriff, den schwersten, den es in Zaragoza gegeben hat, obwohl es nicht so schlimm war. Da kamen sie wieder und haben mich ins Gefängnis gesteckt. Und im Gefängnis, natürlich, dort habe ich schreckliche Dinge gesehen, ungeheuerliche Dinge. Wie sie schwangere Frauen vors Erschießungskommando gebracht haben, wie sie den Müttern ihre wenige Monate alten Babies aus den Armen gerissen haben, um sie zu erschießen. Und ich habe noch etwas Grauenhaftes gesehen, aber ich weiß nicht, ob das hierher paßt...

A   Doch. Erzähl es.

CB   Na ja, du als Schriftsteller wirst vielleicht lachen. Es gab da eine Frau, die mir damals sehr alt erschien, obwohl sie sicher jünger gewesen ist als ich heute. Drei Söhne hatten sie ihr bei einer Verfolgungsjagd in den Bergen umgebracht. Und den Mann. Sie war Lehrerin. Sie betete den Rosenkranz und war ein bißchen verrückt, sie sprach mit niemandem. Eines Tages kam die Aufseherin, eine sehr schlechte Frau. Sie war lesbisch. Ich wußte damals noch nicht, was das war, aber damals im Gefängnis habe ich diese Sachen kennengelernt. Gut, die Aufseherin kam und schlug auf ein schwangeres Mädchen ein, aber die Lehrerin entriß ihr den Knüppel und gab ihr selbst ein paar Schläge. Daraufhin nahmen sie zwei Stühle, mit den Sitzflächen zueinander, etwas auseinanderstehend mit einer Platte, die ein Loch in der Mitte hatte. Sie setzten sie darauf und banden ihr die ausgestreckten Hände an die Rückenlehnen der Stühle und die gespreizten Beine an die Stuhlbeine, und die hochgeschobenen Rockzipfel wurden am Kragen festgebunden, damit sie so ihre Notdurft verrichten konnte. So haben sie sie drei Tage lang sitzen lassen. Von Zeit zu Zeit brachte ihr die Aufseherin Wasser in einem Eimer und sagte zu ihr: »Wenn du durstig bist, hier.« Und sie steckte ihr mit den Fingern Brotstücke in den Mund. Am letzten Tag heulte die arme Frau wie ein wildes Tier. Ich versuchte, das alles zu vergessen. Ich habe sogar Meditationsübungen gemacht, um das alles zu vergessen. Ich habe die Mithäftlinge sehr liebgewonnen, weil mich die Unglücklichen – auch da gab es eine Hierarchie – als eine Dame angesehen haben. Das Gefängnis von Zaragoza war für zwölf Frauen gebaut. Als ich dort war, waren wir hundertfünfzig und mehr als zwanzig Kinder unter fünf Jahren. Es waren zwei Kinder dort, die Kinder einer ganz normalen Gefangenen, denen ich immer Schokolade gab – den anderen auch – und Sachen, die mir meine Mutter mitbrachte. Einmal wollten sie was von mir, aber ich hatte nichts. Sie sagten zu mir: »So, wenn du uns nichts gibst, sagen wir der Aufseherin, daß du am Fenster stehst und den Männern schöne Augen machst.« Kinder von fünf Jahren! Ich verteilte alles, was mir meine Mutter brachte, Aspirin, Essen, Kleider... Alles, was ich bekam, brachte ich unter die Leute, und ich war wirklich beliebt. Ich hatte einen Ring, einen wunderschönen Verlobungsring, einen Saphir mit Brillanten. Sie sagten zu mir: »Sobald Sie können, geben Sie den besser Ihrer Mutter, denn es heißt, Sie würden erschossen, und dann nimmt sich die Aufseherin alles.« Ich hielt es für unmöglich, daß sie mich erschießen könnten, aber eines Nachts trieben sie uns alle heraus, die angeblich erschossen werden sollten. Und ich saß die ganze Nacht über und wartete. Ich hatte weder Angst, noch war ich besorgt oder sonst etwas. Denn für mich ist der Tod so etwas wie ein Abenteuer; es kommt mir so vor, als gäbe es etwas dahinter zu entdecken, und wenn nicht, dann ist es mir auch egal, weil ich es ja nicht merke, oder?

Aber ich denke, wenn ich sterbe, muß ich etwas ganz Ungewöhnliches entdecken, etwas, in dessen Genuß ich im Leben nie habe kommen können. Rede ich nicht zuviel von mir? Nein? Ich habe damals die ganze Nacht damit verbracht, an einen wunderschönen Satz zu denken, den ich heute vergessen habe. Er wird wohl nicht sehr gut gewesen sein, weil er mir nicht im Gedächtnis geblieben ist. Um vier Uhr in der Frühe brachten sie uns wieder in unsere Zellen und trieben andere raus. Ich bin dann nicht mehr geholt worden. Ein paar Tage später hat mich der Generalstabschef, es war damals Gasapo, zusammen mit dem Polizeichef nach Hause gebracht. Ich weinte wie eine Wahnsinnige, und ich wurde gefragt, weshalb ich weine. Ich sagte: »Wegen der Unglücklichen, die dort bleiben müssen.« Und bekam als Antwort: »Aber das sind doch alles Kriminelle.« »Wenn diese Frauen Kriminelle sind, dann bin ich es auch, aber mich lassen sie raus.« Und dann das mit meinem Mann. Das Seltsame ist, daß er hier in Madrid im Gefängnis saß. Mein Mann war nicht politisch. Aber drei Monate nach Kriegsausbruch haben sie ihn ins Gefängnis gesteckt. Du weißt ja, die Fünfte Kolonne und all das.

A In seiner Kindheit, in seiner Jugend hat sich Luis gern verkleidet, nicht wahr?

CB Ich kann mich nicht erinnern, daß er sich zu Hause oft verkleidet hat. Manchmal als Lappe oder, wenn er mit seinen Freunden Fangen gespielt hat, als Polizist. Und später beim Karneval haben sich seine Freunde und er als eine Art Reißteufel verkleidet und sind zur Stierkampfarena gegangen. Sie zogen sich ein paar alte Röcke an, eine Maske und sind hingegangen. Ich erinnere mich, daß er sich einmal in Calanda als Priester verkleidet hat. Er war sehr jung, fünfzehn oder sechzehn. Er zog sich das Priestergewand unseres Onkels an. Damals saßen die Leute draußen an der frischen Luft, und da waren ein paar kleine Mädchen, die wir »gorditas« – »Pummelchen« – nannten. Es waren die Kinder bescheidener Leute aus dem

Ort. Und er griff sich eines dieser Mädchen, zwei Jahre war es alt, und tat so, als wollte er sie mitnehmen. Die Leute fingen an zu schreien, weil sie glaubten, er sei ein Kindesentführer, denn zu der damaligen Zeit wurde sehr viel vom »Bauchaufschlitzer« geredet. Weil Luis hoch gewachsen war, glaubten sie, er sei der »Bauchaufschlitzer«, der sich verkleidet hatte und das Mädchen stehlen wollte. Aber das war nur ein Kinderstreich, er war erst vierzehn oder fünfzehn. Ich weiß nicht mehr so genau. Ich wußte nicht, daß er sich später weiter verkleidet hat.

A Luis sagte mir, du könntest dich sicher an die Zeit erinnern, als er ein Jahr im Priesterseminar gewesen ist.

CB Ja. Er ist ein kleiner Scherzbold. Er sagte zu mir: »Wenn Max kommt, sagst du ihm, ich sei ein Jahr lang im Priesterseminar gewesen, damit er es veröffentlicht und ich sagen kann, er verbreite Lügen.«

A Ah, das kommt mir ganz so vor! Ich werde sicher viele erzählen. Ganz abgesehen von denen, die du mir erzählst.

CB Nein, nein. Sieh mal, unser Leben und das von meinem Bruder Luis sind so verschieden gewesen... Er emanzipierte sich auf ungeheuerliche Art und Weise, und meine Mutter hat ihn gelassen. Aber wir Schwestern sind immer völlig unterdrückt worden. Man hat uns nie zum Tanzen gehen lassen, man hat uns kaum Freundinnen erlaubt, und später haben wir dann den ersten geheiratet, der sich für uns interessiert hat. Ich bin von den Händen der Gouvernante, die ausgesprochen streng war, direkt in die meines Mannes gekommen, der noch strenger war. Von Luis haben wir nur sehr wenig erfahren, auch als er in Paris war, eigentlich fast nichts. Gar nichts.

A Ah, dann kann man verstehen, weshalb...

CB Jetzt erfahren wir so allmählich Sachen von damals.

A Was zum Beispiel?

CB Das mit seinen Freunden. Ich wußte damals nicht einmal, wer Breton war, Aragon, Cocteau oder sonst jemand. Wir kannten niemanden. Für uns waren all diese Namen ohne Bedeutung. Eine von uns hat dann im Laufe der Zeit von ihnen gehört, und wir haben schließlich herausgefunden, daß es seine Freunde waren.

A Er hat die Reise deiner Kinder bezahlt...

CB Ja. Als mein Sohn mit seiner Ausbildung fertig war, wollte er in die Vereinigten Staaten. Aber in Wahrheit hatten wir nicht einen

Wiedersehen mit der Mutter nach 22 Jahren Exil auf der Terrasse
des Café »L'Aragon« im französischen Pau

Céntimo, nach all dem, was meinem Mann hier passiert war, nach
dem Krieg und all dem. Da habe ich Luis einen Brief geschrieben,
und er hat mir postwendend das Geld für die Fahrt geschickt. Ich
glaube, es war das letzte Geld, das er noch hatte. Denn vor sechzehn
Jahren konnte man damit… Ich glaube, er hatte noch nicht *Die
Vergessenen* gemacht… oder doch? Ich weiß nicht mehr.
A   Doch.
CB   Vier Jahre später hat er mich eingeladen, er bezahlte mir den
Flug nach Mexiko und dann in die USA, damit ich meine Kinder
besuchen konnte. Eines Tages hörte ich, wie er zu seiner Frau sagte:
»Wenn ich keinen Film mache, können wir nur noch ein paar Mo-
nate lang so weiterleben wie jetzt.« Und trotzdem hatte er mich nach
Mexiko eingeladen. Ich weiß, daß Luis immer gesagt hat: »Conchita
ist die einzige, die im Leben kein Glück gehabt hat. Maria hat Spaß
an Antiquitäten und hübschen Dingen, und sie wohnt in einem Pa-
last. Alicia hat Spaß daran zu spielen und geht gerne auf Gesell-

schaften. Conchita reist gerne, aber die Arme ist immer angebunden gewesen. Deshalb mache ich ihr dieses Geschenk.« Und selbstverständlich bin ich Luis sehr dankbar für alles.

A Vielleicht ist er sich bewußt, daß er immer der Liebling deiner Mutter gewesen ist und...

CB Aber natürlich! Für meine Mutter war er das Lieblingskind. Mit ihren wenigen Französischkenntnissen konnte sie einen Artikel, in dem von Luis die Rede war, einfach so herunterübersetzen. Auch aus dem Englischen konnte sie Artikel über Luis übersetzen. Und später, als ihr Gedächtnis nachließ, war ihre allererste Morgenbeschäftigung, aus der Zeitung die Kinoprogramme auszuschneiden, und am Abend ging sie vergnügt ins Kino. Das alles machte sie nur wegen Luis. Sie liebte das Kino, sie war verrückt danach. Und später hat sie diese Liebe zu Luis dann auch auf Alfonso übertragen. Für sie war Alfonso manchmal Luis, und dann war er wieder Alfonso.

A Vielleicht war sie stolz darauf, daß sie Luis geholfen hatte, seinen ersten Film zu machen und berühmt zu werden.

CB Natürlich. Sie hat Luis bei verschiedenen Gelegenheiten geholfen. Aber wir waren sieben, und man kann sagen, daß sie ihm von Zeit zu Zeit geholfen hat, aber uns hat sie ständig geholfen. Wenn sie uns besuchte oder wenn wir ein Kind bekommen haben, dann hat sie alles bezahlt. Alle Ausgaben für das Haus, die Krankenschwester, den Arzt, die Geschenke... Alles hat sie bezahlt. Viele glaubten, Luis habe meine Mutter viel Geld gekostet, aber ich glaube, wenn einer zu rechnen anfangen müßte, dann er am allerwenigsten.

Rafael Alberti

Rom, Sommer 1969. Ferragosto. Rafael kommt aus Anticoli-Corrado. María
Teresa mußte im Dorf bleiben, um den Hund zu hüten. Sie kommt morgen
vorbei. Es ist eine Affenhitze. Die hohen Zimmer im Hotel de Inglaterra im
Halbdunkel mit relativ geräuschlosen Ventilatoren. Die Straßen sind verlassen.
Durch die Jalousien an den Fenstern scheint erbarmungslos die Sonne. Autos
fahren lärmend zwischen den prächtigen Gemäuern hin und her.

RA   Ich erinnere mich noch sehr gut. Ich bin am 7. Mai 1917 nach
Madrid gekommen.

A   Ein paar Monate früher als Buñuel.

RA   Ach ja? Ich kam aus El Puerto de Santa María, und Madrid
hat mir überhaupt nicht gefallen. Es war im Mai. Frühlingszeit, und
eine derartige Kälte, daß die Leute auf dem See im Retiro-Park
Schlittschuh laufen konnten. Eine wirklich unglaubliche Sache. Madrid im Frühling... so was habe ich danach nie mehr erlebt. In all
den Jahren, die ich in Madrid gelebt habe, habe ich den Retiro-See
nie mehr zugefroren gesehen. Das war etwas ganz Außergewöhnliches für einen Andalusier, der aus El Puerto kam.

A   Und warst du in der Residenz?

RA   Nein, überhaupt nicht. Erst Jahre später bin ich in der Residenz gewesen. Ich bin nach Madrid gekommen, um Maler zu werden. Ich konnte nicht einmal einen Brief schreiben. Und ich fing an
zu malen: in den Akademien, in San Fernando, zum Kopieren im
Prado. Meine ersten Kontakte hatte ich mit unbekannten Malern,
Malern aus Universitätskreisen. Später habe ich Vázques Díaz kennengelernt. Irgendwie fing ich an, die Ultraisten kennenzulernen.
Damals kam »Ultra« gerade heraus. Die Zeitschrift gefiel mir sehr.
Heute hat eine meiner Nichten mir Gedichte geschickt, die ich damals, als ich Maler war, geschrieben habe. Ich schämte mich, sie zu
schreiben. Damals waren das absolut avantgardistische Texte. Ich
hatte sie nicht veröffentlicht. Du kannst sie dir ansehen: ein dickes

Manuskript. Zu den Leuten in der Residenz bin ich sehr spät gekommen. Ich habe eine Gruppe von Malern gekannt, und dort hat mich eines Tages in den Gärten der Residenz Gregorio Prieto, der Maler, Federico García Lorca vorgestellt, bei meinem ersten Besuch dort. Das war sehr spät, Ende 1923.

A Dann war ja Dalí schon dort.

RA Dalí war schon in Madrid. Er war gekommen genau wie ich, um – wie er sagte – »den Beruf des Malers zu studieren«. Und jedesmal fügte er hinzu, daß »sein Vater ihm die Ausbildung zum Maler bezahlte«. Buñuel war auch da.

A Kurz vor seiner Abreise.

RA Da noch nicht, das dauerte noch eine Weile. Ich glaube Juan Chabás hat ihn mir vorgestellt. Ich habe ihn kennengelernt, als Chabás mir erzählte, daß er zusammen mit ihm eine Art von Aphorismen schrieb, oder genauer gesagt »Greguerías«, über Orchesterinstrumente, die sie dann in der Zeitschrift »Horizonte« veröffentlichten. Was jedes Instrument ist, was eine Violine ist – ich erinnere mich nicht mehr so genau. Eine Harfe zum Beispiel sei ein junges Mädchen, das sich an einen Balken lehnt. Ich glaube, das haben Chabás und Luis gemeinsam geschrieben. Du kannst ihn ja mal fragen.

A Das werde ich.

RA Ich hatte Chabás schon kennengelernt, bevor ich in die Residenz zog. Ich hatte es mit der Lunge. Chabás kannte mich als Maler und organisierte meine erste Ausstellung im Athenäum in Madrid. Er allein hat sie für mich organisiert. Ich hatte schon mit dem Schreiben angefangen: Ich machte ein paar Gedichte, und »Horizonte« veröffentlichte sie. Chabás nahm mich mit ins Haus von Pedro Garfias – dem Herausgeber von »Horizonte« –, und dann veröffentlichte ich die drei ersten Gedichte.

A Kommen wir wieder zu Luis zurück.

RA Ich habe ihn in der Residenz so ungefähr zur gleichen Zeit wie Federico kennengelernt und dann sehr schnell auch die anderen, Dalí zum Beispiel. Ich erinnere mich, daß Buñuel damals ein rundlicher, sehr kräftiger junger Mann war. Er hatte kugelrunde Augen, die ihm aus den Augenhöhlen traten. Damals hatte Dalí ihm einen unheimlichen Kopf gemalt mit hervortretenden Augen. Diesem Bild hat Federico einige Gedichte in seinem »Libro de canciones« gewidmet, mit dem Titel: »An den Kopf von Luis Buñuel«. Und wo ich gerade bei diesem gewalttätigen Kopf bin, wie ihn Dalí gemalt hat: Damals hat Buñuel auch seine fürchterlichen Scherze getrieben.

A   Zum Beispiel...? Ein paar kenne ich.

RA   Eigentlich kenne ich nur einen. Als er mitten in der Nacht Eimer mit Wasser gefüllt hat und sie durch die Türritzen ins Zimmer schüttete, in dem Federico und Dalí geschlafen haben. Er hat ein paar riesengroße Eimer voll Wasser hineingekippt – wirklich typisch aragonesischer Humor. An den Buñuel von damals erinnere ich mich nur ziemlich ungenau, wie an eine vorübergehende Erscheinung in der Residenz, nicht wie an einen Dauergast. Ich weiß nicht genau, was er machte. Ich weiß, daß er eine Freundin hatte. Sie hieß Concha Méndez Cuesta. Ich habe sie gegen Ende ihrer Beziehung mit Luis kennengelernt, und ich habe sie auch zusammen gesehen, in Begleitung einer Gesellschaftsdame. Ich glaube, es war in der Eingangshalle zum Kino Principal.

A   Zwei oder drei Jahre später kam er mit kurzgeschnittenem Haar, um *Ein andalusischer Hund* vorzustellen, als er den bekannten Satz sagte, sein Film sei »ein verzweifelter Aufruf zum Verbrechen«. Das war vielleicht damals das einzige Mal, daß ich Buñuel klar und deutlich gesehen habe. Später ist er nach Paris gegangen, und von dort ist er dann auch wieder verschwunden, und als er dann wieder nach Madrid zurückgekommen ist, habe ich ihn als ein ebenso mysteriöses Individuum angesehen wie Larrea*. Manchmal haben wir zusammen im »Arrumbambaya« gegessen. Dort ist auch Larrea aufgetaucht. Er war das seltsamste Wesen, das ich mir vorstellen konnte. Niemand kannte ihn, er lebte in Madrid und war ein guter Freund von Buñuel.

RA   Und ist es immer noch.

A   Hast du *Ein andalusischer Hund* gesehen?

RA   Ich habe *Ein andalusischer Hund* gesehen und auch die anderen Filme, die er uns in der Residenz gezeigt hat. Er hatte das gesamte Avantgarde-Kino mitgebracht. Durch ihn haben wir den »Untergang des Hauses Usher«, »La Coquille et le Clergyman« und »Parade«, den ersten Film von René Clair, kennengelernt. In dem Film

---

* *Juan Larrea* (1895–1980), einer der frühesten Verfechter des Ultraismus, später Mitglied der »Generation von '27«.

gab es ein Begräbnis, auf dem die Kränze wie große runde Brote gegessen wurden, und das alles in Zeitlupe. Sehr schön war das. Und »Rien que des heures« von Cavalcanti haben wir auch gesehen. Kurz, Luis hat in dieser Hinsicht eine sehr wichtige Rolle gespielt. Er war derjenige, der uns nach seinen Reisen nach Paris wirklich in Kontakt gebracht hat mit einer ganzen Filmkunst, die noch nicht bis Spanien vorgedrungen war, weil Filme wie diese zum damaligen Zeitpunkt weder öffentlich akzeptabel waren noch Geld einbrachten.

A In diesen Jahren redigierte er die Filmseite der »Gaceta Literaria«.

RA Stimmt, aber da war ich schon nicht mehr da. Mit Luis habe ich mehr nach der Republik zu tun gehabt, oder auch kurz vor der Republik, als er den Orden der Brüder von Toledo gegründet hatte. Sie gingen in die Venta del Aire, wo Dalí wohnte. Der hatte dort ein wunderschönes Bild mit Zeichenstift an die Wand gemalt: sämtliche Brüder des Ordens von Toledo. Es ist noch Jahre später dort zu sehen gewesen. Danach ist es übertüncht und weggewischt worden. Ich bin hingegangen, um es mir anzusehen: unter anderem auch ein Portrait von Buñuel; es war einfach umwerfend. Eine dieser Sachen von Buñuel – er war ein überragender Zeichner. Allgemein herrschte damals große Begeisterung für Toledo und die ganze becqueranisch-romantische Literatur. Ich bin erst später in den Orden aufgenommen worden. Sie haben dort nicht jeden x-beliebigen reingelassen. Ich war zusammen mit Luis Buñuel, Luis Lacasa, Manuel Angeles Ortiz eine Nacht lang in Toledo, um die Ordensriten festlich zu begehen. Ich erinnere mich noch, daß wir in der »Posada de la Sangre« wohnten. Um Mitternacht nahmen wir die Laken aus den Betten, und Buñuel verkleidete sich damit als Gespenst. Er verschwand und ging in den Vorhof der Kirche Santo Domingo, der von ein paar Treppen umgeben ist. Dort tauchte Luis ganz plötzlich wieder auf und stieg in das Halbdunkel des Platzes hinab. Der Mond war verschwunden, es herrschte nur ein schwaches Licht, das durch ein Fenster schien, hinter denen die Nonnen beteten. Luis erschien. Seine Füße waren nicht zu sehen. Die Hand hing herunter, wirklich, wie ein Gespenst. Es war sehr beeindruckend, und wir hatten Angst, der Nachtwächter könnte kommen, erschrecken und auf uns schießen. Das war so eine der Sachen, die die Brüder von Toledo gemacht haben. Ich war nur in dieser Nacht dabei, dann wurde ich in den Orden aufgenommen, dem schon Federico und Pepe Moreno und andere angehörten. Ich glaube, das Leben Buñuels in Spanien sah so aus: sehr wechselhaft und sehr schwer zu rekonstruieren. Darüber hinaus wird er wohl nur kurze Zeit in der Residenz gewohnt haben...

A   Sechs Jahre lang.

RA   Schon möglich. Jedenfalls war ich nur Besucher, und zudem war ich Maler und hatte wenig mit Schriftstellern zu tun bis zu dem Zeitpunkt...

A   Buñuel wollte gerne Schriftsteller werden.

RA   Ja.

A   An was kannst du dich erinnern von dem, was er damals veröffentlicht hat?

RA   Ich glaube, außer dem, was ich dir vorher gesagt habe, nichts. Aber ich weiß nicht, ob er die Sachen allein schrieb oder gemeinsam mit Chabás. Kennst du Gedichte von Buñuel?

A   Ja.

RA   Ich weiß, daß es ihn viel Mühe kostete zu schreiben und daß er sehr darunter litt. Er verbrachte ganze Nächte damit – wie mir Federico und die anderen erzählt haben –, seine literarischen Werke unter großer Qual und Mühe zu schreiben, bis er schließlich so allmählich und für die anderen kaum spürbar seinen eigenen Weg fand. Damals fing er auch an, seine Kritiken zu schreiben, und ich erinnere mich, daß er 1928 einen »Goya« vorbereitete, der ihm allerhand Arbeit machte: Es war ein Riesen-Drehbuch, das zu schreiben ihm reichlich Schwierigkeiten machte. Ich habe ihn manchmal im »Arrumbambaya« oder in »La Granja« mit seinem dicken Manuskript gesehen. Ich glaube, der Film ist nie gedreht worden.

A   Das war ein offizieller Auftrag.

RA   Es war ein riesengroßes Manuskript. Er hatte das Leben Goyas nachgezeichnet. Ich erinnere mich, daß er einen Haufen großer Zettel herumliegen hatte. Er studierte Goyas Leben, mit vielen Details, und war Feuer und Flamme, so als ob er einen großen Film machen wollte. Danach kam er mit dem *andalusischen Hund*, und mit einem Mal war die andere Idee des alten Buñuel wie weggewischt.

Dalí war zwei oder drei Jahre lang in der Academia de San Fernando, und aus der Zeit stammt die große Freundschaft zwischen Federico

und ihm. Dalí hatte ein paar Bilder für meinen »Marinero en tierra«
gemalt. Für ein paar Gedichte, die vom Traum eines Fischers erzählen, von ein paar Fischern, die mit den Sirenen Schach spielen. Sehr
hübsch, sie sind sehr hübsch geworden. Aber ich glaube, Federico
ließ nicht zu, daß sie veröffentlicht wurden. Also kamen meine Gedichte ohne die Zeichnungen heraus. Aber ich bin sicher, daß, wenn
Dalí anfängt, Fischer oder so etwas zu malen, dann für meinen »Marinero en tierra«, denn ich weiß, daß ihm meine Gedichte gut gefallen haben. Aber Dalí ist ein unverschämter Kerl, und wegen seiner
Abneigung gegen die Kommunisten und all diese Dinge hat er in
seinen Büchern niemals von mir gesprochen oder auch nur meinen
Namen erwähnt. Aber damals waren wir sehr gute Freunde; und der
»Marinero«, an dem ich gerade schrieb, gefiel ihm, weil er darin sein
Meer bei Cadaqués gesehen hat. Die Beziehung zwischen Buñuel
und Dalí war sehr intensiv, auch mit Pepín Bello, der großen Einfluß
auf sie hatte. Pepín Bello war ein genialer Kerl. Er war nur vorüber-
gehend in der Residenz und hatte früher einmal dort gewohnt. Er
war sehr witzig und geistreich, und ihm passierten die ungewöhnlichsten Dinge. All das mit den Eseln und den Klavieren, viele von
diesen Ideen waren von Pepín Bello. Das weiß Buñuel sehr gut. Pepín Bello hatte eine blühende Phantasie, und die Sache mit der
»Verwesung«, viele dieser Ideen waren von Pepín. Damals war es
auch, glaube ich, als Dalí »el putrefacto« – die »Verwesung« und so
was gemacht hat. Aber wer am häufigsten davon gesprochen hat
und das Leben damit verbrachte, die Zeit auf den Straßen totzu-
schlagen, ohne etwas zu tun, den »Verwesenden« zu spielen, das war
Pepín. Es war die Zeit, als der »ruismo« und all die Dinge aufkamen.
Unter dem »ruismo« verstand man das Herumstreunen in den Straßen, und es gibt nur sehr wenige Beispiele. Buñuel kannte diese
Dinge sehr gut. Ich glaube, er hat selten mitgemacht.
Ich habe Buñuel nur von den Brüdern von Toledo her gekannt: jene
Nacht, in der ich zusammen mit ihm dort war. Und später habe ich
ihn begleitet, als er den Film von *Las Hurdes* gemacht hat, mit Pierre
Unik. Pierre Unik und Eli Lotar waren auch dabei in der Nacht mit
dem Gespenst.

A   Das war 1932.

RA   Dalí war nicht mehr da. Damals hatten sie sich praktisch schon
verkracht. Es war die Spätphase der Brüder von Toledo. Ich fuhr

In einem Madrider Gartenlokal der zwanziger Jahre, von links: Pepín Bello, Francisco Moreno Villa, Maria Luisa González, Luis Buñuel, Salvador Dalí, José Maria Hinojosa.

mit Luis, Pierre Unik und Eli Lotar nach Las Hurdes, als Luis den Film plante, aber nicht, als er gedreht wurde. Ich erinnere mich, daß ich mit Gustavo Durán zusammen war. Luis kannte sich dort schon gut aus. Er kannte die elendsten Flecken, wo die Kinder das Brot ins Wasser tunkten, in dem sich die Schweine suhlten. Dort passierte auch das mit den Bienen, den aufgewiegelten wilden Bienen, die die Leute angriffen; die aus der Szene, in der sie von einem Esel nur das Skelett übriglassen – und auch das mit der Ziege. Diese Fahrt haben wir gemacht, um der Filmidee den letzten Schliff zu geben. Ich kenne das alles aus seiner Entstehungsphase. Später erfuhr ich dann, daß Buñuel in Madrid lebte und ein paar mysteriöse kommerzielle Filme machte, und dann und wann aß ich mit ihm im »Arrumbambaya«. Ich sah ihn nur selten, äußerst selten.

A   Hast du ihn während des Krieges gesehen?

RA   Zu Anfang ein paarmal im Haus der Alianza de Intelectuales, im Palacio de los Heredia Spíndola, das wir schon früh besetzt haben. Als ich aus Ibiza kam – es war August –, hatte Buñuel schon den Plan wegzugehen. Er ging wegen einer Mission, einer geheimnisvollen Mission – er hat nie genau erklärt, um was es ging. Später, 1937, als ich nach Paris kam – als ich auf dem Weg in die Sowjetunion war –, habe ich ihn dort getroffen. Ich habe mit ihm gegessen und mit noch jemandem...

A   Reden wir von etwas anderem. Welches ist deiner Meinung nach heute, am 15. August 1969, der Einfluß, den der Surrealismus auf unsere Poesie, auf deine Poesie ausgeübt hat? Gab es diesen Einfluß, oder gab es ihn nicht?

RA   Damit hat sich ein italienischer Hispanist namens Bodini befaßt, der einen unheimlichen Aufruhr gemacht hat. Kennst du sein Buch?

A   Nein.

RA   Es handelt von den spanischen Surrealisten und vertritt eine solch extreme These – vollkommen verquer und willkürlich –, nach der, wenn sie wahr wäre, wir alle Surrealisten wären. Er zitiert sogar Gedichte wie das von Manolito [Altolaguirre]:

> *Era mi dolor tan grande,*
> *que la puerta de mi casa,*
> *cuando se murió mi madre,*
> *me llegaba a la cintura.* *

Ich sag dir, wenn das Surrealismus ist, also wirklich. Mir erscheint das vollkommen absurd. Ich glaube, die ganze Atmosphäre war damals etwas überhitzt...

A   Gehen wir ein Stück zurück. Welchen Einfluß hat der Ultraismus, das heißt der Dadaismus, zum Beispiel auf deine Poesie gehabt? Egal ob auf deine oder auf die von Guillén. Hat das etwas mit Cocteau zu tun?

RA   Mit Cocteau, ich weiß nicht?

A   Mit Tzara vielleicht?

RA   Nein. Ich glaube, mit dem Dada von Tzara ist es etwas anderes, das mehr als alles andere dem Ultraismus gleicht. Später gab es

---

* *Mein Schmerz war so groß / daß die Tür meines Hauses / mir bis zur Hüfte reichte / als meine Mutter starb.*

in Spanien eine Reaktion gegen den Ultraismus, nicht wahr? Und dann waren wir ja da, nach dieser ganzen Schwelgerei. In gewissem Sinne lag darin auch etwas Positives, in der Art eines interessanten Neuerungsprozesses. Später läßt sich eine Rückkehr zur Ernsthaftigkeit, das Bemühen um Konstruktion beobachten, hin zu einer Poesie, die ohne Zweifel enger mit der Sache Spaniens verknüpft ist, ob wir wollen oder nicht. Zu einem Zeitpunkt haben wir uns wieder unserem Land zugewandt.

A Willst du meine Meinung wissen: der Einfluß, den die Veröffentlichung des Buches von Henríquez Ureña auf das unregelmäßige Versmaß ausgeübt hat, ...

RA Ja, ja, das kenne ich. In Wirklichkeit ist die Poesie der zwanziger Jahre von Gil Vicente* beeinflußt... Davon einmal abgesehen. In dieser ersten Phase hat meiner Meinung nach Huidobro mehr Einfluß auf Gerardo Diego gehabt als auf irgend jemand anderen, auf den Gerardo Diego des »Manuel de espumas«, auf den kreativen Gerardo. Nach meinem Geschmack ist das der beste Gerardo, den es gibt; viel besser als dann, wenn er klassizistisch ist und Sonette schreibt. Sie sind sehr gut gemacht und alles, was du willst, das schon, aber der ideenreiche Gerardo ist wirklich der des »Manuel de espumas«. Später ist er dann schwülstig geworden. Ich glaube, hinter all dem haben Reverdy und Huidobro gesteckt, aber nicht der Surrealismus.

A Natürlich nicht.

RA Der Surrealismus ist wahrscheinlich in einigen meiner Gedichte aus »Sobre los ángeles« deutlicher spürbar, oder?

A Ich glaube, nicht.

RA Vielleicht eine gewisse Atmosphäre, aber nicht das System, denn ich habe nie ein Gedicht geschrieben, wo ich einfach meiner Hand freien Lauf gelassen hätte... Meine Poesie, auch die nebulösere, ist streng kontrolliert, und das ist etwas, womit der Surrealismus nicht einverstanden ist, verstehst du?

A Natürlich. Du bist nicht mit ihm einverstanden...

RA Aber es ging doch um... ich weiß nicht, ob man bestimmte Gesten, bestimmte Sachen tun darf. Ich bin in gewisser Weise ein

---

* *Gil Vicente* (1470–1535), portugiesischer Lyriker und Dramatiker, der sowohl Portugiesisch wie Spanisch schrieb.

subversiver Dichter gewesen: Ich hab meine Lesungen in einem Damenclub gemacht. Alle haben sie gesagt, es sei surrealistisch gewesen. Vielleicht war es das. Die Sache ist nur die, daß ich es ehrlichen Herzens, aus Notwendigkeit getan habe, weil ich glaube, daß wir damals schon in Spanien die ursprüngliche Gelassenheit unserer »Marinero en tierra« und »Romancero gitano« hinter uns gelassen hatten. Eine empfindliche Zeit hat damals angefangen, eine Zeit der erregten Gemüter, die einen unleugbaren Einfluß auf uns hatte und uns in sehr viel subversivere Menschen verwandelte.

Ich bin ein streng kontrollierter Dichter, aber ich besitze einen spanischen Furor, den der Surrealismus nicht hat, ein Zusammenspiel von achtzig Faktoren, die vielleicht darin zusammentreffen, daß Buñuel einem Kalb das Auge durchschneidet und solche Sachen. Möglich, daß das Bilder sind, die etwas mit dem Klima der Zeit zu tun haben, und Bilder – wer könnte es bezweifeln –, die nahe verwandt sind mit jener verwirrten, unzufriedenen Atmosphäre des Surrealismus. Aber was Breton angeht, so glaube ich nicht, daß er jemals unsere Bücher als surrealistische Bücher akzeptieren würde. Er würde sie auf die schwärzeste Liste setzen, die es gibt.

A   Das mit dem Schnitt durchs Auge ...

RA   Ja. Vielleicht die Art, wie der *Andalusische Hund* zusammengesetzt ist, und all das. Aber wenn Buñuel nicht nach Frankreich gegangen wäre, hätte er es nicht gemacht, glaube ich. Abgesehen davon, daß er mehr Talent hat als jeder andere. Aber er hat es getan, nachdem er den Surrealismus bereits in sich aufgesogen hatte und von den Surrealisten akzeptiert worden war.

A   Nein. Du täuschst dich.

RA   Ich sage dir doch, viele von den Bildern waren von Pepín Bello und Dalí. Das mit den Eseln und den Klavieren und all die Sachen. Ich glaube, Dalí war zweifellos der einzige spanische Surrealist mit einer angeborenen Veranlagung dazu, verstehst du, schon als er noch gar nichts davon gehört hatte.

A   Warst du nie Darsteller bei Buñuel?

RA   Nein.

A   Du müßtest es einmal probieren. Du wärst ein traumhafter Bischof. Der ewige Bischof bei Buñuel, denn er wählt immer seine Freunde aus, dieselben Schauspieler, gute oder schlechte, aber immer dieselben. Und jetzt, wo Martínez Baena, sein Bischof auf Lebenszeit, gestorben ist, wäre er bestimmt froh, dich an der Hand zu haben.

RA Sachen, die mit der Kirche zu tun haben, gefallen mir sehr, genau wie ihm. Aber ich glaube, daß Buñuel im Grunde ein religiöser und durch und durch katholischer Mensch ist, der an die Hölle glaubt und nächtliche Ängste aussteht.

A Glaubt er an den Himmel oder nur an die Hölle?

RA Buñuel?

A Ja.

RA Ich glaube, er glaubt an die Hölle.

A An den Himmel nicht?

RA Darüber habe ich noch nicht nachgedacht. Aber daß er es unheimlich mit der Religion hat und daß das der zentrale Gedanke in fast all seinen Sachen ist, das steht außer Frage. Er hat *Nazarin* gemacht. Er hat *Viridiana* gemacht.

A Nicht nur das Religiöse, sondern alles, was mit der katholischen Kirche zu tun hat, alles Kirchliche.

RA Der Mann hat eben die gleiche Erziehung bekommen wie ich, eine Erziehung im Jesuitenkolleg. Ich weiß nicht, in welchem Kolleg er war, aber diese Dinge kennen wir und tragen sie mit uns herum, und wenn wir ehrlich mit uns selbst sein wollen, dann sind uns diese Sachen in Fleisch und Blut übergegangen. Buñuel besaß den Mut, sich ihrer zu entledigen und sie zur Schau zu stellen. Aber er zeigt sie, weil er sie wahrhaftig in seinen Adern spürt. Es ist eine Besessenheit in ihm – nichts anderes. Und ich glaube, wenn es bei ihm ans Sterben geht, dann wird er furchtbare Angst haben, in die Hölle oder in den Himmel zu kommen, oder davor, was mit ihm passieren wird. Man sieht, daß ihn diese Probleme auf ganz besondere Weise beschäftigen. Das ist in allen seinen Filmen zu spüren. Es wäre höchst interessant, wenn du in deinem Buch wahrheitsgetreu, wirklich von Grund auf, vom Innersten, vom Kern des Buñuelschen Werkes, vom zentralen Gedanken bei Buñuel sprechen würdest. Denn es werden viele Oberflächlichkeiten erzählt. Man spricht einfach so davon, vom Surrealismus und vom Jenseits davon, was wäre, wenn man Christus erschießen würde, und solche Sachen. Dasselbe trifft für viele Maler und andere Leute zu. Aber ich glaube, es ist ein tiefes Drama bei Luis, dieses Durcheinander von Reichen und Armen, von Gewalttätigkeit, von Nazarines und all dem. Es ist schon seltsam,

wie der Mensch, der in unserer Kunst als am weitesten vorange-
schritten gilt und der die Avantgarde schlechthin verkörpert, daß
dieser Mensch sich für die ältesten Dinge der Welt interessiert. Dieses Interesse ist das einer frommen spanischen Provinzlerin, die voller Ängste steckt. Und dann packt er sie in eine für die Leute un-
gewohnte Form.

A Du glaubst also, daß Luis an dem Tag, an dem er sterben wird,
beichtet?

RA Ich würde es nicht zu sagen wagen, aber möglich ist es.

A Und daß er seine Filme bereuen wird?

RA Nein. Schon gar nicht jetzt, wo die Katholiken *Die Milchstraße*
in den höchsten Tönen loben und er in Berlin von der protestanti-
schen Kirche einen mit neuntausend Mark dotierten Preis bekommen hat. Und zur gleichen Zeit hat er von den Katholiken in New
York für den *Nazarin* zweitausend Dollar bekommen.

A Buñuel wäre das Ideal von Erasmus.

RA Und das von Johannes XXIII.

A Oder das von Luis Vives*. Ich sehe ihn als das Ideal der spanischen Sache. Ich glaube, man kann die Kirche vereinigen und
Buñuel zum Papst ernennen.

RA Ohne es zu wollen, hat er die Kirchen zusammengeführt. Aber
im Ernst, dieses Interesse von Luis ist so fantastisch, daß ich es ganz
genau verstehe. Denn wenn ich mich von Zeit zu Zeit von meiner
Erziehung leiten lasse – die man nie ganz ablegen kann, auch wenn
man sich noch so viele marxistische Ideen zulegt, auch wenn man
noch so revolutionär in seinen Gedanken ist –, dann deshalb, weil es
Dinge sind, die – vor allem in Spanien – so stark verankert sind, daß
man plötzlich wie vor den Kopf gestoßen ist, wenn Buñuel die Un-
verfrorenheit besitzt, sie öffentlich zur Schau zu stellen. Aber er tut
es mit einem Gefühl der Angst. Denn ich glaube, Buñuel hat Angst
davor, eine Blasphemie zu begehen.

A Das ist seine allergrößte Angst. Vielleicht ist das die Erklärung
für vieles, was er gemacht hat. Jene Angst, die er seit seiner Kindheit
behalten hat. Die Schuld…

RA Weißt du, eine Blasphemie zu begehen, so wie er es tut, wobei
er genau weiß, daß er einen Eindruck hinterlassen wird – weil die

---

* Juan Luis Vives (1492 – 1540); spanischer Philosoph und Humanist.

Leute sich nämlich aufregen, wenn eine Blasphemie begangen wird – ich bin sicher, wenn er kein gläubiger Mensch wäre, würde er so etwas nicht tun, es wäre ihm vollkommen gleichgültig, er würde gar nicht auf den Gedanken kommen. Wenn die Armen am Tisch sitzen und eine fürchterliche Sünde jagt die andere, wenn Buñuel sie nicht als Sünden betrachten würde, dann hätte er keinerlei Interesse daran: Worauf sonst könnte es ihm ankommen? Und das ist der Punkt, der in diesem Buch, in diesem Roman über Buñuel, die ernstesten Kapitel ausmachen wird.

A   Nein. Da ist noch was anderes.

RA   Aber würdiger, nicht so wie wir jetzt miteinander reden, die Dinge nur skizziert darstellen, wobei sich der eine über tausend Dinge verbreitet, nur um etwas Bestimmtes zu erklären. Ich glaube, daß du das alles wohlstrukturiert und tiefgehend analysieren mußt, weil es die Sache wert ist, weißt du? Es lohnt sich für den Menschen und für den Spanier, den man mehr als alle anderen zur Avantgarde rechnet. Und seine Anliegen erinnern ja in der Tat manchmal an religiöse Visionen, oder was weiß ich... Und zudem geschieht in anderen Bereichen, im sexuellen zum Beispiel, dasselbe. Natürlich kommt das vom Jesuitenkolleg, von der Familie und den kindlichen Unterdrückungen. Freud und alles, was du willst. Du wirst schon merken, wenn du das Ganze von der Seite her beleuchtest, wirst du schließlich schreckliche Sachen zum Vorschein bringen, von denen niemand weiß, wohin sie führen, stimmt's? Ganz ohne Zweifel kommt die Idee und alles das für den Film von Buñuel, in dem die Frauen gegeißelt werden, aus der Lektüre des Marquis de Sade, oder? Ich weiß nicht... Der ist eine Straßendirne der französischen Literatur. Aber im Grunde ist es bei ihm eine viel ernstere Geschichte, ein viel... etwas, was wir alle selbst schon erlebt haben. Das ist unsere spanische Epoche, genau wie die des 19. Jahrhunderts. Deshalb gefällt ihm Galdós so sehr, weißt du. Die ganze Unterdrückung. Deshalb gefällt er uns so. Na ja, mir gefällt er sehr, jetzt wo ich erwachsen bin, diese ganzen Romane, die ich damals, als ich zwanzig war, nicht einmal wahrgenommen habe.

A   Wir haben sie nicht gelesen.

RA   Wir haben sie nicht gelesen. Und wir haben es uns sogar erlaubt, schlecht von ihnen zu reden oder sie zumindest zu ignorieren. Aber seitdem habe ich wirklich festgestellt, daß es ein Phänomen der frühesten Jugend war, das, wie alles Jugendliche, zerbrechen muß, um nach vorne stoßen zu können, nicht wahr? Es ist unser unmittelbares Durcheinander, unsere eigene Familie. Jener Roman, den man liest und der einem so gefällt, weil er noch nicht im eigentlichen Sinne ein Roman ist, sondern weil man dahinterkommt, daß er die Quelle von einem selbst ist: Es ist eine Tante von mir, Tante Josefine, die Visionen hatte. Mein Onkel Vicente, der sich betrank, sich vor dem Allerheiligsten auf die Knie warf und dann zu seiner Freimaurerloge ging – er war nämlich Freimaurer. Und ganz ungewöhnliche Dinge, die bei Galdós stehen und von denen man heute bemerkt, daß die eigene Familie so war und daß er uns deshalb so gut gefallen hat, weil wir ein Teil davon waren. Und Buñuel hat er gefallen, weil sein Leben so gewesen ist, und noch mehr. Ganz in der Provinz versunken. Und das Seltsame ist, daß ihn noch immer die gleichen Ängste plagen. Als ich gehört habe, daß er *Tristana* machen wollte, lachte ich und dachte: »Was für ein Verrückter ist doch dieser Buñuel! Da gilt er nun als einer der radikalsten Künstler Europas und betrachtet doch Galdós als seinen Lieblingsschriftsteller.« Oder das *Tagebuch einer Kammerzofe* von Mirbeau, daraus ist ein sehr schöner Film geworden, ganz ohne Zweifel, und er gefällt mir besser als *Belle de Jour*, denn das ist die Art Literatur, die Buñuel am besten zu behandeln versteht.

A   Er möchte keine Geschichten mehr erzählen. *Tristana* ist ein Film, den er schon vor vier Jahren fertig hatte.

RA   Das Interessante daran ist, daß es wieder ein Galdós ist.

A   Den Floh hat er immer noch im Ohr. Man weiß nicht, wie die Jugend auf *Tristana* reagieren wird... Andererseits muß Fraga Iribarne* sich sagen: »Da ist was faul. Dieser neue Film von Buñuel muß doch auf irgend etwas anspielen.« Und wie es ihm vorher schon mit *Viridiana* ergangen ist, damals, als bei dem ganzen Drunter und Drüber sogar ein Minister gehen mußte.**

RA   Nur zur Klarstellung: Die Szene, die den Minister zu Fall gebracht hat, ist Buñuel an einem Morgen passiert. Das war nicht

---

*   *Manuel Fraga Iribarne*, rechtskonservativer Politiker. Ende der sechziger und Anfang der siebziger Jahre unter Franco Informationsminister und als solcher zuständig und berüchtigt für Zensurmaßnahmen.
**   Vgl.: Luis Buñuel, *Mein letzter Seufzer*, S. 228.

vorgesehen und schon gar nicht mit dem Foto. Der Beweis ist, daß im ganzen Film nur sieben Bettler vorkommen und beim Abendmahl plötzlich dreizehn da sind. Dort sind Bettler, die in keiner Szene zu sehen sind.

A Natürlich, niemand rechnet nach. Aber das ist doch ganz ohne Zweifel die Szene, die die Leute am meisten überrascht hat, weil es mehr als eine bloße Blasphemie war. Das ist nämlich in Wirklichkeit nicht das »Abendmahl« von Leonardo, das berühmte Fresko, sondern eine auf Tausenden von Postkarten reproduzierte, Leonardo abgeschaute Kopie.

RA Ein Farbdruck, ja. Eine mehrfarbige, retuschierte Reproduktion auf Tausenden von Kinoleinwäden…

A Gestern haben wir – und das ist ein entscheidender Punkt – über das Problem des Katholizismus bei Buñuel gesprochen, das auch ein Problem bei León Felipe, Bergamín und – wie du sagst – auch bei dir ist.

RA Unsere gesamte Erziehung hat sehr tief gewirkt, nicht wahr? Man kann das nicht so einfach auslöschen. Ich meine, wenn einer sich wie im Traum treiben lassen würde, so würde das alles tief aus unserem Innern immer wieder zum Vorschein kommen. Aber man weicht dem fast bewußt aus, verstehst du? Unsere Erziehung hätte wirklich nicht schlechter sein können.

A Du wirst es nicht glauben. Gerade habe ich ein Buch mit Gedichten des Sohnes von Rancaño, von Honorio gelesen, der hier ist.

RA Und?

A Man kann nicht sagen, gut oder schlecht, sondern nur, daß ein Junge, Sohn eines Atheisten, Sohn eines Kommunisten, der eine vollkommen atheistische und kommunistische Erziehung hinter sich hat, ein Buch geschrieben hat, das unter dem Einfluß der Bücher und Probleme León Felipes steht – deshalb ist es weder gut noch schlecht – und in dem er sich ständig mit Gott auseinandersetzt. Und wie erklärst du dir, daß so was in Kuba oder in der Tschechoslowakei passieren kann, die Länder, in denen dieser Junge groß geworden ist?

RA Ich weiß nicht. Ich glaube, die spanische Luft ist so aufgeladen mit all diesen künstlichen Problemen, daß es sehr schwierig ist, sich dem zu entziehen... Nimm zum Beispiel Miguel Hernández: Miguel kommt mit einem dramatischen Stück, das den Titel trägt: »Quién te ha visto y quién te ve«, und selbstverständlich wird es von Bergamín veröffentlicht, weil es hundertprozentig zu »Cruz y Raya« paßt. Und später kommt jemand wie Blas de Otero daher, und die ersten Bücher von Blas sind voll mit religiösen Motiven, die mal da sind und mal nicht, die aber genau in diese Richtung passen... In Spanien gibt es einen Haufen Leute, die gegen das Regime, die Zensur, die Rückständigkeit, den Konservatismus und all das protestieren, in denen selbst aber der Nährboden dafür vorhanden und nur ganz schwer auszulöschen ist, verstehst du? Ich weiß nicht, es ist nicht nur das, ich glaube, es liegt einfach in der Luft. Was Buñuel betrifft, ich kenne seine Biographie nicht im einzelnen, aber ich nehme an, er war in einer ebenso kirchlichen Schule wie ich, bei den Jesuiten nämlich. Na und? Das hat natürlich die meisten Spuren hinterlassen. Später haben wir das alles weit von uns gewiesen und dagegen protestiert. Aber im Grunde verschwindet das, was man dort gelernt hat, nie, verstehst du? Auch wenn wir das Gegenteil behaupten. Es kommt immer wieder hoch. Wir bemühen uns, es zu verhindern, auch wenn wir – emotionslos betrachtet – davon los sind. Aber wenn du dich an die Hand nehmen läßt, wenn du dich gehenläßt, wie wir früher sagten, kommt dein Gott wieder raus, kommt alles wieder raus. Es sei denn, du bist so aufrichtig wie León Felipe oder Buñuel und stellst alles öffentlich zur Schau. Und selbst wenn er glaubt, er tut es von außen her, auf eine subversive und phantastische Art und Weise, so glaube ich doch, er tut es aus seinem Innern heraus und ganz und gar ernsthaft. Der Beweis ist, ich weiß nicht mehr, wo ich das gelesen habe – ich glaube im »Osservatore Romano« –, daß die Filme von Buñuel fast wie eine orthodoxe Sache verteidigt werden, verstehst du? Jemand hat mal gesagt – Azaña glaube ich –, Spanien habe aufgehört, katholisch zu sein, oder so ähnlich.

Wie bitte ist es möglich, frage ich dich, daß ein Land, ein so fürchterlich katholisches Land – im finsteren Sinne des Wortes – von einem Tag zum anderen plötzlich aufhört, eines zu sein? Das ist ein Thema, das schon immer verkehrt herum angegangen worden ist. Und deshalb hat es uns so schwerwiegende Konsequenzen gebracht.

A   Sagen wir mal, nicht nur in Spanien ist es falsch angepackt worden. Schon vor langem bin ich zu der Überzeugung gelangt, daß im
Grund alle Kriege Religionskriege gewesen sind.

RA   Das stimmt, ja. Unser Krieg hatte auch sehr viel davon. Der
Beweis ist, daß es für Franco ein wunderbares Schlachtroß gewesen
ist, uns wie eine atheistische Republik hinzustellen, wie ein Haufen
Klöster verbrennender Barbaren. Und Sachen, die sich in Wahrheit
nur sporadisch und am Rande abgespielt haben, hat er ausgenutzt,
um so etwas einzuleiten, was wie ein großer Kreuzzug im Namen
Gottes aussah.

A   Das Allerseltsamste ist, daß keiner von uns – weder du noch ich
noch sonst einer – sich in seinem Werk mit dieser Art von Problemen
im Spanischen Bürgerkrieg auseinandergesetzt hat – vielleicht, um
schneller voranzukommen. Der einzige, der es gemacht hat – nicht
in bezug auf den spanischen, sondern den immerwährenden Bürgerkrieg, der in jedem von uns herrscht –, war Buñuel.

RA   Das stimmt.

A   Vielleicht hat er es aus Angst gemacht.

RA   Ja, ganz sicher. Er ist nämlich der einzige Spanier, bei dem
kaum ein Film dieses Grundthema nicht enthält, von dem wir gerade reden. Und er ist der einzige, der es immer wieder öffentlich zur
Diskussion stellt. Wir dagegen lassen es immer links liegen.
Es ist verblüffend. Immer wenn ich Sachen von Buñuel sehe, vor
allem *Viridiana*, dann denke ich viel an mich selbst, weißt du? Denn
das ist, wenn auch ganz konfus, etwas Eigenes, etwas Bekanntes. Ich
verstehe, woher das kommt. Die Sache ist nämlich die, daß für uns –
vor allem für uns Schriftsteller –, die wir im allgemeinen sehr stark
zusammenfassend und verdichtet denken, diese Dinge, die in Bilder
umgesetzt sind, eine überwältigende Macht haben. Bei uns ist das
alles, auch wenn uns Zweifel kommen, eine reichlich stürmische Angelegenheit, bei der es zugleich sehr viel schwieriger ist, das Publikum mitzureißen. Aber es ist verblüffend, daß Buñuel immer wieder
Reiche und Arme anpackt und Gewissenskämpfe und Leute, die
sündigen, und Leute, die von der Sünde gequält werden, und eigentlich sind es nur seine eigenen Probleme. Davon bin ich überzeugt.
Ihm würde dieses Gespräch wahrscheinlich nicht besonders gefallen, was meinst du?

A   Ich glaube, er ist fest von dem überzeugt, was du gesagt hast.

RA Wir sagen das im freundschaftlichsten und im ehrlichsten und spanischsten Ton, den es gibt; im Grunde ist das heute noch das Problem vieler Menschen in Spanien und fast aller Menschen. Bei den einen ist es ganz deutlich, bei den anderen eher undefinierbar. Manche schweigen einfach. Andere gehen es auf die allerheuchlerischste Art und Weise an. Aber das Problem ist immer noch unverändert vorhanden. Und wenn du in die spanische Provinz fährst, dann wirst du sehen, dort erst recht: Als ich in Rute lebte und »El adefesio« schrieb, war dieses Problem wirklich niederschmetternd. Alle Leute aus dem Dorf waren die reinsten Selbstmörder, vermischt mit Saufbrüdern, und hatten alle möglichen körperlichen Gebrechen. Aber im Innersten hatten alle Visionen, in denen ihnen die Jungfrau erschien. Alle waren zutiefst gläubig, auf eine verrückte und unterschwellige Art. Das alles haben wir in unserer Kindheit selbst erlebt. Und fast alle, die nicht aus Madrid sind, sondern aus der Provinz, die wie wir auf dem Land geboren sind, tragen von all dem noch wirkliche tiefe Spuren bis in unser Innerstes. Und Buñuel versteht es einfach meisterhaft, das alles, ich möchte nicht sagen zu »erforschen«, weil es ein ziemlich undankbares Wort ist, sondern all dem auf die Spur zu kommen und es mit seiner ihm eigenen Offenheit und Gewalttätigkeit deutlich zu machen, nicht wahr? Ich glaube, die Katholiken, die es sehen, regen sich nicht besonders auf. Schon, sie regen sich in dem Sinne auf, in dem sich Buñuel selbst auch aufregt, verstehst du? Sie regen sich auf beim Gedanken daran, daß sie etwas tun, was nicht erlaubt ist oder was unter Strafe steht, nicht wahr? Denn wenn es nicht so wäre, würden sie es nicht tun. Was für einen Sinn hat es, etwas zu tun, an das man überhaupt nicht glaubt? Nein, das hat nicht den geringsten Sinn.

A Wenn Buñuel so herrlich agnostisch wäre, wie die Amerikaner behaupten, hätte er keinen einzigen seiner Filme gemacht.

RA Natürlich nicht. Nur wer glaubt, kann Gott beleidigen oder verherrlichen. Man braucht einen Glauben, um Blasphemie zu üben oder Gott zu verherrlichen. Hat man keinen Glauben, dann ist das alles vollkommen harmlos, kühl und falsch.

A Genau das gleiche ist der Fall bei León Felipe. Aber León Felipe war aufrichtiger, weil er ein echter Schriftsteller war, und er war kein Kommunist nach der Art von Buñuel, der eigentlich keiner ist. Leóns Blasphemien machen keine Umwege, weil das seine Art war, die Dinge zu sagen.

RA Natürlich. Ich war nicht da, als er gestorben ist. Wie war der Tod von León?

A Er war vollkommen bewußtlos, und dann hat er alle...

RA Was du nicht sagst. Die Sterbesakramente hat er empfangen?

A Ich nehme an, auf Betreiben seiner Schwester.

RA Wegen seiner Schwester, ja. Aber ich glaube nicht, daß er etwas dagegen gehabt hätte. Wahrscheinlich hätte León in dieser Stunde mehr Angst als sonst irgendeiner ausgestanden.

A Nein, das glaube ich nicht. León war vollkommen am Boden zerstört. Ich habe ihn kurz vorher gesehen.

RA Nein. Ich meine das, was nach dem Tod kommt. Denn das hat ihm so sehr zu schaffen gemacht, nicht wahr? Sonst hätte er nicht diesen schweren Kampf ertragen, den er mit seinem eigenen Schutzengel geführt hat, verstehst du? Er ist derjenige, der dieses Thema am häufigsten in der spanischen Poesie dargestellt hat. Der Mensch, der aus Leibeskräften gegen Engel ankämpft, weißt du, wie gegen einen Boten Gottes oder wessen auch immer. Als ich in Argentinien war, waren seine Lesungen wahrhafte Predigten. In der »Sociedad Branca«, in die ich ihn eingeführt habe, hat er eine Dichterlesung gemacht und eine kolossale Predigt gehalten, die den Juden und den Arabern unheimlich gefallen hat. Danach beim Bankett zu seinen Ehren sagte er zu den Kellnern: »Schließt die Türen, wir wollen Gott lästern.« Die Kellner, die vor Angst fast die Hosen voll hatten, machten die Türen zu, und er präsentierte ein Gedicht gegen den heiligen Petrus und rief: »Alle zusammen:

> *Pedro, Pedro, Pedro!*
> *te robaste las llaves del cielo!«**

Und angefangen von Claudio Sánchez Albornoz, der direkt neben ihm saß und der ihn »den größten Gaukler Kastiliens« nannte, sogar ich selbst und alle um uns herum schrien: »Pedro, Pedro, Pedro, te robaste las llaves del cielo!« Den Kellnern und sonst allen hatte es

---

* »Petrus, Petrus, Petrus! / Du hast die Schlüssel zum Himmel geklaut!«

León Felipe

die Sprache verschlagen. Na ja, das kommt so ungefähr auf die Szene in *Viridiana* heraus, meinst du nicht auch?

A   Luis ist komplizierter.

RA   Umfassender, das ist klar. Wir reden mit jener Leichtigkeit, die man bisweilen hat, und wir sagen Ungenauigkeiten. Aber schließlich und endlich ist das – wie du schon gesagt hast – das Problem von Bergamín. León Felipe, Buñuel und vielen anderen.

A   Auch das von Federico.

RA   Gut, auch das von Federico. Federico war wirklich gläubig. Er hat aber nicht oft darüber gesprochen, es war ja auch nicht Mode. Aber Federico hatte in der Tat nächtliche Angstzustände, und er war jemand mit einer streng katholischen Erziehung und hat das auch nicht verschwiegen. Er sagte, er sei…

A   Er ging zur Beichte.

RA   Ich glaube nicht. Keiner von ihnen.

A   Wenn ich dir's doch sage.

RA   Zur Beichte, Federico? Nein, das hat er nicht gemacht, auf keinen Fall, unmöglich. Ich glaube, nicht einmal Bergamín ist zur Beichte gegangen...

A Nein, Bergamín natürlich nicht. Bergamín ist Atheist: Bergamín glaubt an die Hölle – vielleicht. Vielleicht glaubt er an die Hölle, aber er glaubt nicht ans Paradies. Er glaubt nicht an Gott, sondern an den Teufel.

RA Ja, das stimmt. Er ist tatsächlich derjenige, der in der spanischen Literatur am meisten vom Teufel spricht. So wie León Felipe viel von Gott spricht, erzählt Bergamín vom Teufel, oder sogar noch mehr. Aber auf alle Fälle wird er verdammt werden, und das wird sein Paradies sein. Denn Bergamín muß wirklich verbrennen, um weiterhin das zu sein, was er in seinem Leben auf beispielhafte Weise gewesen ist.

A Also deshalb ist er so schmal wie ein Handtuch.

RA Ich sage immer zu ihm, er sehe aus wie ein Stock, der nicht altert. Ein Stock, den man in den Schirmständer stellt und der, wenn Wasser drin ist, sogar Blüten treibt. Bergamín ist krumm wie ein Pelikan, wie ein Stock. Er hat kein Alter und fast keine grauen Haare. Er hat noch die gleiche leise Stimme wie damals 1923, als ich ihn kennengelernt habe, ganz genau die gleiche. Wenn man ihm zuhören wollte, mußte man eine Hand ans Ohr halten. Wenn du ihn heute in Paris triffst, dann ist es noch genau dasselbe. In der Hinsicht hat er sich also nicht verändert.

A Er ist ein materialistischer Dichter, was man so materialistisch nennt, im guten Sinne des 18. Jahrhunderts. In Spanien gibt es außer Guillén keinen. Guillén ist der einzige materialistische Dichter seiner Generation.

RA Sein letztes Buch hat mir sehr gefallen.

A Aber... und was ist mit Aleixandre? Du bist doch einer von denen, die ihn mit Buñuel und den anderen vergleichen wollen?

RA Ich weiß nicht recht. Es gibt ein paar Bücher von Aleixandre, die ich nicht kenne. Vor kurzem hat er ein Buch veröffentlicht, ein sehr trauriges, sehr... Geschrieben wie von einem Mann, der sich darüber Gedanken macht, daß das Leben mit den Jahren über ihn hinweggegangen, zu lang geworden ist. Aber ich glaube, das Werk Aleixandres spiegelt dieses Problem nicht wider. Es ist eine Sache, die viel... ich weiß nicht, eine Sache mit weniger Herzklopfen, weniger tiefgehend. Er ist ein Dichter, der zwei Jahre, nachdem ich ihn

1923 kennengelernt habe, krank geworden ist. Ich weiß nicht, was mit ihm los war. Ich glaube, er ist an einer Niere oder so was operiert worden, und seit der Zeit ist er bettlägerig gewesen. Seit damals hat er sich nur äußerst wenig bewegt. Man kann also mit Fug und Recht behaupten, daß das Leben für ihn, einen derart ungewöhnlich begabten Dichter wie ihn, keinerlei Herzklopfen, keinerlei Überraschung oder Verlockung übrig gehabt hat. Man kann sagen, er hat nichts erlebt.

A   Was seiner Qualität als Dichter keinen Abbruch tut. Wir sind wie die zwölf Apostel, absolut gutmütig. Aber da ist noch Judas, und Judas, wie du sehr wohl weißt, ist Dámaso [Alonso].

RA   Nein, nein. Dámaso hat eine erzreligiöse Erziehung gehabt.

A   Das bezweifelt niemand. Aber Dámaso hat das genaue Gegenteil von uns getan. Dámaso ist zum Teufel geworden und hat – wie du dich erinnern wirst – wirklich entsetzliche Dinge geschrieben: er war Buñuel »avant la lettre«. Erinnere dich an »Aquario en Virgo«.

RA   »Aquario en Virgo«, o ja. Nein, Dámaso hat ganz ohne Zweifel auch sein Grundproblem und seine füchterliche Hölle, vielleicht mehr als jeder andere. Er ist Schüler der Jesuiten von Chamartín de la Rosa und kennt alle Religions- und Gewissenskonflikte der Spanier. Das weiß ich, weil wir viel miteinander geredet haben, als wir jung waren. Er kennt sie besser als jeder andere. Aber in seinem Werk ist nichts davon zu spüren.

A   Hast du »Hombre y Dios« gelesen?

RA   Ja, natürlich. Und »Los hijos de la ira«.

A   Gut, das mit dem Zorn ist was anderes. Es ist eines der wichtigsten Bücher der neuen spanischen Poesie, jener Poesie, die uns überdauern wird.

RA   Für mich hat er nicht diese Bedeutung.

A   Für mich schon.

RA   Nein, ich kann das nicht als derart fundamental ansehen, derart wegweisend, auch wenn es einen gewissen Ausgangspunkt darstellt... Er hat in der Tat ein paar Gedichte geschrieben, die wirklich interessant sind, weil sie aufrütteln und Fußtritte austeilen. Denn Dámaso hat so was total Verbrauchtes. In seinen ersten Büchern erinnerte er stark an Machado und sogar an Guillén, meinst du nicht auch? Dann hat er das Schreiben aufgegeben und hat uns eine

Mitteilung geschickt, in der es heißt: »Ich habe das Schreiben aufgegeben, weil ich nicht werden will wie Jorge Guillén, ich habe stets nach Perfektion gestrebt« usw. Aber später, nach dem Krieg, hat er sich herabgelassen und diese vereinzelten Gedichte geschrieben. Das mit »Madrid ist ein Friedhof von einer Million…« Und das war interessant. Mir gefällt es. Aber später hatte er die gleichen Probleme wie alle anderen, wenn er sich mit Gott auseinandersetzte. Es heißt sogar, er sei katholisch geworden.

A   Ich weiß nicht. Ich habe ihn schon lange nicht mehr gesehen.

RA   Er ist hier gewesen, in Florenz, aber ich war nicht in Rom. Ich hätte gern mit ihm gesprochen, denn die wenigen Male, die ich ihn gesehen habe, fand ich ihn außergewöhnlich. Ich habe ihn in Argentinien getroffen, er war mit Léon Felipe zusammen. Sie haben sich zusammengefunden und einfach wunderbar verstanden.

A   Ja, sie haben sich gut verstanden. Ich habe sie auch immer zusammen gesehen.

RA   Wo?

A   In Mexiko.

RA   In Buenos Aires verstanden sie sich bestens. An dem Abend, als sie bei mir ankamen, haben sie sich einen angetrunken. Dámaso hat scheußliche Greuelmärchen erzählt. León hat sich von Dámaso mitreißen lassen. Sie sagten, sie müßten eine Gruppe von Rezitatoren gründen und in ganz Amerika herumziehen. León, Dámaso und Victoria Ocampo. Das war der Plan, den sie bei mir aussheckten. Ich glaube, davon ist später nie mehr die Rede gewesen, nicht einmal ich habe darüber in meinen »Arboleda perdida« gesprochen. Aber ich werde bald von all diesen Dingen reden, von vielen Dingen, die wir hier nur bruchstückhaft besprochen haben. Aber das war für mich eine seltsame Geschichte: In jener Nacht war León überzeugt, er könnte zusammen mit Victoria Ocampo und Dámaso rezitierend durch Amerika ziehen.

A   Wir wollten von niemand Geringerem als von Picasso reden.

RA   Vom Ungetüm Don Pablo?

A   Bezogen auf die Generationen nach ihm und den Katholizismus.

RA   Das würde ihm gefallen. Er wäre höchst verwundert, wenn wir darüber in seiner Gegenwart reden würden. Ich weiß wirklich nicht, was er sagen würde, denn ich glaube, im gesamten Werk ist davon nicht der kleinste Funke zu sehen...

A   Darin paßt er perfekt in seine Epoche. Denn auch bei Matisse wird keinerlei Beschäftigung mit der Religion sichtbar, nicht einmal bei Rouault, und das will was heißen.

RA   Ich weiß nicht, was mit Matisse ist, ob er sich überhaupt mit der Religion beschäftigt hat.

A   Ich glaube nicht, trotz der »Capilla«.

RA   Das ist wahr. Aber das macht man, so wie man das Gegenteil machen kann: Man kann eine Kapelle für die Venus ausmalen oder für wen auch immer, oder nicht? Ich habe die »Capilla« nicht gesehen. Dieses Jahr wollte ich sie besichtigen, aber sie war geschlossen.

A   Das ist ohne Bedeutung.

RA   Ja, das glaube ich auch. Aber Picasso hat die Kapelle von La Paix en Vallauris, eine echte Kapelle, ausgemalt. Aber das ist auch etwas anderes. Bei Picasso gibt es nichts Religiöses. Seine Gedichte sind Traumgedichte, gewissermaßen surrealistische Gedichte. Ich habe etwas darüber geschrieben, und ich spreche darin von einer »sich windenden Gedankenwelt«. Was Picasso beschreibt, ist eine Schlingpflanze: Er stellt ein Wort hin und zieht daran. Dann fängt er an, immer wirrer zu werden, und heraus kommt etwas, was man als surrealistisch bezeichnen könnte, was in meinen Augen aber zwei verschiedene Nuancen sind. In den Augenblicken, wenn ein Mensch sich so ausdrückt, seiner Hand ein wenig freien Lauf läßt, dann ist es in der Tat möglich, daß sich etwas aus seinem Innersten erhellt, sogar aus seiner Kindheit. Und tatsächlich rutschen Picasso, wenn er diese Gedichte schreibt, Dinge aus seiner eigenen Kindheit heraus, aber er wirft alles durcheinander. Er denkt nicht logisch, aber er schreibt – davon, was ihm seine Mutter kochte, von den Stieren, den Sardellen am Strand, von Perchel, seinem Stadtteil. Er redet von einer Wurst, die irgendwo hängt. Das alles vermischt mit einem Stern, dann mit einem krähenden Hahn. Nie entwischt ihm auch nur ein Wort, aufgrund dessen man auf den Gedanken kommen könnte, in seinem Innersten verberge sich etwas Religiöses, und sei es auch noch so versteckt, oder daß er auch nur ein einziges Mal zur Messe gegangen sein könnte.

A   Demnach ähneln sich die Gedichte von Buñuel und die von

Picasso. Aber im Gegensatz dazu entsprechen die Filme Buñuels nicht im geringsten den Gemälden Picassos. Das beweist, daß es in der Kunst nicht die geringste ideologische Logik gibt. Denn, wenn es sie gäbe, müßte Buñuel Picasso sein und Picasso Buñuel.

RA Das ist gut. Als Glosse ist das nicht schlecht. Aber ich weiß wirklich nicht, was ich dir darauf antworten soll. Ich glaube, Picasso wählt einen Weg, der von all diesen Gedanken so weit weg ist, daß er in der Tat der ungewöhnlichste und einmaligste Fall ist, der hier auf der Erde gelebt hat. Picassos geistige Beweglichkeit erlaubt ihm immer, wenn man mit ihm zusammen ist, etwas Unerwartetes zu sagen. Noch heute mit seinen achtundachtzig Jahren gelingt es ihm immer noch, sich bei allen Fragen – wie man so sagt – geschickt aus der Affäre zu ziehen: ob er nun von Literatur, von Malerei oder von Politik redet. Ich habe ihn einmal gefragt: »Was hältst du vom sozialistischen Realismus?« Er antwortete: »Vom sozialistischen Realismus halte ich unheimlich viel. Die Sache ist nur die, daß niemand ihn je praktiziert hat. Niemand. Wir sind betrogen worden. Nichts würde ich lieber können als sozialistischen Realismus! Aber das kann keiner.« *Und Alberti lacht. Es ist ein offenes, ehrliches Lachen, grenzenlos wie das Meer.* Du wirst nicht leugnen, daß das eine sensationelle Meinung ist. Es wäre auch einmal gut, ihn zu fragen – und wenn ich ihn frage, schreibe ich es dir in einem Brief: Ich fahre in diesem Dezember für zwei Monate an die Côte d'Azur und besuche ihn wenigstens drei- oder viermal… Man müßte ihn mal fragen, was er von diesem religiösen Problem hält, das dich so interessiert und an das ich noch nie gedacht habe.

A Mich würde auch sehr interessieren, ob seine Eltern gläubig waren oder nicht.

RA Das müßte Sabartés eigentlich wissen, aber auch er hat nie irgendeine Anspielung gemacht. Das einzige, was ich weiß, ist, daß er sich immer ziemlich über seine Vornamen amüsiert hat. Ich habe jetzt für ihn ein Gedicht geschrieben, und mein Buch heißt: »Die acht Namen Picassos«. Als er getauft wurde, haben sie ihm acht Namen gegeben. Er heißt Pablo José Diego Juan Nepomuceno Francisco de Paula María de los Remedios Crispín y Crispiniano de la Santísima Trinidad Picasso. So heißt er. Und das amüsiert ihn sehr, aber als pittoreske Sache. Aber das zeigt natürlich, daß er bei der Taufe die Namen der Heiligen bekommen hat, deren Namensfest an diesem Tag gefeiert wurde, so wie es katholische Sitte ist. Na ja, und deine Frage, ob seine Familie gläubig war oder ob sie praktizierende Katholiken waren… Gläubig bestimmt, aber praktizierend…? Wenn es in der Familie so was gab, dann ist bei Picasso aber nichts davon hängengeblieben.

A   Wie allgemein bei den spanischen Malern der Pariser Schule.

RA   Das stimmt. Aber wart mal, ich habe eine Fotografie von Picasso, die ihn bei seiner Ersten Heiligen Kommunion zeigt. Kennst du sie nicht?

A   Nein.

RA   Picasso als kleiner Junge, zumindest die Erstkommunion hat er bekommen. Aber das war immer so was wie Routine, einfach so. Wenn du in einer katholischen Schule warst und du bist nicht zur Heiligen Kommunion gegangen, dann haben sie dich rausgeworfen.

A   Damals in Málaga war er wohl in einer Marienschule oder bei den Jesuiten.

RA   Du weißt ja, daß ich dieses Gespräch aufschreiben werde, das heißt deine Gedanken, weil ich ihn geradewegs darauf ansprechen möchte, wenn er im November kommt. Denn ganz bestimmt wird er etwas Interessantes sagen – wie immer, nicht wahr? Nie habe ich von ihm irgendeine Anspielung auf dieses Thema gehört. Und wenn er spricht, dann erinnert er sich an »Carancha«, an die Stierkämpfe, daran, daß »Carancha« ihn auf dem Schoß, auf den Knien gehalten hat, aber nie habe ich ihn von einer Beichte reden hören, von einer dieser Kindheitserinnerungen, die man nicht vergißt. Es ist seltsam, daß es bei ihm keinerlei Anspielungen gibt, nicht einmal auf die realistische Zeit seiner Anfänge, seiner ersten Aktzeichnungen. Oder doch; er hat ein Bild gemalt von einem Sterbenden, der die Letzte Ölung empfängt. Aber das ist ein Thema wie jedes andere. Vielleicht war es auch ein Pflichtthema, ein Thema seiner Zeit? Aber was mich vor allem überrascht, ist, wenn er schreibt, also dann, wenn ihm etwas Wahres über das Ganze herausrutschen könnte, dann kommt ihm kein Ton über die Lippen. Nur etwas Anti… nein nichts Antireligiöses, aber Antiklerikales.

A   Das gehört eben zu der Zeit.

RA   Aus Spott. Ich habe für ihn, weil er mich darum gebeten hat,

Pablo Picasso und Louis Aragon beim Friedenskongreß in Paris, 1949

einen Prolog zu einem Text geschrieben, den er selbst verfaßt hatte. Er heißt: »El entierro del Conde de Orgaz«. Es ist eine langatmige Geschichte, die er als Theaterstück angefangen hatte und die dann schließlich ein Gemälde geworden ist. Ein absoluter Schwachsinn, weißt du, nicht nur ein Blödsinn. Es entspricht seiner Logik oder seinem besonderen Grundprinzip. Na ja, da sind ein paar Priester, die er ins Lächerliche zieht, dann noch ein paar gerissene Pfarrer und ein paar Mädchen, die die Röcke hochheben und auf die Tische pinkeln und so, und das vor den Priestern. Aber darin steckt auch nichts Antireligiöses.

A Er ist der Inbegriff eines atheistischen Malers.

RA Das ist doch seltsam, oder? Denn in seinen Bildern steckt nicht die Spur einer Anspielung, und es sieht nicht so aus, als hätte ihn irgendwas in der Hinsicht beschäftigt.

Seltsam, wie Alberti es immer vermeidet, das Wort »Gott« auszusprechen. Ich weiß nicht, wie er geheiratet hat. Ich glaube, er hat nicht einmal in

Aus *Das Gespenst der Freiheit*

der Kirche geheiratet, als er diese Russin geheiratet hat. Ich weiß
nicht. Das wäre eine interessante Frage. Ich glaube auch nicht, daß
ihn jemals jemand danach gefragt hat. Es wäre interessant, wenn es
auch nur drei Wörter wären, nicht wahr?

A   Ja. Wo er vielleicht eine Anspielung dafür oder dagegen hätte
machen können, ist in »Guernica«. Aber es gibt keine.

RA   Natürlich, nichts, rein gar nichts. »Guernica« ist die entfesselte
Gewalt des Schreckens, des Iberischen, wenn du es so willst. Da ist
ein scheuendes Pferd, ein Arm, der eine ausgehende Lampe festhält.
Es ist ein urwüchsiger Schrecken, wie der, wenn die Erde erbebt.
Aber man sieht bei ihm nicht, daß er sich deshalb Sorgen macht.
Stell dir vor, er ist neunundachtzig Jahre alt, aber er sieht im Ange-
sicht des Todes so ruhig und so ausgeruht, so gelassen aus. Offen-
sichtlich ist das eine Sache, die man mit dreißig oder vierzig oder

214

sogar mit sechzig Jahren anders sieht als mit neunundachtzig, nicht wahr? Und trotzdem kostet er jede Minute aus, arbeitet zwölf oder vierzehn Stunden am Tag, mehr als je zuvor. Vor kurzem hat er in drei Monaten mehr als vierhundert Lithographien gemacht, einmal ganz abgesehen von der Malerei, ein atemberaubendes Tempo. Aber nie ist dabei etwas von dem zu sehen, wovon wir gesprochen haben. Immer nur Kupplerinnen, Dirnen, ein Pferd. Aber nie ein vager Hinweis auf etwas. Es gibt nur in der berühmten Radierung mit dem Titel »Dinosaurio« so etwas wie einen Christus, so als ob er über ein Hindernis steigt oder durch ein Fenster. Da müßte man einmal herausfinden, was für einen Sinn das hat.

A   Wir müssen noch einmal auf Buñuel zu sprechen kommen, ihn mit Goya und Picasso vergleichen und sehen, was dabei herauskommt. Aber da kommt nichts raus. Denn im Grunde hat Goya mit Buñuel nicht das geringste zu tun.

RA   Nein, das sind wirklich absurde Vergleiche. Ein Vergleich zwischen Goya und Picasso wäre schon etwas anderes, da könnte man einiges erzählen.

A   Wenn Buñuel überhaupt einem Maler ähnelt, dann Velázquez.

RA   Ja, das stimmt. Das ist wahr. Viel mehr als Goya. Viel mehr.

A   Und wie steht's mit dem politischen Standpunkt Buñuels?

RA   Da müssen wir ein gutes Stück zurückgehen. Sein politischer Standpunkt war ganz klar und stark links orientiert. Damals machten wir die Zeitschrift »Octubre«.

A   Darin steht nichts von Buñuel.

RA   Nein. Aber auf einem der Titelblätter haben wir ein Foto aus *Las Hurdes* veröffentlicht, das er uns gegeben hatte. Er hat uns einen Filmausschnitt gegeben, und wir haben dann eine Fotografie veröffentlicht. Wir schrieben, es sei aus einem Film, an dem er gerade arbeiten würde. Es ist die Titelseite der zweiten Ausgabe gewesen, denn er hat *Las Hurdes* 1932 oder kurz danach gemacht. Die Zeitschrift »Octubre« gab es 1933 bis 1934. Es kann sein, daß wir sie später herausgegeben haben, aber ich glaube nicht. Ich meine, mich zu erinnern, daß wir zu der Zeit, als wir für »Octubre« gearbeitet haben, auch zusammen mit Gustavo Durán jene Reise nach Las Hurdes gemacht haben.

A   Und Claudio de la Torre?

RA Hör mal, Claudio war ein guter Freund von mir. Aber ich weiß nicht, was für einen Zusammenhang es zwischen Claudio und Buñuel gibt.

Er selbst hat mir gesagt, es gäbe viel Gemeinsames. Jetzt werde ich dir mal was sagen: Buñuel ist sehr eifersüchtig. Das ist sein Gesetz, sein...

RA Ja, ja, ja, ich kann mir schon denken...

A Gut. Und damals in Paris, als er Jeanne allein gelassen hat, hat er ihr verboten auszugehen, egal mit wem, außer mit Claudio.

RA Ah, das wundert mich überhaupt nicht. Ich weiß, daß er sehr eifersüchtig gewesen ist. Ich habe immer gewußt, daß Luis sehr eifersüchtig ist. Nie hat er jemandem seine Frau vorgestellt. Vielleicht damals, weil sie jung war. Vielleicht stellt er sie heute vor. Sie war ein wunderschönes Mädchen, sehr hübsch, nicht wahr? Aber ich weiß, daß er sie ziemlich versteckt hat. Er ist immer wie ein Junggeselle aufgetreten, bis er seine Kinder und so hatte. Buñuel war wie ein Junggeselle, der eine Frau hat – legal oder sonstwie –, aber dem man es nicht anmerkte, weil er so sehr ein Geheimnis daraus machte, daß wir nicht recht wußten, wer sie war.

A Die Geheimniskrämerei geht sogar bis zum Hochzeitsdatum. Ich müßte es nachprüfen, aber so wichtig ist es nicht. Luis sagt: »Ich habe 1925 geheiratet.«

RA 1925, bist du sicher?

A Ja, und Jeanne sagt: »Wir haben 1934 geheiratet.« Das heißt...

RA Vielleicht ist das die Wahrheit. In Wahrheit war es 1934.

A Ja, aber auf die Wahrheit kommt es nicht an.

Louis Aragon

A Buñuel erzählt, daß er bei der Uraufführung von *Ein andalusischer Hund* hinter der Leinwand gestanden habe mit Steinen in den Hosentaschen, um sie euch an den Kopf zu werfen, für den Fall, daß der Film euch nicht gefallen hätte oder ihr ihn ausgepfiffen hättet.

LA Das hat er geträumt. Er hatte keine Steine in der Tasche, und hinter der Leinwand stand er auch nicht. Er wartete lediglich voller Ungeduld darauf, was wir davon halten würden. Aber es ist nichts passiert, denn wir waren alle hellauf begeistert.

A Eine spanische Zeitschrift hat behauptet, Buñuel sei von 1932 bis 1935 Mitglied der Kommunistischen Partei Spaniens gewesen. Ich möchte gerne wissen, ob das zutrifft. Nicht ich behaupte das, es steht in der Zeitschrift.

LA Das geht mich nichts an. Ich kann doch nicht wissen, ob er Mitglied in einer Partei im Ausland war. Das einzige, was ich weiß, ist, daß er in Frankreich in der Partei war.

A Genau das hat er 1936 Roces geantwortet, als der wollte, daß er nach Spanien kommt. Er sagte zu ihm: »Nein, ich bin in Frankreich in der Partei. Ich müßte um Erlaubnis bitten usw.«

LA Daß er in Frankreich der Partei angehörte, stimmt. In der Zeit, ja. Und zur gleichen Zeit wie ich und aus den gleichen Gründen hat Buñuel die Gruppe der Surrealisten verlassen.

A War das 1927, 1928 oder 1929?

LA Nein, 1930. Das war nach meiner Rückkehr aus Charkow.

A Dann ist er also so ungefähr um die gleiche Zeit wie du in die Partei eingetreten?

LA Ach, ich weiß nicht, wann er eingetreten ist. Ich hatte kein Interesse daran, es nachzuprüfen. Aber er hat sich eingeschrieben und war Parteimitglied.

A Und wie lange?

LA   Ich weiß nicht. Im Krieg wird er nicht mehr in der KPF gewesen sein. Ich weiß nicht, ab wann…

A   Ich kann dir sagen, was er 1936 Roces geantwortet hat. Als Roces ihn fragte: »Was hast du hier eigentlich verloren? Du müßtest doch in Madrid sein«, antwortete er: »Ich muß nach Madrid fahren, aber das hängt von der Partei in Frankreich ab.« Damals, 1936, ist er in der französischen Partei gewesen.

LA   Daran kann ich mich gar nicht mehr genau erinnern. Aber an die Zeit davor erinnere ich mich noch ganz genau, denn als ich aus Charkow zurückkam, hatten wir ein paar sehr unangenehme Geschichten mit jemandem, der heute noch lebt, der aus der Partei ausgeschlossen worden ist. Zur damaligen Zeit war diese Person eine wichtige Persönlichkeit, die versuchte, uns aus der Partei auszuschließen. Es fand in seinem Büro ein Treffen statt, an dem alle aus der surrealistischen Gruppe teilnahmen, die in der Partei waren. Nicht nur Buñuel und ich waren da, auch Thirion, Sadoul, Unik usw. Wer war noch der sechste? Wir waren sechs. Ach ja, Maxime Aleixandre! Wir waren zu sechst. Damals zu der Zeit ist er in der Partei gewesen. Ich weiß nicht, was er später gemacht hat, aber er war Mitglied.

A   Einverstanden. Kommen wir zu einem anderen Thema, mit dem er unauflöslich verbunden ist: Wenn ich heute mit Buñuel spreche, sagt er: »Ich bin surrealistischer als je zuvor.« Was will er deiner Meinung nach damit sagen?

LA   Eben genau das. Und das ist durchaus möglich, wenn man berücksichtigt, wie nahe die ersten Filme von Buñuel mit dem Surrealismus verwandt sind. Wenn es auch zutrifft, daß er in der letzten Zeit die unterschiedlichsten Filme gemacht hat, so sind doch seine Filme ab einem bestimmten Zeitpunkt den ersten Filmen sehr viel näher. Sicher ist das etwas, das nur ganz wenigen Menschen passiert, die zuerst Surrealisten waren und nachher irgendwas anderes. Ich zum Beispiel würde nicht sagen: »Ich bin surrealistischer als je zuvor«, weil ich den Surrealismus nie als etwas in sich Geschlossenes, Starres angesehen habe. Aber mir scheint, das, was ich schreibe, ist eine logische oder – wenn du so willst – eine dialektische Fortführung dessen, was ich damals geschrieben habe. Das wird ganz deutlich, wenn wir gewisse Dinge betrachten.

A   Zum Beispiel?

LA Es ist schon witzig, daß meine Bücher vierzig Jahre lang genaugenommen dadaistisch oder surrealistisch – gleich wie du es nennen willst – waren. Und sie sind nicht neuaufgelegt worden. Niemand hat sich dafür interessiert. Jetzt werden sie neu herausgegeben, und was die Leute beeindruckt, ist nicht der Unterschied zwischen dem, was ich damals gemacht habe, und dem, was ich seither gemacht habe, wie man hätte glauben können, sondern die Ähnlichkeit.

A Glaubst du, du hast aufgrund all dessen einen Einfluß auf das gehabt, was sich im Mai und Juni 1968 abgespielt hat?

LA Nein, auf keinen Fall!

A Weil sie deine letzten Bücher und nicht deine ersten gelesen haben.

LA Es gibt Leute, die weder die einen noch die anderen lesen. Da liegt das Problem überhaupt nicht. Das liegt viel weiter zurück. Der Surrealismus war damals von großer Bedeutung für das geistige Leben und mithin auch in historischem Sinne, denn die Surrealisten hatten sich ja gerade von den Dadaisten getrennt, weil die Befürworter der »tabula rasa« ja gerade mit allem Vergangenen Schluß machen wollten. So gesehen waren unsere Freunde vom Mai '68 weitaus mehr durch die dadaistische Bewegung beeinflußt als durch den Surrealismus. Der Surrealismus wollte sich auf eine gewisse – poetische – Weise des menschlichen Geistes bemächtigen. Ich erinnere mich noch gut an den Wutanfall von Eduard, als ihm verboten worden war, Baudelaire zu lesen. Aber es ging nicht nur um Baudelaire. Vielleicht ist es das größte Verdienst des Surrealismus, alle Arten von Menschen, Werken und Ideen, die bis dahin verschollen waren, oder die nie ein großes Echo gefunden hatten, entdeckt und ans Tageslicht gefördert zu haben. Nehmen wir beispielsweise Ducasse, aber auch viele andere. Das war sehr wichtig. Die heutige Jugend lebt intellektuell bereits seit einiger Zeit von den Werken, die wir ausgegraben haben, von den Menschen, die wir wieder ans Tageslicht gefördert haben.

A Einverstanden. Könnte man dann sagen – einmal ganz schematisch gesehen –, daß der Dadaismus Anarchie, der Surrealismus von Breton Trotzkismus und der andere Surrealismus Kommunismus ist?

LA Nein, nein, auf keinen Fall. Das ist doch eine zu vereinfachte

Sicht der Dinge. Was bei Breton bedeutend ist, ist nicht der Trotzkismus. Breton ist ganz unbestreitbar ein großer Schriftsteller, ein sehr intelligenter Mann, auch wenn er einen verkorksten Charakter hat.

A Und Péret?

LA Péret war ein sehr intelligenter Mann, ein Schriftsteller wie es heute keine mehr gibt. In meinen Augen ist er – im Gegensatz zu dem, wofür er zu seiner Zeit gehalten wurde – ein Schriftsteller mit tiefverwurzelter Tradition, mit der Tradition der barocken Schriftsteller des sechzehnten und siebzehnten Jahrhunderts. Er hatte jene große dichterische Ader, jene verlorengegangene Ader. Aus politischen Gründen habe ich mich mit ihm überworfen, aber ich glaube, ich habe für Péret mehr als irgend jemand sonst auf der Welt getan. Ohne mich hätte er nie veröffentlicht, und wahrscheinlich hätte er ohne mich nicht einmal gegessen.

A Ich frage nach ihm, weil es für Buñuel keinen besseren Schriftsteller gab als Péret.

LA Ja, ja, ganz sicher. Was für Péret das französische Barock war, ist für Buñuel das spanische Barock.

A Ja. Es ist der Einfluß des Barock bei Buñuel, der in seinen Filmen aus der Theologie eine Aneinanderreihung von Gags entstehen läßt. Das ist es im Grunde, was ihm Spaß macht: Gags über Theologie, einen nach dem anderen, wie Max Linder. Du kannst ihre Reihenfolge auch umstellen, sie sind austauschbar. In der *Milchstraße* z. B. gibt es keine Geschichte. Er möchte keine Geschichte erzählen.

LA Ich finde *Die Milchstraße* wundervoll, es ist ein phantastischer Film. Nur einen Vorwurf mache ich ihm.

A Und das wäre?

LA Es ist eigentlich kein Vorwurf, eher ein Mangel. Ihm fehlt die erste Etappe, der Anfang zum Pilgerpfad nach Santiago de Compostela. Denn der Pilgermarsch begann in Paris, in der Kirche St. Jaques de Haut Pas, an der Ecke der heutigen Rue de L'Abbé de l'Epée. Aber abgesehen von diesem kleinen Detail, das in Wahrheit nicht besonders wichtig ist, gefällt mir der Film wirklich sehr gut. Und du hast recht: die theologische Seite interessiert ihn ungemein. Und alles ist da. Aber man müßte einmal nachsehen, worauf es ihm am meisten ankommt – auf die Theologie oder darauf, die Theologie

Louis Aragon in Paris während des Spanischen Bürgerkriegs

mit allem anderen zu vermischen, denn Theologen schneiden bei ihm im allgemeinen sehr schlecht ab.

A Da bin ich deiner Meinung. Aber warum sagst du mir nicht ehrlich, was du denkst?

LA Aber das denke ich doch! Das denke ich wirklich. Da ist eine Sache, die Elsa betont, die wirklich ungewöhnlich und typisch für Buñuel ist, daß nämlich genau in dem Augenblick, in dem eine Person eine fürchterliche Gotteslästerung von sich gegeben hat, ein Blitz neben ihr in den Boden schlägt, von dem sie selbst nicht einmal etwas merkt: ein Wunder. In Wirklichkeit leugnet er die Existenz eines Wunders. Das Wunder findet statt, aber wenn es stattfindet, dann nicht für die betreffende Person, sondern für uns, für die erstaunten Blicke der Zuschauer. Aber für ihn, für die Person, die am Geschehen teilnimmt, ist der Blitz, der niedergeht, wenn er bestimmte Worte ausspricht, eine Naturerscheinung. Das ist Buñuel.

A Das Traurige ist, daß das die letzten Atemzüge des Surrealismus sind. Glaubst du, er könnte noch einmal aufblühen?

LA Nichts blüht. Man muß nur wissen, ob an dem Tag, an dem zum Beispiel in Frankreich der Kommunismus an die Macht gelangt, unter den Kommunisten Leute sind, die intelligent genug sind, nicht um sich für den Surrealismus zu interessieren, sondern dafür, wie der Surrealismus entstanden ist und wie er noch einmal entstehen könnte. Das ist die Frage, auf die es ankommt. Es sieht so aus, als seien die Fortschritte in dieser Hinsicht schon beträchtlich. Jetzt kann man nur noch hoffen.

Fernando Rey

A Du hast zwei Filme mit Luis gemacht.* Welche Unterschiede sind dir zwischen diesen beiden aufgefallen, wenn du an den Einfluß der Zeit auf den Regisseur Luis Buñuel denkst, und was hältst du von seiner Art, mit Schauspielern umzugehen?

R Nun gut, zuallererst muß ich sagen, daß ich von Luis Buñuel nichts gehört hatte, bevor ich ihn kennengelernt habe. Ich hatte fast alle Filme gesehen, die er vor *Viridiana* gemacht hatte, und einen von ihnen fand ich als Zuschauer sogar hassenswert. Bei einem von Buñuels Filmen habe ich sogar das Kino verlassen.

A Bei welchem?

R *Er* war es. Er ödete mich an. Er kam mir vor wie ein Witz, ich hatte den Eindruck, jemand wollte mich auf den Arm nehmen. Ich will damit sagen, ich identifizierte mich überhaupt nicht mit Buñuel, obwohl *Ein andalusischer Hund* und *Das Goldene Zeitalter* bei mir großen Eindruck hinterlassen hatten; sehr großen. Aber der streitsüchtige Luis gefiel mir nicht. Später haben mir *Die Vergessenen* gut gefallen, der auch zu der Zeit gehört, den ich aber damals nicht gesehen habe. *Er* war ein Film, den ich erst später besser verstanden habe, der mich aber damals aus dem Kino getrieben hat. Später bin ich dann in Mexiko von ein paar gemeinsamen Freunden Luis Buñuel vorgestellt worden. Die Sache hat sich geändert, sobald ich persönlich mit Luis zu tun hatte. Physisch ruft er – wie soll ich sagen – eine Kettenreaktion beim Gesprächspartner hervor – zumindest bei mir –, die sich bis zur Bewunderung und zur Liebe zu diesem Menschen steigert, und zur Neugier. Es kann durchaus sein, daß gerade mir das passiert ist, weil ich jemand bin, der vom Wesen her sehr anders als Buñuel ist, und vielleicht weil ich in Buñuel gesehen habe, was ich

---

* Bis dahin: *Viridiana* (1961) und *Tristana* (1969); weitere Hauptrollen spielte Rey in *Der diskrete Charme der Bourgeoisie* (1972) und *Dieses obskure Objekt der Begierde* (1977).

gerne gewesen wäre, zumindest was die persönlichen Ausdrucksformen betrifft. Im Laufe der Drehzeit zu *Viridiana* – daß er mich für jene Rolle auswählte, empfand ich als besondere Ehre – habe ich begonnen, Luis Buñuel innigst zu lieben. Und da wären wir auch schon bei seiner beruflichen Arbeit als Regisseur. Ich muß dir sagen, er ist ein Regisseur, der den Schauspielern nicht besonders viel sagt. Aber trotzdem hat es den Wert einer großen Lektion, immer wenn er eine Anweisung oder eine Korrektur macht, mit einer Besonderheit, von der ich nicht weiß, ob sie von den anderen Schauspielern auch empfunden wird, aber zumindest geht es mir so mit ihm. Aber ich fühle mich immer sehr unwohl, wenn ich in seinen Filmen mitspiele. Das mag vielleicht seltsam klingen, weil es so aussieht, als ob die Figur, die ich in *Viridiana*, und die, die ich gerade in *Tristana* gespielt habe, eine große Schöpfung von Buñuel sind und als Charaktere absolut gelungen sind. Aber ich habe die ganze Zeit ein sehr unangenehmes Gefühl vor der Kamera gehabt. Ich habe keine Ahnung, woher, weil ich ihn sehr gut verstehe, und ich glaube, daß zwischen uns beiden eine enge Beziehung existiert. Fast kann ich sogar seine Gedanken erraten. Bisweilen kann ich mir sogar den Luxus erlauben, in jenen kleinen Gebrauchselementen mitzuwirken, die er für die Interpretationen und Bewegungen der Figuren benutzt, ihm Vorschläge machen und ihm sagen: »Meinst du nicht, daß ich in dieser Szene diesen Aschenbecher berühren könnte?« Und fast immer war er einverstanden mit meinen Vorschlägen, nicht zur Verbesserung, sondern zur Ausschmückung der Rolle in einem bestimmten Augenblick. Trotz alledem aber habe ich immer irgendwie ein körperliches Unbehagen in meinen Bewegungen vor der Kamera gespürt, wenn Luis sie aufstellt, mir den Bewegungsablauf erklärt und mir in etwa sagt, worum es geht. Fast nie darf zuviel erklärt werden, weil es in Wirklichkeit darum geht, den Dialog zu sprechen, und man versteht die Situation von selbst, wenn man vorher das Drehbuch gelesen hat. Aber da ist etwas in seiner Kameraeinstellung, etwas im Bewegungsablauf der Figur vor der Kamera, das in mir immer dieses Unbehagen hervorruft, eine Art Schwierigkeit, eine Art Hin- und Herschwanken in meinen Bewegungen. Vielleicht kommt dadurch in meine Rollen in Buñuels Filmen soviel Spontaneität, soviel Reinheit, soviel Wahrheit.

A   Durch diese Distanz, könnte man sagen...

Fernando Rey in *Der diskrete Charme der Bourgeoisie*

R Durch die Distanz, ja, vielleicht ruft er eine entgegengesetzte
Reaktion hervor und unterdrückt im Schauspieler alles Mechani-
sche, alles Aufgesetzte. Und vielleicht bewirkt dieses Unbehagen
eine kleine Ungeschicklichkeit, und vielleicht bringt diese Unge-
schicklichkeit einen ehrlichen, erfrischenden und spontanen Ausdruck der Figur oder des Schauspielers mit sich. Da ist eine seltsame
Sache, die ich vielleicht schon einmal erwähnt habe: Wenn man ins
Studio kommt, nachdem man die Szene einstudiert hat, und eine
Vorstellung von der Figur hat und davon, wie man es machen
möchte oder wie der Regisseur es gerne hätte, und man sie »auf die
Beine stellt«, dann identifiziert man sich mehr oder weniger mit der
Szene, in der man arbeiten wird, mit den Sesseln, den Tischen, den
kleinen Ausstattungselementen, die in der Szene vorkommen. Je
nachdem, wieviel Erfahrung man hat, kann man sich dann schon
vorstellen, wie das Ganze auf der Leinwand aussieht. Das heißt, ich
weiß schon im vorhinein, wie die Szene aussieht, wenn wir sie uns
am nächsten Tag ansehen, was mir in neunzig Prozent der Fälle
nicht gefällt. Gut. Aber mit Luis passiert etwas Außergewöhnliches
und bis zu einem gewissen Punkt Magisches: Man hat eine bestimmte Szene gespielt, die vielleicht nur aus einem einzigen Blick
nach rechts besteht, wo eine Person vermutet wird, auf die man blik-
ken soll. Und wenn man diese Szene, die man selbst gespielt hat,
dann nachher auf der Leinwand sieht, dann steckt sie voller Überra-
schungen: Man entdeckt die Dekoration, die einem vorher gar nicht
richtig aufgefallen war. Es fallen einem kleine Dinge auf, die du während der Arbeit gar nicht registriert hast. Jener Blick, in dem man
lediglich eine Reaktion auf einen anderen gesehen hatte, hat plötzlich etwas Magisches, etwas, das man nicht aus sich selbst heraus
gegeben hat, das seine Handschrift trägt. In meinen Augen ist das
eine seiner Haupttugenden. Ich weiß nicht, ob man so etwas als eine
Zwangshandlung bezeichnen könnte oder als... ich weiß nicht, als
was. Aber fest steht, da ist etwas. Jemand sorgt heimlich dafür, daß
noch mehr auftaucht als das, was du selbst gemacht hast, und es
geschieht auf eine Weise mit einer Hintergründigkeit, die man selbst
nie erwartet hätte, trotz allem, was man vorher gesagt hat. Wenn ich
hier eine Szene spielen muß, dann erkenne ich sofort, wo sich was
befindet, und wenn ich in diese Ecke gehen muß, dann sehe ich, daß
man von dort aus den Hintergrund jenes Bildes sehen wird. Na ja,

wenn man mit Buñuel arbeitet, endeckt man das alles immer erst später, auf der Leinwand.

A   Als du mit Luis gearbeitet hast, hast du da nicht irgendwann einmal die Möglichkeit der Gedankenübertragung gefühlt?

R   In gewissem Maße schon, es muß so etwas stattgefunden haben, denn sonst hätte ich einige Sachen, die ich mit Luis gemacht habe, nicht machen können, einschließlich der beiden Figuren, bei denen ich zum ersten Mal als Zuschauer in der Lage war, ein gespaltenes Gefühl zu haben. Normalerweise mag ich die Filme, in denen ich mitspiele, nicht sehen, aber bei den Filmen von Buñuel ist es mir gelungen, mich in den Sessel zurückzulehnen und mich selbst zu betrachten, als sei ich jemand anderes.

A   Du weißt ja, daß eine der Lieblingsbeschäftigungen in Luis' Jugend – das heißt zwischen zwanzig und fünfunddreißig Jahren – darin bestand, Leute zu hypnotisieren.

R   Ja, aber da ist noch eine seltsame Sache: Luis versucht manchmal, sich kurz zu fassen. Manchmal bemerke ich bei ihm eine gewisse Furcht davor, in bestimmte Grenzsituationen zu kommen, in die er aber kommt, und zwar unvorhergesehen. Aber er hat Angst davor, es zu weit zu treiben. Immer lebt er in der Furcht, die Dinge könnten etwas zu weit gehen, und dann versucht er, eine gewisse Vorsicht walten zu lassen, eine seltsame Sache, die der Zuschauer vielleicht nicht erwartet.

A   Diese Angst, in ein Extrem zu verfallen, ist das nicht die Angst vor dem Melodram?

R   Ja, vielleicht Angst vor dem Melodram. Und wir, die Schauspieler, wollen auch noch unsere eigenen Dinge mit einbringen. Kann sein, daß darin der Grund für die Selbstbeschränkung liegt, die er uns zuweilen auferlegt, bei bestimmten Handlungen, Reaktionen, Bewegungen usw. Es gibt einen gewissen Widerspruch bei Luis, und es gibt zwei klare Strömungen in seinem, sagen wir, in seinem Sternzeichen, in der Astrologie, und eine davon ist die Schüchternheit. Er ist ein schüchterner Mensch.

A   Und weshalb? Weil er einfach zu schüchtern ist oder weil das Leben ihn schüchtern gemacht hat?

R   Das kann ich dir nicht sagen. Aber ich glaube, er ist einfach schüchtern. Ich kenne die Familie Buñuel, und seine Kinder sind ebenfalls schüchtern, sie sind fürchterlich schüchtern. Seine Schwe-

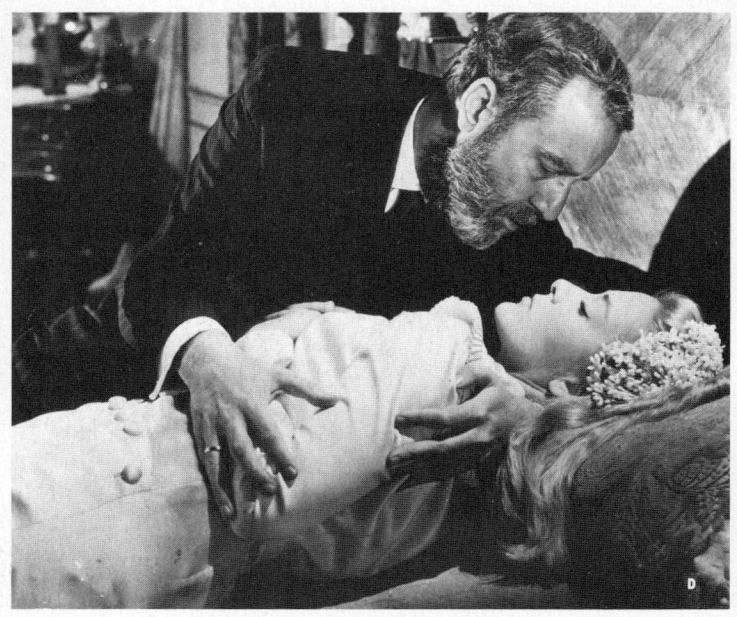

In *Viridiana*

ster Conchita, für die ich eine ehrliche Bewunderung empfinde und von der ich glaube, daß sie die klarste und intelligenteste unter den Frauen der Buñuel-Familie ist, um nicht zu sagen der gesamten Buñuel-Familie, ist schrecklich schüchtern.

A   Im Gegensatz dazu ist seine Schwester Margarita ungewöhnlich extrovertiert.

R   Ja, sie ist extrovertiert, voller Lebensmut. Aber im Grunde ist der allgemeine Maßstab für die Familie, daß alle Buñuels im Grunde schüchtern sind. Das Problem ist, daß ich jemanden, den ich liebe und den ich bewundere und der noch dazu das ist, was ich gerne gewesen wäre, nicht analysieren kann. Ich wäre gerne Luis Buñuel gewesen. Aber es gibt immer wieder seltsame Dinge: Luis ist hundertprozentig davon überzeugt, daß er die Filmtechnik nicht beherrscht. Ich glaube, das ist kein Standpunkt, das ist einfach ganz ehrlich, was er empfindet.

A   Nein, das ist nicht wahr.

In *Dieses obskure Objekt der Begierde*

R Aber mir kommt es so vor. Denn während der Dreharbeiten zu
Tristana zum Beispiel hat er die ersten zwei oder drei Rollen mit einer
gewissen selbst eingestandenen Ungeschicklichkeit realisiert, und
als er sie dann ansah, gestand er – natürlich gehört das zum Werk
eines Perfektionisten, denn im Grunde glaube ich, daß Luis Perfek-
tionist ist –, daß er sie gerne wiederholen würde, weil sie technisch
mißlungen seien. Aber trotzdem gelingt ihm als Regisseur etwas, das
mir als das Allerschwierigste erscheint, nämlich der Rhythmus.
Man muß berücksichtigen, daß es bei Luis' Filmen keinerlei Film-
musik gibt, eine fast schädliche Erfindung, nicht wahr? Die Filme
von Luis sind also Szene für Szene Drahtseilübungen ohne Netz und
ohne doppelten Boden. Und seine Haupttugend als Regisseur oder
zumindest eine seiner Haupttugenden ist diese Art der Wendigkeit,
des Instinktes, die er besitzt, um den Rhythmus sämtlicher Szenen
des Films – eine nach der anderen – beizubehalten. Wenn die Szenen
gedreht werden, dann interessieren die Handlungen jeder einzelnen

Figur, ihre Bewegungen vor der Kamera und die Bewegungen der Kamera, die nie ausladend oder emphatisch oder auch zu modern sind, sondern im Gegenteil vollkommen schlicht, um den Rhythmus des betreffenden Films zu wahren. Und schließlich kommt es ihm noch besonders an auf die Abmessungen der Figuren, wie sie in der nächsten Szene geschnitten werden, wenn ein anderes Objekt oder ein anderer Bildausschnitt benutzt wird, als Fortsetzung der vorhergehenden Einstellung. Mir scheint, diese Art des Malens, des Zeichnens, die er verwendet, ist wirklich außergewöhnlich und zudem noch äußerst schwierig nachzuahmen.

A   Darin bin ich mit dir vollkommen einer Meinung, aber das ist doch wohl auf die umfangreiche Erfahrung von Luis beim Filmschnitt und als talentierter Maler zurückzuführen, auch wenn er letzteres nicht so gerne hört und in seinem Haus nicht gerne Bilder hängen sieht und die wenigen, die er besitzt, gerne los wäre.

R   Ja, Luis kann wirklich stundenlang vor einem Bild verbringen, es betrachten und es fast streicheln. Als wir *Viridiana* gedreht haben, zeigte er mir das »Abendmahl«, und wir haben fast eine halbe Stunde davorgestanden, während er es mir erklärt hat. Er sah es liebevoll, zärtlich an, fast streichelte er es. Da sieht man es genau, die Malerei hat einen großen Einfluß auf ihn gehabt. Aber was das mit dem Filmschnitt angeht, daran glaube ich nicht so ganz, denn die Filme von Luis, obwohl er ein großer Bühnenmeister ist, sind so gedreht, daß man beim Schnitt nicht mehr allzu viel verändern kann. Eben aus dem Grunde, weil er sie schon montiert, bevor sie gedreht werden.

A   Gut, ja. Das ist eine Erklärung. Und es mag wohl zu seiner Geschicklichkeit gehören, was Rhythmus und Kontinuität betrifft.

R   Es ist eine musikalische Kontinuität. Luis hatte auch einen Hang zur Musik, und er hatte eine musikalische Ausbildung, die er durch seine Taubheit natürlich nicht weiterentwickeln konnte. Aber auch wenn er kein Sinfonie-Komponist ist, so ist er dennoch ein Mann, der seine Szenen komponiert, bevor er ins Studio geht. Einmal sagte ich zu ihm: »Luis, heute nachmittag gehe ich in ein Konzert« – ich glaube, es war das »Requiem« von Brahms, ich weiß nicht mehr –, und er antwortete ganz bewegt: »Was für ein Glück! Wenn ich doch nur hören könnte.« Er erzählte mir, er sei in der Lage, Musik zu hören, Musik, die keinen Laut von sich gibt. In sich drin

Bei den Dreharbeiten zu *Dieses obskure Objekt der Begierde*

kann er ein Konzert erzeugen und es hören. Eine Musik, die nicht geschrieben worden ist, die er träumt.

A An die er sich auch erinnert.

R Ja, er erinnert sich daran. Und dann gibt es bei Luis noch einen seltsamen Aspekt, nämlich seine schreckliche Angst, ein Film könnte zu lang werden und das Publikum langweilen. Denn Luis Buñuel hat ein Hauptinteresse: daß das Publikum sich amüsiert.

A Gut, das hat auch einen wirtschaftlichen Aspekt. Luis hat nämlich viele Filme produziert, was er heute nicht mehr eingestehen will, für die ihm nur sehr wenig Geld zur Verfügung stand. Nie kommen in einer Szene zu viele Schritte vor, weil er genau weiß, daß an der und der Stelle geschnitten werden muß, um zur nächsten Szene zu gelangen. Deshalb bewundern ihn die Produzenten. Er ist nämlich ein großer Organisator. Luis wäre der beste Produktionsleiter der Welt. Er hat ein fabelhaftes Talent für die Montage und dafür, einen Film von der anderen Seite her zu organisieren, von der Seite des Produzenten. Aber neben all dem lebt in Luis Buñuel die Person eines großen Poeten mit einer unglaublichen Zärtlichkeit. Ich habe

Buñuel, Delphine Seyring und Fernando Rey proben den
»diskreten Charme der Bourgeoisie«

ihn in bestimmten Augenblicken so bewegt gesehen, wie es nur ein zärtlicher Mensch mit einer ausgeprägten Menschlichkeit sein kann.

A Kannst du dich noch an einen dieser Augenblicke erinnern?

R Zum Beispiel als er die Szene in *Tristana* gemacht hat, in der ich vom Gespräch mit dem Maler komme, erinnerst du dich? Es war ein kühles Gespräch, bei dem ich feststelle, daß Tristana krank ist, daß sie einen bösartigen Tumor hat, daß ihr vielleicht ein Bein amputiert werden muß. Während des ganzen Gesprächs bewahre ich meine Fassung. Als der Maler dann entscheidet, Tristana soll zu mir nach Hause zurückkommen, akzeptiere ich den Vorschlag ganz kühl, als ob ich ihm einen Gefallen tun würde. Aber als ich das Zimmer verlasse und an der Tür bin, ist da plötzlich ein abrupter Wandel in der Person, den ich wirklich empfunden habe. Und als ich Saturna treffe, die auf der Straße auf mich gewartet hat, bin ich bereits ein anderer Mensch, und ich habe fast Tränen in den Augen, als ich sage: »Saturna, wir werden sie wieder mit nach Hause nehmen, diesmal wird sie mir nicht entwischen.« Mit dieser Reaktion von mir hatte Luis nicht gerechnet, und er war bewegt, schrecklich bewegt. Später habe ich dann beim Gespräch über alltägliche Dinge des Lebens, über die Welt der Menschen, der Tiere und der Pflanzen entdeckt, wieviel Zartgefühl er besitzt. Luis ist immer ein sehr sensibler Mensch voller Poesie. Ich glaube, der gemeinsame Nenner in all seinen Filmen ist der des menschlichen Wesens, das von der Natur und von den durch seine Umwelt geschaffenen Strukturen mit schrecklicher Ungerechtigkeit behandelt wird. Jene Sorge um das Kind, das bereits bei der Geburt weint, das später von Krankheiten heimgesucht wird, in dessen Umgebung, noch wenn es klein ist, die gesamten Probleme der Sexualität, der Religion, der Politik, der zwischenmenschlichen Beziehungen auftauchen. Danach die Erlangung der Reife und später der unvermeidliche Weg ins Alter, das für mein Empfinden ebenfalls ein Stadium ist, um das Luis sich viele Gedanken macht – allerdings ist das nicht so schlimm wie seine Furcht vor dem Tod. Diese ungerechte Behandlung des von der Natur selbst geschaffenen Wesens durch die Natur ist meiner Meinung nach sein Hauptmotiv, sein musikalisches Rondo.

Mit Catherine Deneuve in *Tristana*

A   Du warst zwei Monate lang mit ihm zusammen in Toledo. Welches ist deine Vorstellung von Luis' jetziger Haltung gegenüber der Religion?

R   Ich weiß es nicht. Das ist für mich eine schwierige Frage. In dieser Hinsicht habe ich Luis nicht richtig entdeckt. Er erweckt in mir den Eindruck, als sei er fähig, mit den Gebrauchselementen der Religion zu spielen, aber in der Grundfrage, sagen wir einmal, was das Dogma angeht, ist seine Haltung ganz anders.

A   Orthodox?

R   Ich weiß nicht. Ihn nervt vieles, zum Beispiel, daß es Leute gibt, die sagen, seine Filme seien Gotteslästerungen.

A   Aber seine ersten Filme waren tatsächlich Gotteslästerungen.

R   Vom heutigen Standpunkt aus gesehen, sind sie es nicht mehr so sehr.

A   Natürlich. Aber wir sprechen doch nicht von den Filmen, wie sie heute gesehen werden, sondern davon, wie er sie gesehen hat, als er sie gemacht hat, bis zum *Würgeengel*, der für Luis einen Wandel bewirkt hat, nicht wahr?

R   Allerdings. Aber das Problem ist, daß es bei Luis immer die Antizipation gibt. Wenn man alle Filme von Luis umstürzen würde, kämen seine sämtlichen Kindheitserlebnisse massenhaft zum Vorschein, denn er ist ein Mann, der bis zu einem gewissen Grad wie besessen von einer Sache ist und taub für viele andere. Aber trotz alledem hat er auch eine gewisse Antizipationsgabe, weniger die, zurückzuschauen. Im *Würgeengel* zum Beispiel ist eine Szene, die mit dem Film überhaupt nichts zu tun hat, in der plötzlich zwei Personen von der mexikanischen Polizei beschossen werden. Das ist dann zehn Jahre später wirklich passiert, dieselbe Szene haben wir in den Nachrichten gesehen. Weshalb die Szene im *Würgeengel*? Das ist etwas, was ich mich sehr oft gefragt habe. Also kann vom religiösen Standpunkt aus gesehen dasselbe passieren. Vielleicht hat Luis diese Art der aktuellen kirchlichen Bewegung kommen sehen, und viele der Konzepte, die nach dem Vatikanischen Konzil auf dem Gebiet der Theologie entstanden sind.

A   Ja, das ist ganz deutlich. In all dem steckt auch ein gewisses Maß an naiver Utopie, Antizipation, auch Nostalgie. Aber worin ich mit dir nicht übereinstimme, ist, daß es in den Filmen Buñuels

In *Das obskure Objekt der Begierde*

Szenen gäbe, die keine Beziehung zum Rest hätten. Nach meinem
Dafürhalten haben sie immer irgendwas im Kontext des Films zu
bedeuten.

R   Gut, selbstverständlich, das gehört zur schöpferischen Arbeit
des Künstlers. Aber in Wirklichkeit sind es zuweilen auch Witze.
Einmal habe ich zu ihm gesagt, er solle in einem seiner Filme ein
paar aragonesische Anekdoten mit einbauen, worauf er mir antwortete: »Hör mal, soll ich jetzt auf einmal ein komischer Regisseur
werden?« Mich bringen die Filme von Luis Buñuel zum Lachen. *Die
Milchstraße* ist vielleicht der Film in meinem Leben, bei dem ich am
allermeisten gelacht habe. Es gibt auch vieles, von dem ich nicht
weiß, warum das im Film auftaucht. Ich weiß wirklich nicht, warum
er diese Dinge hineingebracht hat.

A   Welche zum Beispiel?

R   Ich weiß nicht, an Details kann ich mich jetzt nicht erinnern.

Aber irgendwann habe ich ihn selbst einmal gefragt, und er hat mir gesagt, er wisse es auch nicht.

A Er weiß es auch nicht, aber sie entsprechen der Vorstellung dessen, wie er es sagen wollte, aber sich nicht getraut hat oder nicht konnte.

R Gut, vielleicht ist es so, aber dann paßt das auch zu dem, was ich vorher von jener Antizipationsfähigkeit, die in ihm steckt, gesagt habe.

A Das ist eben der Surrealismus.

R Ja, ein Monstrum, das in einem steckt und das man auf irgendeine Weise loswerden muß. Und er tut es eben auf diese Art, nicht wahr? Was ich nicht glaube, ist, daß darin nie etwas Symbolisches stecken soll. Allerdings glaube ich genausowenig, daß seine Filme voller Symbole stecken.

A Da bin ich ganz mit dir einer Meinung, denn der Surrealismus ist eben neben vielen anderen Dingen eine absolut antisymbolische Bewegung. Nein, in den Filmen Buñuels steckt nichts Symbolisches, aber es gibt Tatsachen, die bei den Menschen Reaktionen hervorrufen, die so aussehen wie Symbole.

R Ja, genau. Und gleichzeitig finde ich, daß er ein höchst aktueller Mensch ist. Das heißt, auch wenn er ein Mensch ist, der sich immer mit ein paar wenigen Themen beschäftigt, fast mit einem einzigen Thema oder Anliegen, so ist er doch sehr aktuell.

A Ja, aber was verstehst du unter aktuell?

R Er verfolgt hautnah alle Begebenheiten und Ereignisse, denn obwohl er die Kommunikation verabscheut, ist er ein Mann, der von der Kommunikation abhängig ist und sich in vielen Sachen auskennt. Er sagt, er ginge nie ins Kino, und dann merkt man, daß er alle oder fast alle Filme gesehen hat. Er sagt, er habe keine Lust zu lesen, und behauptet, er würde lieber zu Hause bleiben, eine Zigarette rauchen und einer Fliege im Fluge zusehen, und dann entdeckt man, daß er alles Bedeutende, das in der letzten Zeit veröffentlicht worden ist, gelesen hat. Er ist mitten in seiner Zeit, wenn nicht sogar ihr voraus.

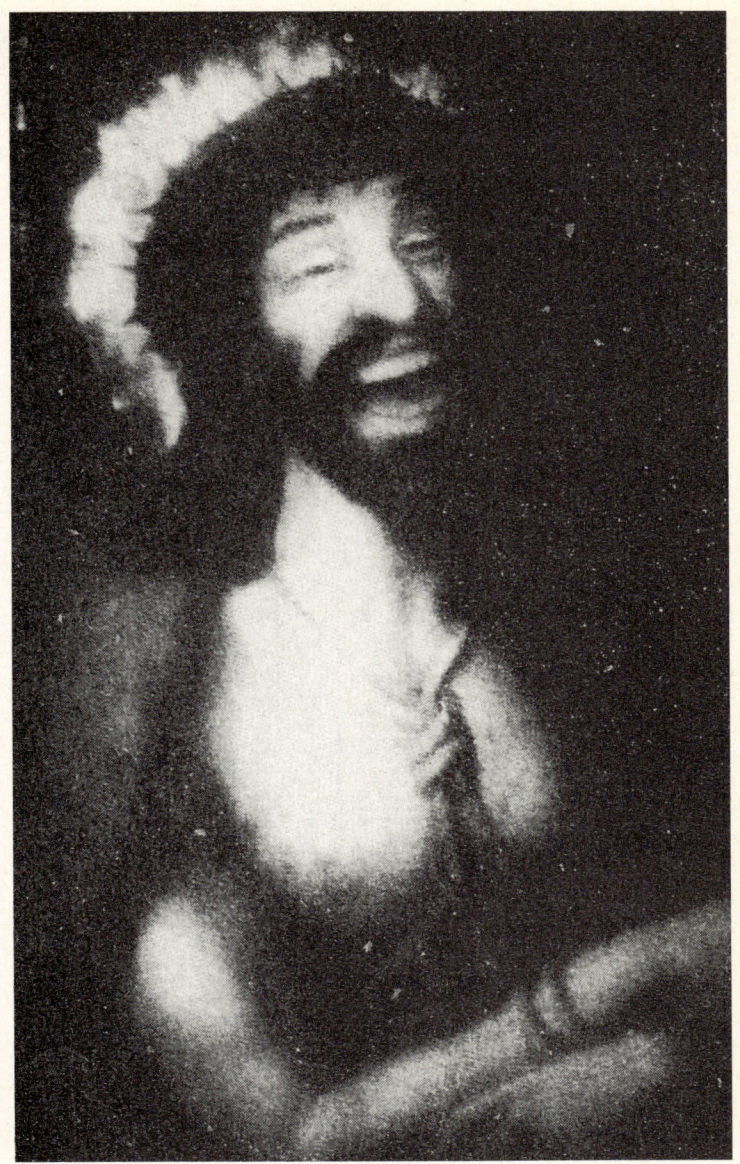

Aus *Nazarín*

Bildnachweis